中国经济史学会会刊

中国经济史论丛

2014年第1期
（总第2期）

CHINA
**ECONOMIC
HISTORY**
REVIEW

主　编／刘兰兮　陈　锋
执行主编／隋福民　杨国安

社会科学文献出版社
SOCIAL SCIENCES ACADEMIC PRESS (CHINA)

《中国经济史论丛》 编委会

主　　任　刘兰兮

成　　员　（按姓氏笔画排序）

马　敏	马　颖	王玉茹	王洛林
车维汉	朱荫贵	刘方健	刘兰兮
刘建生	苏少之	李　毅	李伯重
杨国安	张东刚	张忠民	陈　锋
陈支平	陈争平	武　力	林文勋
郑有贵	郑学檬	经君健	赵学军
赵德馨	钞晓鸿	高德步	曹洪军
隋福民	董志凯	韩　琦	韩　毅
温　锐	魏明孔		

主　　编　刘兰兮　陈　锋

执行主编　隋福民　杨国安

卷首语

《中国经济史论丛》是中国经济史学同人共同的刊物，由中国经济史学会主办。承蒙武汉大学、武汉出版社的大力支持，《中国经济史论丛》创刊号已于2013年6月问世。本期是2014年第1期，也是《中国经济史论丛》总第2期。

作为中国经济史学会的会刊，《中国经济史论丛》自创办之日起，就受到广大经济史学者的关注。这里需要特别强调的是，《中国经济史论丛》不是狭义的"中国经济史研究"论集，而是刊发中国经济史学者研究成果的集刊。与中国经济史学会下设"中国古代经济史专业委员会"、"中国近代经济史专业委员会"、"中国现代经济史专业委员会"和"外国经济史专业委员会"四个专业委员会相对应，《中国经济史论丛》发表经济史理论与方法，中国经济史、世界经济史、中外比较经济史诸方面的论文，中外经济史论著评论与国外经济史理论评介，专题研究成果述评与国内外经济史研究前沿或研究动态的报道，等等。《中国经济史论丛》鼓励经济史学者在研究中挖掘新资料、运用新方法、提出新问题，深入剖析历史上诸多经济现象之间的相互关系，注重对经济史重大问题的理论探讨与经济史前沿问题的研究，恪守学术规范，进一步提高经济史研究水平，从而推动经济史学科的发展与繁荣。

本期设"经济思想与历史理论"、"农村经济与农村问题"、"商业贸易与财政金融"、"经济管理与政府职能"和"综述与述评"5个栏目，刊发相关文章19篇，涉及中国古代、近代、现代经济史与世界经济史研究领域。我们希望这些选题各异、色彩纷呈的研究成果及其所蕴含的学术见解，能对不同研究领域的经济史学者有所启迪或助益。

本刊竭诚欢迎中国经济史与世界经济史研究者赐稿，提倡不同研究领域、不同学术观点学者之间的交流与论争。本刊将与全国经济史学者一道，共建中国经济史学者发表研究成果的园地。

编　者
2014 年 11 月

目 录

经济思想与历史理论

陈云与中国特色社会主义经济发展道路的探索形成 …………… 郑有贵 / 3
"高利贷"：一个特定的历史概念
　　——对"高利贷"一词的辨析与思考 …………… 黎志刚 / 12
陈云与新中国的物价工作 …………………………… 徐建青 / 28
涩泽荣一的中国观 ………………………………………… 周　见 / 43
政治考虑优先于生产力：新中国成立前毛泽东新民主主义经济思想研究
　　………………………………………… 焦建华　黄　霜 / 59
1989~2000年东欧国家转轨过程的回顾及其对中国的借鉴意义
　　………………………………………… 刁　莉　邰婷婷 / 71

农业经济与农村问题

改革以来农户的兼业化发展及其原因分析 ………………… 李　文 / 91
过渡中的东欧农业改革及对中国的启示
　　………………………………… 刁　莉　Sapekova Aigerim / 103

商业贸易与财政金融

清代前期山西粮价研究（1699~1737年） ……………… 马国英 / 123
近代中国的政府债务与盐税抵押 ……………… 马金华　郐　莹 / 138

试论清末民初中日民间经济外交之始端
　　——以1908年抵制日货运动为例 ·················· 于文浩 / 161
中日双边贸易四十年的回顾与展望 ························ 田中景 / 174
第一次世界大战后德国的对外贸易策略 ···················· 周建明 / 185

经济管理与政府职能

论民国时期证券经纪人信用管理制度多元结构 ············ 孙建国 / 197
抗战时期国统区官方急赈的办理过程和特点
　　——以第六救济区为中心 ···················· 王日根　徐　鑫 / 211
1947年上海黄金风潮中的经济投机与政治博弈 ······ 易棉阳　程　英 / 224

综述与述评

深入与拓展：2011年中国近代经济史研究 ·················· 赵晓阳 / 237
新中国成立以来近代中国农业合作事业研究综述 ············ 康金莉 / 253
国内外摊贩行业史研究综述 ······························ 魏晓锴 / 277

征稿启事 ··· / 288

经济思想与历史理论

소크라테스 카페

陈云与中国特色社会主义经济发展道路的探索形成

郑有贵[*]

摘要：陈云从基本国情出发，立足于现代化目标的实现，坚持不懈地探索了经济建设方式、经济制度和经济体制的选择问题，主张以全国一盘棋和集中力量办大事的方式推进经济建设，主张在公有制主体地位下发展个体和私有经济，提出社会主义时期必须有两种经济的论断，对马克思主义中国化和中国特色社会主义经济发展道路的探索形成做出了重大的贡献。

关键词：陈云　经济　建设方式　制度　体制　道路

陈云立足基本国情，从实践和理论上对经济建设方式、经济制度和经济体制进行了不懈的探索，对马克思主义中国化和中国特色社会主义经济发展道路的探索形成做出了重大的贡献。

一　关于经济建设方式的探索

在经济建设方式的选择上，陈云从落后的农业国实现工业化、现代化的目标出发，探索以全国一盘棋和集中力量办大事的方式推进经济建设，为改革开放以来中国特色社会主义经济发展道路的形成和经济的持续高速发展奠定了坚实的思想基础、实践基础和物质技术基础。

中国特色社会主义道路，以经济建设为中心是其要义。以往对陈云经济建设思想的研究，主要集中在陈云关于经济建设要有利于人民利益、从

---

[*] 郑有贵，中国社会科学院当代中国研究所研究员，研究方向为中国经济史。

国情出发、量力而行、综合平衡、打牢农业基础等思想上。本文在以往研究的基础上，从新中国经济建设道路开辟和中国持续高速发展原因的新视角，对陈云的经济建设方式做一探索。笔者认为，陈云对中国特色社会主义经济建设方式的探索和中国经济持续高速发展的贡献是独特的和重大的。具体而言，陈云作为第一代中央领导集体成员和负责财经工作的领导人，面对在工业化、现代化落后状况下如何实现赶超发展的难题，从实施以 156 个工业建设项目为核心的"一五"计划起，在实践中探索出充分发挥社会主义的制度优势，发挥政府的作用，从国家和人民长远利益出发，全国一盘棋，集体力量办大事，组织实施了大规模的事关国计民生战略意义的重大经济建设项目。改革开放初期，陈云根据长时期领导经济建设的亲身体验和国家发展的需要，对新中国经济建设进行了深刻的思考，提出了重要的观点。

一是建设要有重点，不分轻重缓急，势必因小失大，处处被动，现代化就没有希望。我国是一个发展中国家，面对与发达国家的差距，只能迎头赶上，不能停滞不前，否则就难以摆脱落后挨打的厄运。然而，我国与其他发展中国家一样，面临如何突破"贫困陷阱"的问题。新中国成立后到改革开放前，我国通过计划经济的实施，集中力量实施了一系列关系国家长远发展的重大经济建设项目。1982 年 1 月 25 日，陈云在与国家计委负责同志谈话时说："人民的生活要提高，但国家只有那么多钱，这里摆多少，那里摆多少，都要有一个计划。人民的生活需要改善，可以改善，但改善的幅度要很好研究。还是那句话：从全局看，第一是吃饭，第二是建设。吃光用光，国家没有希望。吃了之后，还有余力搞生产建设，国家才有希望。只要把握住这一条就好。"① 1983 年 6 月 30 日，陈云在中央工作会议上特别告诫说："建设要有重点。财力物力只有那么多，不分轻重缓急，大家一齐上，你挤我，我挤你，势必因小失大，处处被动。"② 他进一步指出："重点确定之后，就要动员全党全民集中财力物力保重点。这几年，有些地方和部门打乱仗，乱上基本建设项目，乱涨价，乱摊派，乱发奖金，把资金分散了。中央手里的钱，除去行政、科研、文教、国防的经常费用，剩下的可以说办不了什么大事。什么几个核电站，什么三峡工

---

① 《陈云文选》第 3 卷，人民出版社，1995，第 309 页。
② 《陈云文选》第 3 卷，人民出版社，1995，第 323 页。

程，什么增加港口、铁路，通通办不成就是了。所以，这次有劳在座的'各路诸侯'跑一趟，把口袋里的钱再拿一些出来，并说服企业、部门的干部和工人、农民从全局和长远观点看问题，大家一齐来支援重点建设，支援骨干项目。否则，像现在这样下去，四化没有希望。"① 1988年10月8日，陈云在同中央负责同志的谈话中，在总结建设经验时说："在历史上起过作用的办法，现在不应该全部照搬，但也不能一概否定。""从'一五'到现在近三十六年，中间虽有曲折，但发展也不算太慢。在过去这些年里，我们搞的一百五十六项、尖端科学技术、石油自给、武钢一米七轧机、十三套大化肥、宝钢以及铁路、电力、农田水利等建设，它们的作用不能低估。"②

二是集中力量办大事推进重点建设时，要从整个国家的全局利益和长远利益出发，要全国一盘棋。1980年12月16日，在中央工作会议上的讲话中，针对权力过于分散、地方主义发展、中央由于财力不足导致中央权威有被削弱的危险的情况，陈云指出："像我们这样的国家没有这样一个集中是不行的，否则就会乱套，也不利于改革。"③ 1981年12月20日，陈云在省、自治区、直辖市党委第一书记座谈会上提出："国家建设必须全国一盘棋，按计划办事。""全国建设的进度，必须有先有后，有重有轻，按全国计划办事。"④ 1983年6月30日，陈云在中央工作会议上指出："现在看，农业、能源、交通是重点，一批骨干企业的建设和改造是重点，科技教育事业的发展、环境污染的防治以及知识分子生活待遇的提高等等也是重点。这些是从整个国家的全局利益和长远利益出发考虑的。重点只能由中央根据全局的长远的利益，经过综合平衡来确定。"⑤ 陈云不仅强调从全局利益和长远利益出发，而且强调不能急于求成。1982年1月25日，陈云在与国家计委负责同志谈话时说："搞建设，真正脚踏实地、按部就班地搞下去就快，急于求成反而慢，这是多年来的经验教训。"⑥

一些人把中共十一届三中全会以来我国经济的持续高速发展完全归功

---

① 《陈云文选》第3卷，人民出版社，1995，第323～324页。
② 《陈云文选》第3卷，人民出版社，1995，第366页。
③ 《陈云文选》第3卷，人民出版社，1995，第279页。
④ 《陈云文选》第3卷，人民出版社，1995，第307页。
⑤ 《陈云文选》第3卷，人民出版社，1995，第323页。
⑥ 《陈云文选》第3卷，人民出版社，1995，第311页。

于改革开放，无视改革开放前所奠定的物质和技术基础的作用，甚至根据新自由主义说教，脱离历史条件否定发挥政府作用推进集中力量办大事的建设方式。如果改革开放前不从国家和人民长远利益出发，不通过发挥社会主义的制度优势而集中精力办大事，我国作为积贫积弱的农业国，在很短时间内建立起独立的工业体系和国民经济体系是难以想象的，突破"贫困陷阱"是难以想象的，到2010年我国跃居全球第一制造业大国和世界第二大经济体也就没有基础。我国发挥政府作用实行集中力量办大事的经济建设实践无疑是成功的，也为发展中国家突破"贫困陷阱"和实现赶超发展提供了经验。我们需要看清，新自由主义否定政府作用，实际上是为发展中国家设置的一个陷阱，正如林毅夫所说，如果发展中国家的政府不发挥积极作用就等于是自废武功，不可能赶超发达国家。[①] 实践证明，发挥社会主义制度优势集中力量办大事，是中国特色社会主义经济发展道路成功的重要因素，其中陈云倾注大量精力推进156项重点工程等经济建设，为在较短时期内建立起独立的工业体系和国民经济体系做出了重大的贡献。

二 关于经济制度的探索

在经济制度的选择上，陈云从生产力落后的实际出发，主张在公有制主体地位下发展个体、私有经济，为公有制为主体、多种所有制经济共同发展的基本经济制度的形成奠定了实践和思想基础。

改革开放以来，我国形成了公有制为主体、多种所有制经济共同发展的基本经济制度，它是一整套相互衔接、相互联系的中国特色社会主义制度体系的重要组成部分。陈云基于我国生产力落后的实际，提出了"三个主体、三个补充"的经济体制设想及具体的政策主张，如在社会主义改造时期建议保留一些小商贩和有经营特色的小商店、夫妻店，主张农村人民公社搞自留地、家庭副业和包产到户，在改革初支持家庭承包经营改革等。笔者认为，从社会主义改造基本完成后，陈云把马克思主义关于生产力决定生产关系的理论与中国的实际情况相结合，主张在公有制占主体地位下发展个私经济，支持家庭承包经营的发展，成为我国确立社会主义初级阶段基本经济制度的思想基础。

---

① 林毅夫：《新结构经济学与中国发展之路》，《中国市场》2012年第50期。

第一，在生产力水平较低的情况下，不能盲目搞集中大生产，很大一部分必须分散生产、分散经营。1956年8月23日，陈云在国务院有关部门参加的关于工商业改造的组织形式问题座谈会上指出："不论是工业、商业和手工业，盲目搞集中，搞统一计算盈亏是错误的。我们要勇敢地大胆地来设想一番，最低限度是大多数不应该搞大的。手工业绝大多数（百分之七十至百分之八十）不应该搞大社，不要统一计算盈亏；地方工业一般也不要搞大的，就是重工业也不一定都要搞大的。资本主义国家大小都有，我们一搞都是大的，这是错误的。在公私合营中，采取'先联后并，联而不并'的方针是对的。在手工业中，不仅服务性行业不能集中，就是制造性行业绝大多数也不能集中，已合并了的要退出来，已统一计算盈亏的要分出来。中国手工业应该多搞合作小组，自负盈亏，发挥其积极性，以适应市场千变万化的需要。即使个别制造性行业可以集中生产，统一计算盈亏，但是百分之七十至百分之八十的手工业社应该分散经营，各负盈亏。这样便能做到小巧玲珑，适应市场的需要。"① 9月11日，陈云主持国务院第37次全体会议讨论《中共中央国务院关于加强农业生产合作社的生产领导和组织建设的指示》时分析了盲目追求大工厂存在的问题，指出："现在，大工厂是牺牲了很多产品才获得产量提高的。"② 9月20日，陈云在中共八大会议上的发言指出："工业、手工业、农业副产品和商业的很大一部分必须分散生产、分散经营，纠正从片面观点出发的盲目的集中生产、集中经营的现象。""手工业的制造性行业中，有一部分是可以适当合并的，但是绝大部分服务行业和许多制造行业不应该合并。为了克服由于盲目合并、盲目实行统一计算盈亏而来的产品单纯化、服务质量下降的缺点，必须把许多大合作社改变为小合作社，由全社统一计算盈亏改变为各合作小组或各户自负盈亏。这种改变不但适合于绝大部分服务行业，而且适合于许多制造行业。"③

第二，在农业集体经营中可以搞分散经营、自负盈亏、自留地、家庭经营。1956年9月20日，陈云在中共八大会议上的发言指出："农业生产合作社的粮食、经济作物和一部分副业生产是必须由合作社集体经营的，

---

① 《陈云文集》第3卷，中央文献出版社，2005，第100~101页。
② 《陈云文集》第3卷，中央文献出版社，2005，第103页。
③ 《陈云文选》第3卷，人民出版社，1995，第6~7页。

但是许多副业生产，应该由社员分散经营。不加区别地一切归社经营的现象必须改变。许多副业只有放开手让社员分散经营，才能增加各种各样的产品，适应市场的需要，增加社员的收入。在每个社员平均占地比较多的地方，只要无碍于合作社的主要农产品的生产，应该考虑让社员多有一些自留地，以便他们种植饲料和其他作物来养猪和增加副业产品。"① 陈云在以"一大二公"为导向的背景下，在包产到户面临何去何从的关键时刻挺身而出，于1962年和1979年先后支持包产到户、家庭承包经营，为家庭承包经营制度在我国的普遍实行和农户经济的发展做出了重大贡献，也成为基本经济制度形成的思想和实践基础。

第三，从适应小生产和小私有发展的实际出发，不能事无大小统统搞计划。1956年9月11日，陈云主持国务院第37次全体会议讨论《中共中央国务院关于加强农业生产合作社的生产领导和组织建设的指示》时指出："事无大小，统统计划不行。个体生产是集体所有制的补充。这种自由市场只有百分之二十五，百分之七十五都是国家统购。如果没有这个百分之二十五的自由就搞死了，这个百分之二十五的自由是必要的。现在，就是要在社会主义经济基础上，恢复一九五三年的情况，搞死了不行。应该是大的方面计划，小的方面自由。"②

第四，在以国有经济和集体经济为主条件下，个体经营和私人资本主义经济的存在不影响整个社会主义制度。1956年9月20日，陈云在中共八大会议上的发言指出，"在工商业经营方面，国家经营和集体经营是工商业的主体，但是附有一定数量的个体经营。这种个体经营是国家经营和集体经营的补充"。③ 1979年3月8日，陈云在《计划与市场问题》中说："解放初期，只掌握了第一部分（指公有制经济部分——引者注），私人资本主义经济还存在，但我们仍然是社会主义国家。"④

三 关于经济体制的探索

在经济体制的选择上，陈云从搞活和尊重价值规律出发，提出社会主

---

① 《陈云文选》第3卷，人民出版社，1995，第8页。
② 《陈云文集》第3卷，中央文献出版社，2005，第103页。
③ 《陈云文选》第3卷，人民出版社，1995，第13页。
④ 《陈云文选》第3卷，人民出版社，1995，第245页。

义时期必须有两种经济的论断,突破了社会主义排斥市场调节的认识,为引入市场手段的改革和最终确立社会主义市场经济的改革方向奠定了思想基础。

我国成功地实现了社会主义与市场经济的有机结合,社会主义市场经济成为中国特色社会主义道路中最为鲜明的特色。在这一实践和认识的发展进程中,陈云的重大贡献可大致分为递进的三个阶段。

第一个阶段,陈云于1956年形成了计划经济也要有自由市场补充的思想。在社会主义改造完成后,当时负责全国财经工作的陈云发现,单一统一计划导致经济运行出现了一些问题,并从解决这些问题的角度出发,提出了实行国家市场领导下的自由市场等政策主张。1956年8月23日,陈云在国务院有关部门参加的关于工商业改造的组织形式问题座谈会上分析指出:"过去只有国家市场,没有自由市场,现在要有国家市场,也要有在国家市场领导下的自由市场。如果没有这种自由市场,市场就会变死。"① 9月11日,陈云主持国务院第37次全体会议讨论《中共中央国务院关于加强农业生产合作社的生产领导和组织建设的指示》时,专门对"计划和自由的问题"进行了阐述,提出实行"大计划、小自由"的政策主张。9月20日,陈云在中共八大会议上的发言指出:"至于生产计划方面,全国工农业产品的主要部分是按照计划生产的,但是同时有一部分产品是按照市场变化而在国家计划许可范围内自由生产的。计划生产是工农业生产的主体,按照市场变化而在国家计划许可范围内的自由生产是计划生产的补充。因此,我国的市场,绝不会是资本主义的自由市场,而是社会主义的统一市场。"② 陈云之所以能够早在1956年就提出要实行国家市场主体地位下的自由市场,主要有三个方面的原因:第一,从我国社会主义改造已经基本完成、适应小生产和小私有发展的要求、满足人民群众需要的实际出发。第二,吸收了苏联的经验教训。1956年8月23日,陈云在国务院有关部门参加的关于工商业改造的组织形式问题座谈会上指出:"商业方面是国家一家垄断。这种垄断商业,过去用来对付资本主义是对的,但是到社会主义改造高潮之后就不适应了。不要商业,工业就要停产。苏联十月革命后,市场完全死了。我们今天也把市场搞得很死,若不

---

① 《陈云文集》第3卷,中央文献出版社,2005,第99页。
② 《陈云文选》第3卷,人民出版社,1995,第13页。

注意解决这一问题,天下就会大乱。"还指出:"如果全部集中起来,统一计算盈亏,产品必然会减少。苏联也有过这方面的教训。"① 第三,在国家市场为主体下,允许一定范围内国家领导的自由市场不会影响社会主义。1956年9月20日,陈云在中共八大会议上的发言指出:"在社会主义的统一市场里,国家市场是它的主体,但是附有一定范围内国家领导的自由市场。这种自由市场,是在国家领导之下,作为国家市场的补充,因此它是社会主义统一市场的组成部分。"② 陈云关于计划经济也要有自由市场补充的政策主张,在改革开放前的很长时期内得到了实施,对于搞活经济和促进经济发展起到了重要的作用,也为改革开放以来引入市场调节奠定了实践和思想基础。

第二个阶段,提出了社会主义时期必须有两种经济的论断。陈云关于计划经济也要有自由市场的政策主张因与当时的社会主义经济理论相悖而遭受排斥,在20世纪60~70年代自由市场与自留地、自负盈亏、包产到户一并被当作资本主义尾巴时受到严厉批判。然而,这并没有阻碍陈云的思考。1979年,陈云在《计划与市场问题》中明确提出整个社会主义时期必须有两种经济的论断:①计划经济部分(有计划按比例的部分);②市场调节部分(即不作计划,只根据市场供应的变化进行生产,带有盲目性调节的部分)。第一部分是基本的、主要的;第二部分是从属的、次要的,但又是必需的。既掌握了政权,又有了第一部分经济,就能够建设社会主义。第二部分只能是有益的补充(基本上是无害的)。③ 陈云之所以提出社会主义必须实行市场调节,一个重要的原因是长期实行单一计划经济实践中存在忽视价值规律的问题。陈云指出:"所谓市场调节,就是按价值规律调节,在经济生活的某些方面可以用'无政府'、'盲目'生产的办法来加以调节。""忽视了市场调节部分的另一后果是,同志们对价值规律的忽视,即思想上没有'利润'这个概念。这是大少爷办经济,不是企业家办经济。"④ 陈云关于社会主义时期必须有两种经济的论断,是"三个主体、三个补充"思想的深化和发展,突破了社会主义只能实行单一计划经济而不能实行市场调节的认识,为引入市场调节改革实践的推进和最终明确发

---

① 《陈云文集》第3卷,中央文献出版社,2005,第98、第100页。
② 《陈云文选》第3卷,人民出版社,1995,第13页。
③ 《陈云文选》第3卷,人民出版社,1995,第245页。
④ 《陈云文选》第3卷,人民出版社,1995,第245~246页。

展中国特色社会主义市场经济奠定了思想基础。

第三个阶段，在社会主义市场经济改革进程中，陈云强调不能脱离实际完全按照西方市场经济办，强调不能离开计划，要加强政府的权威。1988年10月8日，陈云在同中央负责人谈话时直截了当地说："在我们这样一个社会主义国家里，学习西方市场经济的办法，看来困难不少。"他进一步分析指出："我在一九七九年三月说过，六十年来，无论苏联或中国的计划工作制度中出现的主要缺点：只有'有计划按比例'这一条，没有在社会主义制度下还必须有'市场调节'这一条。所以，我们需要改革。但在改革中，不能丢掉有计划按比例发展经济这一条，否则整个国民经济就会乱套。"他在这次谈话中，不仅强调计划，而且强调加强中央的经济权威，指出：中央的政治权威，要有中央的经济权威作基础。没有中央的经济权威，中央的政治权威是不巩固的。在经济活动中，中央应该集中必须集中的权力。搞活经济是对的，但权力太分散就乱了，搞活也难。① 从中我们可以清晰地看出，陈云在这次谈话中反对搞西方市场经济是非常明确的。在中共十四大明确"我国经济体制改革的目标是建立社会主义市场经济体制"后，陈云1994年2月9日在同上海市负责同志谈话时，进一步强调加强中央的经济权威问题，"如果没有中央的权威，就办不成大事，社会也无法稳定"。② 陈云主张在推进社会主义市场经济改革发展中加强中央的经济权威，就是要确保中央政府能够充分发挥其职能，这样才能实现全国一盘棋和弥补市场的缺陷。

---

① 《陈云文选》第3卷，人民出版社，1995，第365~367页。
② 《陈云文选》第3卷，人民出版社，1995，第380页。

"高利贷":一个特定的历史概念
——对"高利贷"一词的辨析与思考

黎志刚 *

摘要:"高利贷"研究一直是中国传统社会借贷关系研究中的重点。本文从"高利贷"这一概念的历史源流和定义、标准等出发,对"高利贷"的定义演变、划分标准与价值判断等相关问题进行了辨析与思考,认为:"高利贷"是一个在特定环境和语境下产生的历史概念。在当今对于借贷关系的研究中,应该审慎地使用带有浓厚价值评判色彩的"高利贷"一词,回归借贷关系的经济本质,限制其不利影响,维护借贷关系的良性运转。

关键词: 高利贷 高利贷资本 利率管制 民间借贷

长期以来,"高利贷"一直被认为是中国传统社会借贷关系的典型形式,受到了学界的高度重视和关注,相关研究成果也层出不穷。[①] 许多人将"高利贷"视为中国社会的一个毒瘤,对其进行了激烈的批判。近年来,随着研究的进一步深入,一些学者也逐渐肯定其对社会再生产的积极

---

* 黎志刚:云南大学历史系中国经济史研究所讲师,主要研究方向为宋代经济史。
① 笔者目力所及,近年来仅以"高利贷"为题名的专著和博士论文就有刘秋根《明清高利贷资本》,高石钢《民国时期(20~30年代)中国农村高利贷与农村经济危机研究》、《高利贷与20世纪西北乡村社会》,魏悦《中国古代高利贷思想研究》,黄向阳《高利贷资本研究》等,此外,在李金铮《借贷关系与乡村变动——民国时期华北乡村借贷之研究》和《民国乡村借贷关系研究》,徐畅《二十世纪二三十年代华中地区农村金融研究》等专著中对"高利贷"进行了大篇幅的论述,同时,张忠民《前近代中国社会的高利贷与社会再生产》、方行《清代前期农村的高利贷资本》等论文也是有关这一问题研究的重要成果。

作用。作为一个外来词,"高利贷"一词在很大程度上影响了当前我国关于民间借贷的认识与实践。然而,关于"高利贷"的研究目前还有许多问题存在争议,其中首先就是"高利贷"的定义和标准问题,这是研究和使用这一名词和概念的前提。因此,追溯这一概念的源流并对其进行辨析,是当前民间借贷研究首先必须面对的重要问题。

一 "高利贷"一词的历史源流

"高利贷"一词的使用虽然现在十分普遍,但是在近代以前的中国典籍中是找不到这个词的。"高利贷"一词,实际上是由日本人创造并传入中国的。大约是明治维新时期,日本人在翻译西方著作时,将"usury"一词依据其高额利息之意,创造性地翻译为日本汉字中的"高利贷",于是这一名词开始在日文中使用。将日文"高利贷"作为关键词在日本国会图书馆中进行检索,最早的记录出现在19世纪70年代,正是日本大规模翻译和学习西方著作的时期。在中国,使用这一名词的时间晚于日本。1901年严复翻译《国富论》时,尚未把"usury"翻译为"高利贷",可见当时他应该还没有接触到这个词。"高利贷"一词传入中国,在五四运动前后。目前,国内见到的最早使用的"高利贷"一词出现在20世纪20年代。当时,在许多情况下"高利贷"与"高利债"混用,并未统一。[①] 进入20年代末30年代初,一些译著如俄国人拉德克著、克仁译的《中国历史之理论的分析》(辛垦书店,1929年),王仲鸣编译的《中国农民问题与农民运动》(上海平凡书局,1929年),马扎亚尔著、陈代青、彭桂秋合译的《中国农村经济研究》(神州国光社,1930年)等,都采用了"高利贷"这一译名。但1931年,黄通在其《农村高利贷论》一文中还这样说:"高利贷,原来是舶来的日文名词,现在因无适当的译名,权且借用。"[②] 可见,当时一些人并不认为"高利贷"这一译名是恰当的,而平民百姓间使用"高利贷"的情况也并不普遍。直到1944年,在中共胶东县委召开的胶县临时参议会第一届会议上,议员韩子明被批评放高利贷时,还不知

---

① 如《取缔高利债决议案》,《中国农民》1926年第6~7期;《二五减租及禁止高利贷案》,《广东省政府周报》1927年第2期;伊燕嘉尔:《印度农村底高利贷和农民银行底组织》刘穆译,《北新》1928年第17期等。

② 黄通:《农村高利贷论》,《学生杂志》1931年第11期。

"高利贷"为何物。"由于'高利贷'一词是新出现的词汇，韩子明议员还弄不明白其含义，所以在会场上连连点头，频频地说：'我散会后回去积极放高利贷……'在这气氛十分严肃的会场上，逗得与会人员哭笑不得。"① 之后，随着马克思主义的进一步传入和中国革命的进展，"高利贷"一词的使用逐渐被固定化。《资本论》中译本中将"usury"翻译为"高利贷"，进一步加剧了这种趋势。新中国成立以后，"高利贷"的说法被社会普遍接受，成为一个专有的概念和名词，并作为英文中"usury"和德文中"wucher"等词的中文翻译。

关于"高利贷"这一概念的定义和标准，到目前为止仍然没有一个统一的认识。马克思在《资本论》中说："我们可以把古老形式的生息资本叫作高利贷资本。"② 但这一说法本身就是含糊的。自从"高利贷"一词被传入中国以来，许多学者在这一定义的基础上，从不同的角度对"高利贷"进行过定义，如罗涵先认为："高利贷是一种以高昂利息为特征的资本形态，它以贷放货币、生产资料和消费品的形式，残酷地剥削小生产者。"③ 刘五书认为："高利贷是高利贷信用的简称，是高利贷资本的运动形式。"④ 张瀛、冀延卿认为："高利贷，实指高利贷资本，从政治经济学的角度来看，它是资本主义前的、古老的、落后的信用形式。从理论上说，它是以贷放货币或实物的方式榨取高额利息的资本。"⑤ 罗郁聪、黄向阳认为："高利贷资本，是相对现代银行资本的古老的、传统的和落后的生息资本。"⑥ 但这些定义大都只是一种定性表述，并不能算是一个明晰的概念。所以石毓符先生说："人们常把古代的信用统称为'高利贷'，其实这个名词的含义是模糊不清的，因为何为高利并没有一个明确的界限。"⑦ 为了改变"高利贷"含义模糊不清的现状，对高利贷的利息进行量化的努

---

① 仲兆峰、孙忠先：《胶县临时参议会》，《胶州文史资料》第12辑，胶州市文史资料研究委员会，1999，第63页。
② 马克思：《资本论》第三卷，人民出版社，1975，第671页。
③ 罗涵先：《什么是高利贷》，新知识出版社，1955，第1页。
④ 刘五书：《历史变迁与民间高利贷》，《社会科学辑刊》1999年第1期，第115页。
⑤ 张瀛、冀延卿：《马克思的生息资本理论与民间高利息率借贷》，《经济经纬》1999年第6期，第69页。
⑥ 罗郁聪、黄向阳：《马克思高利贷资本理论初探》，《淮北煤炭师范学院学报》1999年第1期，第67页。
⑦ 石毓符：《中国货币金融史略》，天津人民出版社，1984，第24页。

力一直在进行中,但由于标准不统一,或以法律规定的形式人为划定一个数值,或将其与土地收益率进行比较,计算出的利息率各不相同。① "高利贷"概念不明确的问题始终无法从根本上得到解决。鉴于这一情况,一些学者放弃了使用"高利贷"这一名词。如赵毅先生便在论述相关问题时不采用"高利贷"而用"私债"替代,并认为:"因为私债的内涵远比高利贷宽泛得多,在概念的表述上也更加确切。"②

事实上,不仅是中国,从世界范围内来看,自"高利贷"这个概念产生以来,其定义就一直处在变化中,没有确切的定义和统一的区分标准。在英文中,"高利贷"一词对应的单词是 usury,而 usury 又是从拉丁文 ūsūra 发展而来的。ūsūra 的本来意义是使用、享用,最初是指对任何东西的使用,后来才特指对资本的使用。③ ūsūra 的原意并没有重利剥削的内涵和褒贬指责的感情色彩。"高利贷"一词及其定义发展的过程,其实是宗教、文化和政治色彩不断叠加的过程。

在"高利贷"含义的发展过程中,宗教教义发挥了重要的作用。最初,对于出借资本后收取高额利息的行为主要是在亲属中被禁止,后来随着基督教、伊斯兰教等宗教中"天下皆兄弟"观念的出现,对陌生人进行放贷收取高息的行为也不被允许并被谴责。公元 325 年,基督教第一次大会尼西亚大会明确规定神职人员不允许发放高利贷。在《查理曼法典》中,此时的"高利贷"被界定为"索取超过给予",即只要收取利息便被归入"高利贷"的范畴。11 世纪末,教皇乌尔班三世把"高利贷"解释为"高利贷是贷款时要求高于贷款价值本身的任何东西的情况",并对高利贷进行了谴责,认为"通过高利贷赚钱是一种被《旧约》和《新约》都禁止的罪孽。"④ 可见,"高利贷"产生之初被界定为一种"罪孽",这

---

① 如民国政府规定年息 20% 以上的借贷为高利贷,不受法律保护。张忠民先生认为:"在前近代社会中,凡不是在资本主义生产方式意义上(或者说仅是在传统经济意义上)进行的,年利息率又在 20% 以上的赢利性借贷即是高利贷。"(《前近代中国社会的高利贷与社会再生产》,《中国经济史研究》1992 年第 3 期,第 143 页。)方行先生则认为:"把年利息率在百分之十五以上,即高于地租收益的借贷,界定为高利贷,或许是可行的。"(《清代前期农村的高利贷资本》,《清史研究》1994 年第 3 期,第 11 页。)此外,刘秋根、李金铮等先生分别有不同的主张。
② 赵毅:《明代豪民私债论纲》,《东北师范大学学报》1996 年第 5 期,第 35 页。
③ 参见悉尼·霍默、理查德·西勒《利率史》,中信出版社,2010,第 82 页。
④ Jacques Le Goff, *Your Money or Your Life: Economy and Religion in the Middle Ages* (New York: Zone Books, 1988), p.26.

更多的其实是一种宗教和文化意义上的价值判断，而不是一个经济概念。随着社会经济状况的发展，"高利贷"的概念不仅没有固定，反而一直处在变化之中。15世纪初，教皇利奥十世重新界定了"高利贷"，认为"当贷款人不费丝毫劳力、费用及危险，而从其本身不去生产之物体（如牲畜或田园）之用处中获得受益者，谓之高利贷"。此时，禁止任何借贷取息的"高利贷"的概念已经发生了松动，开始肯定一定条件下利息收取的合法性。之后，许多学者又进一步对"高利贷"的概念进行了界定，如边沁（J. Bentham）认为："凡借贷货币或物品，而使用额外或不合法之利息者，谓之高利贷。"马克（Jeffyry Mark）认为："高利贷为利上加利、回利作利之行为。"埃德加·萨林（Edgar Salin）认为："凡借款人借贷之手段足以破坏借贷者生产之机能者，皆谓之高利贷。"[①] 他们分别从借贷利息的来源、获取方式及借贷手段、借贷的结果等方面对"高利贷"进行了定义。对"高利贷"重新定义这一现象之所以出现，实际上是因为原有的"高利贷"定义已经严重限制了社会经济的发展。但这些新的定义很难说有什么共同的标准，也没有对利息率的高低进行统一的要求。在原有"高利贷"概念的逐渐瓦解和重新定义中，利息的高低越来越受到人们的关注，"高利率"逐渐被作为"高利贷"的显著特征，使用在对"高利贷"的描述和定义上。作为"高利贷"演变的一个历史阶段，"usury"一词的含义也就固定地与高额利息联系起来。但是，对于究竟多高的利息才能被界定为"高利"，很难达成统一的认识。马克思就说，中世纪时，各个国家的"利息率相差很悬殊，关于高利贷的概念差别也很大"。查理大帝时代，收取100%的利率被认为是高利贷，而其他一些地方，把超过法定利率的12.5%、43.33%等视为高利贷。[②] 可见，以高利息作为高利贷的内涵，只是"高利贷"这一概念发展演变中的一个阶段。从严禁任何取息到允许一定条件下取息再到限制高息，鲜明地反映了"高利贷"内涵的演变历程。

虽然在不同的历史阶段，"高利贷"的定义各不相同，但相同的是"高利贷"在不同定义中都是明显的贬义词。凡是被归入"高利贷"之列的，都被认为是应该受到批判的。19世纪以后，马克思在《资本论》中将

---

① 以上定义引自管蠡《高利贷于我国农村之影响及其压抑之对策》，《中联银行月刊》1943年第5卷1、2期合刊。
② 马克思：《资本论》第三卷，人民出版社，1975，第675页。

高利贷界定为"资本主义以前的生息资本",这使"高利贷"与资本主义等社会意识形态联系起来,进一步具有了政治上的色彩。随着马克思主义的传入和确立起其在中国革命中的主导地位,"高利贷"这一概念的使用越来越普遍,其政治和文化色彩也逐渐加深,被视为传统中国借贷关系的典型形态而受到广泛的批判。正如陈志武所说:"长期以来,过度意识形态化的渲染使我们普遍认为高利贷是一个和'剥削'相等同的概念,放贷者自然地就是剥削阶级或恶棍,心太黑。"[①] 在一些情况下,"高利贷"甚至被泛化为民间借贷的代名词,受到批判和打压,带来了一些消极的结果。这些情况的出现,都与"高利贷"的概念和标准不明晰有着重要的关系。而在长期历史发展中,"高利贷"一词被叠加的浓厚的价值判断和意识形态色彩,也给我们今天全面认识民间借贷关系带来了一些障碍。

二 对"高利贷"划分标准的辨析

对高利贷的批判主要是基于其对社会发展的负面作用而言的。虽然"高利贷"这一概念的定义一直处在变化之中,但现阶段,人们一般把高利盘剥作为"高利贷"的典型特征和区分标准。不过,究竟多高的利息率才能算高利贷,至今没有一个获得普遍认同的标准。张忠民说:"高利贷,通俗地说,顾名思义即高利贷放银钱或实物是也。但所谓高利贷放,这一'高利'究竟应界定于一个什么样的范围之内。另外,既有高利贷放,那么是否也还存在非高利贷放?如果有,它的标准又是如何?如此等等,貌似简单,不少研究者也每每多忽略不论,但实际上它却是要认真研究高利贷而不得不首先解决的问题。"[②] 这无疑是一语中的,道出了高利贷研究的关键。在指责高利贷的"高利"的同时,却无法区分多高的利率才是"高利",这无疑会使这一概念的解释力大打折扣。长期以来,人们在高利贷利率的量化方面做了许多工作,但这种做法同样有其局限性,从而使"高利贷"划分标准的研究陷入了一种两难的尴尬境地。

用量化的利率额作为"高利贷"划分标准的做法使用较早。传统中国

---

① 陈志武:《反思高利贷与民间金融》,《新财富》2005年8月号。
② 张忠民:《前近代中国社会的高利贷与社会再生产》,《中国经济史研究》1992年第3期,第143页。

虽然没有"高利贷"这一概念，但也与世界其他各国一样，一直存在对高利借贷的禁止。一般而言，古代各国主要采用法律规定的方式，人为地划定一个利率，作为国家禁止的高利借贷和普通借贷的界限。如马克思提到的查理大帝时代的100%的利率和其他各国的12.5%、43.33%的利率，中国古代对"倍称之息"的禁令和"取息不得过五分"的规定等，都是采用法定利率对"高利"的范围进行量化。但是，这种明确划分的办法在逻辑上也会带来一系列的问题。比如，如果利率为100%的借贷应该算入高利贷的行列，那么99%的是否就不属于高利贷？如果说20%的为高利贷，对社会发展起到消极作用，是否19.9%的利息对社会的发展起到的就是积极作用？这1%甚至是0.1%的利息是否就会带来截然不同的变化？同样，借贷的用途千差万别，不同用途所获得的收益也大不相同，是否能够划定一个统一的利率来判断其对社会经济发展或借贷者经济状况影响的好坏？再退一步说，如果我们人为地划定了一个具体的利率，认为高出这个利率的即是"高利贷"，主要起到的是一个负面的作用，是不合理的，应该被废除。但当时的人们却认可了这个利率，认为其是公平、合理的并普遍接受，那么这样的利率划分是否有意义？如南京国民政府就曾规定借贷利息年利超过20%的为高利贷，债权人对于超过部分之利息无请求权。但费孝通在云南禄村进行调查时却发现，"三分二的息是禄村公认为公平的利率"。[①] 年息三分二，实际上就是32%的利息。在这里，32%的年息比20%的法定利息显然高出了不少。国家通过法律认定的高利贷，在民间却被认为是公平合理的并被普遍接受，这样的高利贷禁令自然难以彻底实施，而这种认定的意义也就不大了。近年来，一些学者将借贷的利率与土地的收益率进行比较，以土地的收益率等作为农业社会高利借贷的划分标准。这种做法比起法律人为规定的做法自然合理了不少，但在本质上来说并没有太大的区别，因为同样无法解决以上逻辑上的矛盾，计算出来的标准也往往低于当时人们公认的借贷利率。也就是说，部分被这些标准划定为"高利贷"的借贷行为，是被当时的社会普遍认同为公平公正并乐于接受的。这足以说明这种量化利率的划分方法有其难以避免的缺陷。

事实上，对于高利贷所指的"高利"究竟指的是利息额还是利息率，同样存在着争议。目前，人们通常认为"高利"指的是高利率。为了判断

---

① 费孝通、张之毅：《云南三村》，社会科学文献出版社，2006，第169页。

利率的高低，研究者通常将不同周期的借贷折算成一个统一的周期如"一年"来进行比较。事实上，这样的比较并没有太大的意义。无疑，借贷利率的高低与"高利贷"的负面作用有着重要的关系，但这种关系并不是直接的关系而是间接的关系。高利贷的负面作用主要是因为借贷要求的利息和本金总额超过了借贷者的承受额度，所以才带来其生产、生活状况的日益趋下甚至破产。在这一过程中，起到直接作用的是借贷的偿还额和借贷者的承受力，而不是利息率。在实际发生的民间借贷中，借贷者更多的是将借贷的偿还额（包括利息和本金）和收益额（或自己能承受的额度）进行比较，而不是把借贷的利息率与自己的收益率进行比较。以小农家庭为例，一般情况下农民不会首先计算好土地的收益率，将之作为借贷利率的参照，而是比较本金利息的总额和自己的预计收成，看看是否在自己的偿还能力范围内。借贷者对借贷利息率的关注，主要是将之作为偿还额的参照而使用。如宋代实施青苗法时，欧阳修便说："至于田野之民，蠢然固不知周官泉府为何物，但见官中放债，每钱一百文要二十文利尔。"[1] 可见百姓对借贷的利息额更为敏感。

　　借贷的利率并不是利息额的唯一决定因素。因此，单纯地考虑借贷的利息率并没有太大意义，利息率的高低对借贷的效果也没有必然的影响。只注重利息率而不顾其他，必然带来"高利贷"划分的泛滥化。比如，某个小学生临时向同桌借了一毛钱，第二天还了一支价值两毛钱的铅笔。或是某农家来客，从邻居家临时借了一个鸡蛋，第二天拿了两个还给邻居以示感谢。这种生活中的调剂是常见的，但如果计算利率，这种借贷一天的利息便达到了100%，无疑属于"高利贷"的范畴。要是按照通常的习惯换算成年息，更是达到了36500%，可以说是令人咋舌的高利率。于是，这种临时性的调剂便成了发放高利贷，这个小学生的同桌或农户的邻居便成了高利贷者，成为应该被谴责和被消灭的对象。这无疑是荒谬的。借贷的利息只能按借贷的实际周期换算为利息额，而不是按一个统一的周期换算成利息率并进行比较。我们可以设想一种情形，同样是借鸡蛋的这位农民，因为建房需要又向人借了20贯钱，利息为低息的10%，年底须还本息22贯钱。但由于此年灾荒，颗粒无收，该农户只能将田地变卖还钱或者

---

[1] 欧阳修：《上神宗论青苗》，载赵汝愚编《宋朝诸臣奏议》卷114《财赋门》，上海古籍出版社，1999，第1248页。

抵债。那么在这两次借贷中，究竟是利息率为36500%的高利贷还是利息为10%的非高利贷对这个农户家庭造成了负面影响。如果说此农户破产了，那么造成其破产的，究竟是因为自然灾害而无法偿还的建房借款，还是某天向邻居借的一个鸡蛋？我想答案是显而易见的。利率在借贷关系中是作为利息额的参照而发挥作用的，因此单纯考虑利息率或单纯以利息率比较的高低来评估借贷的影响是无意义的。因为换算成某个统一的周期后利率哪怕再高，这个小学生或者农户所需要偿还的也不过是一支铅笔或者两个鸡蛋，完全在借贷者可以轻松偿还的额度内。同样的，如果我们认可一些学者研究得出的中国古代土地收益率15%~20%这一结论，我们可以看到，中国古代乡村社会中的绝大多数有息借贷，其利息率都是高于这个收益率的。这样的高利息虽然带来了部分小农的破产，但从总体上来说，其能够存在数千年，而且并没有对自耕农造成毁灭性的打击，土地也没有因为借贷关系集中到大地主的手中，而是呈现了零细化的趋向，[①] 足以证明认为利息率高于收益率就会带来负面作用的推论，不仅在逻辑上存在漏洞，而且在实践上无法得到充分的验证。

因此，利息率并不是决定借贷效果的主要因素。决定借贷效果的，主要是借入者的收益额（或者说可承受额）与需要的偿还额的比较。在进行生产性借贷时，借入者主要考虑的是收益额。而进行消费性借贷时，借入者一般考虑的是可承受额。如果我们用 C' 来表示借入者的收益额或可承受额，C 来表示借入者的偿还额，当 $C' - C = 0$ 时，一般情况下表示的是借入方已到达借贷的底线。而偿还额又是由多种因素决定的，如果我们假定借贷的本金为 P，计息周期为 n，周期利息率为 x，由于中国古代的法律禁止复利，所以多采用单利计息的方式，那么偿还额 $C = P(1 + nx)$。因此，当 $C' - P(1 + nx) > 0$ 时，一般而言，借贷的效果主要是正面的；当 $C' - P(1 + nx) < 0$ 时，一般而言，借贷的效果主要是负面的。

在上述公式中，资本借入者的借贷额 P、借贷周期 n、借贷利率 x、收益额（或承受额度）C' 作为四个变量，共同影响着借贷行为的社会效果。在中国传统的农业社会中，如果借贷的资本是用于投资农业，在农户的土地面积和种植作物不变的情况下，其收益额和借贷周期通常是相对固定的，于是决定借贷的社会效果和农民家庭在进行借贷时需要考虑的主要因

---

① 参见赵冈：《农地的零细化》，《中国农史》1999年第3期，第3页。

素，变成了借贷利率和借贷额。在这种情况下，传统中国社会的乡村借贷主要表现出小额高息的特点。这正是中国古代借贷利率在普遍高于土地收益率的情况下，还能够广泛存在并被人们所认同的原因之一。因为虽然利息较高，但由于数额较小，总体上利息额仍然在借入者的可承受范围之内，不至于对生产带来毁灭性的打击。

总之，高利贷的负面效果主要是因为其利息额超过了借入者的承受额度而引起的。高利贷以高利率为标准看到了利息率与利息额之间的紧密关系，但单纯地考量借贷的利息率并没有太大的意义。利率作为利息额的参照，不能脱离借贷额和收益额、可承受额度等因素来单独看待。以高利率作为划分高利贷的标准，实际上是片面的。而"高利贷"这一汉语词条的出现，从字面上加重了对这一偏见的误导，在很大程度上影响了人们对于民间借贷关系的认识。

三 对"高利贷"价值评判的思考

虽然"高利贷"这一概念的定义及其划分标准都有值得商榷的地方，但无可置疑的是，这一概念的出现，让人们对于借贷关系的负面影响给予了更多的关注，并采取措施去限制和减少它。随着商品经济和市场的发展，借贷关系作为资金融通的重要手段，正变得越来越不可或缺。无疑，借贷关系特别是过分高额利息的借贷关系对社会是有负面影响的，但是否存在一种专门的应该被批判的"高利贷资本"，是值得我们继续探究的。

在前文中我们已经说过，对"高利贷"的划分主要是基于一种文化和政治上的价值判断，认为"高利贷"这种借贷关系和借贷资本是剥削和落后的事物，应该加以废除。事实上，资本本身是没有优劣之分的，如果不考虑来源和用途等因素，放在桌面上的这一枚硬币与另一枚硬币本身其实没有什么不同。长期以来，人们往往片面理解了马克思基于对资本主义社会考察的基础上所揭示的资本的特殊属性："资本来到世间，从头到脚，每个毛孔都滴着血和肮脏的东西"，[1] 以至于认为"资本"是只有资本主义社会才有的东西，社会主义社会是不可能有的。这导致了我国在很长一段时间内都不使用"资本"这个词。事实上，作为社会存在，资本也有着它

---

[1] 《马克思恩格斯全集》第二十三卷，人民出版社，1972，第829页。

的一般属性，即马克思笔下所说的"资本一般"，"资本一般，这是每一种资本作为资本所共有的规定，或者说是使任何一定量的价值成为资本的那种规定"。① 而这种资本的一般属性就是能够增殖自己价值的价值，这是资本在任何社会形态下都有的属性。过分强调资本的特殊属性而忽视其一般属性是片面的，正如著名经济学家孙冶方所说的："在今天，在社会主义社会中，我们在抛弃资本主义经济特殊规律的同时，连作为经济规律中的一般性、共同性的东西，也即恩格斯所说的'在共产主义社会中所能余留下来的全部东西'都否定了，这就好比是因为我们不承认阶级社会中有一般的人，只承认有阶级的人，因而说将来共产主义社会就没有人，或者说那时还有无产阶级一样，是极可笑的。"② 借贷资本作为资本的一种，同样具有资本的一般属性，从资本的一般属性来说，借贷资本本身是没有优劣之分的。

借贷资本虽然没有优劣之分，但资本的用途有优劣之分。目前，对借贷资本的价值判断，主要是从其用途和结果等因素来进行的。借贷资本的用途多种多样，学术界通常根据用途的不同，将借贷关系划分为生产性借贷和消费性借贷，并认为用于生产性用途的借贷对社会的积极作用较大，而消费性借贷对社会的负面作用较大。这一说法自然是有一定道理的，但是，这并不应该成为对借贷资本本身进行价值判断的依据。因为，借贷资本的用途并不由资本所有者和资本本身所决定，而是由资本的使用者决定。我们可以打一个比方。比如一个资本所有者 A 拥有两枚暂时闲置的价值 0.5 元的鸡蛋，将其分别借给了鸡蛋的需求者 B 和 C，并要求偿还一个鸡蛋及额外的 0.1 元。那么这 0.1 元就是鸡蛋的所有者在一定时期内让渡鸡蛋使用权的收益，也就是利息，这个借贷周期内的利息率为 20%。如果 B 将借来的鸡蛋用于食用，即这是一次消费性借贷，那么这次借贷完成后，借贷资本的所有者额外获得 0.1 元的收益，使用者 B 虽然享用了一个鸡蛋，但要偿还并偿还利息 0.1 元，所以收益为 -0.1，而社会则损失了一个价值为 0.5 元的鸡蛋，收益为 -0.5 元。而如果 C 是一个小生产者，他将借来的鸡蛋用于制造蛋挞并出售，即这是一次生产性借贷。假定 C 将从 A 处借来的鸡蛋，加上自己拥有的面粉、糖等原材料，制造了 3 个蛋挞，将

---

① 《马克思恩格斯全集》第四十六卷（上），人民出版社，1979，第 444 页。
② 孙冶方：《社会主义经济的若干理论问题》，人民出版社，1979，第 124 页。

鸡蛋和其他原材料、成本的消耗分摊后，每个蛋挞的成本为0.8元。如果每个蛋挞售价2元，减去给A的利息0.1元，C净赚6.0－2.4－0.1＝3.5元。则在C的这次生产性借贷中，借贷资本所有者、使用者和社会的收益分别为0.1元、3.5元和3.6元。显然，生产性借贷更好地发挥了资本的效用。因此对于这两个鸡蛋来说，用于生产性借贷其效果是优于消费性借贷的。但这并不能用来说明鸡蛋本身的优劣，我们不能说借给C的鸡蛋是好的，而借给B的鸡蛋是坏的。因为借给B的鸡蛋可以拿过来借给C，借给C的鸡蛋也可以拿来借给B，结果并不会有什么不同。如果把这个假设里的鸡蛋换成0.5元的资本，同样不会影响我们的推论。因此，借贷资本的用途优劣是可以比较的，但资本本身没有优劣之分，并不存在一种天然上对社会起负面作用的"高利贷资本"。以借贷的用途或结果来评判资本本身的优劣是不合理的，因为借贷资本的用途并不由资本的所有者决定，而是由资本的使用者决定。在中国传统社会，乡村借贷很大一部分都是用于满足小农日常生活所需的消费性借贷，这主要是由于中国古代"糊口农业"的性质所决定的。由于小农的经济状况低下，从而不得不将借贷所得的资本优先用于日常必需性消费，因为这种日常消费性用途是再生产的前提和基础。一旦这种日常必需性消费得不到保障，再生产也就无法进行下去。这种借贷用途的选择同样取决于借贷资本的使用者，而不是由借贷资本本身或借贷资本的所有者所决定。"高利贷资本"这种天生为"恶"的资本，不过是一种假象，在现实社会中并不存在。

同样，利息作为资本所有者在一定时期内让渡资本使用权所获得的收益，同样不能根据资本借入者的使用方式或者收益情况来进行价值评判。不能说因为借贷给C的资本实现了增殖，所以借给C的借贷是对社会发展有益的，收取的0.1元的利息是应该的，可以被允许，甚至可以适当高一点；而借贷给B的资本没有实现增殖，收取的利息也就是不应该的。马克思提到，当资本用于放债取息时，"一定的价值额作为潜在的资本出售，就是说，资本本身表现为商品"。[①] 如果我们承认借贷资本是一种资本商品，那么利息作为一定时期内资本使用权的价格也就不是由商品的用途决定的，而是与供需关系等有紧密的联系。去商店购买鸡蛋，不会因为你是用于充饥而降价，也不会因为你是用于制造蛋挞而加价。资本使用权的价

---

① 《马克思恩格斯全集》第48卷，人民出版社，1985，第259页。

格也是如此。一旦用这种价值判断甚至基于这种价值判断而采取的利率管制政策去干预借贷关系，最后导致的结果一定是 A 更愿意将鸡蛋借给 C 而不是 B，因为这样做可以使放贷者在避免骂名的同时获得更大的收益。

我们可以假定一下，在利率相同的情况下，用表 1 分别表示在不同借贷用途下资本所有者（贷出方）和资本使用者（借入方）的收益情况（表内数字逗号左右分别表示贷出方和借入方的收益）。

表1 借贷双方收益情况表（相同利率时）

资本贷出方 \ 资本借入方	消费性用途 （A 借贷给 B） （利率为 20%）	生产性用途 （A 借贷给 C） （利率为 20%）
借贷一个鸡蛋（或 0.5 元资本）	0.1，-0.1	0.1，3.5
借贷两个鸡蛋（或 1.0 元资本）	0.2，-0.2	0.2，7.0

可见，虽然将资本借贷给 B 或 C，在资本效用的发挥上有明显的区别，但对于资本所有者 A（即表 1 中的资本贷出方）来说，他获得的收益是没有区别的。将两个鸡蛋全部借贷给 B，或是全部借贷给 C，甚至 B 和 C 一人一个，其收益的总和都是 0.2 元，并没有发生变化。所以，A 对 B 和 C 放贷的意愿是一样的。但 B、C 二人由于收益的不同，借贷的意愿是不同的。对于 B 而言，0.1 元的利息是一种负担，是造成其收益为负的原因。而对于 C 而言，同样的利息与收益相比只是很少的成本。即便是 100% 高利率即利息涨到 0.5 元，他同样可以轻松地承受。他甚至可以主动提出将利息提高到 0.5 元，以便获取更多的借贷资本扩大生产。在这种情况下，如果我们用价值评判对借贷关系进行干预，或者在此基础上对利率进行管制，限制资本所有者提高对 B 的消费性借贷利率，双方的收益情况便会改变为表 2。

表2 借贷双方收益情况表（不同利率时）

资本贷出方 \ 资本借入方	消费性用途 （A 借贷给 B） （利率为 20%）	生产性用途 （A 借贷给 C） （利率为 100%）
借贷一个鸡蛋（或 0.5 元资本）	0.1，-0.1	0.5，3.1
借贷两个鸡蛋（或 1.0 元资本）	0.2，-0.2	1.0，6.2

显然，将资本全部借给 C 能使资本所有者的利益达到最大化。而作为资

本使用者的 C，虽然收益率略有减少，但由于可以争取到更多的资本用于生产并获得更大收益额，因而也会乐于接受，从而必然使原来流向 B 的资本转而流向 C。在这种情况下，虽然借贷资本的效用发挥看似达到了最大化，但从整个社会的发展来看并不是这样的。因为在一部分生产者获得最大收益的时候，另一部分生产者却由于缺乏必要的生活资本而破产甚至死亡，从而造成部分再生产中断，削减甚至抵消生产性借贷的积极效应。陈志武说："尽管我们从主观愿望上反对高利贷，但简单地禁止民间借贷并不能够解决老百姓天然的金融需求。因此，对高利贷的憎恶并不能从客观上改变各个家庭对借贷资金的需求。"[1] 在借贷的需求没有发生改变的情况下，不论是对高利贷的取缔还是对利息的管制，都没有触及借贷关系的根本。因此，不仅无助于消除借贷关系的负面影响，而且可能使问题变得更糟。

正因为如此，自从"高利贷"一词产生以来，对高利贷的批判和辩护就一直如双胞胎一样相伴而生。中世纪以来，在对高利贷的批判大潮中，总有为高利贷辩护的声音。自 12 世纪起，教会内部即出现了对高利贷"严禁"与"弛禁"之争，经济学者们也不断提出为高利贷辩护的意见。17 世纪 20 年代，在英国关于货币政策以及东印度贸易的论战中，论辩的双方就都认为禁止高利贷的方法不是取缔它，而是使货币市场上的货币充沛。如杰拉德·梅林斯说："货币充沛可以减少高利贷"，爱德华·弥赛尔顿说："医治高利贷之法，也许是让货币充塞。"[2] 18 世纪，著名经济学家亚当·斯密提出："有些国家的法律，禁止货币的利息。但由于在任何地方使用资本都会取得利润，所以在任何地方使用资本都应有利息为酬。经验告诉我们，这种法律，不但防止不了重利盘剥的罪恶，反而会使它加甚。"[3] 为借贷收息做出了辩护。之后，边沁也出版了《为高利贷辩护》一书，批评了管制高利贷的理由，并呼吁绝对开放贷款条件。培根也有《论高利贷》一文，认为"公开承认放高利贷并竭力避免它的弊端，总比默认其存在并让其四处为虐的好"。[4] 随着借贷需求的扩大与借贷关系的日益普遍化，在批判高利贷和为高利贷辩护的声音中，后者

---

[1] 陈志武：《反思高利贷与民间金融》，《新财富》2005 年 8 月号。
[2] 转引自凯恩斯《就业、利息和货币通论》，商务印书馆，1963，第 289 页。
[3] 亚当·斯密：《国民财富的性质和原因的研究》，郭大力、王亚南译，商务印书馆，1974，第 327 页。
[4] 培根：《论高利贷》，载培根《论人生》，长江文艺出版社，2007，第 103 页。

逐渐占据了上风。虽然欧洲教会和国家都制定过"高利贷禁令"和"高利贷法案",但事实上高利贷禁令的影响极为有限。有学者就认为,这些高利贷禁令"到中古末期,已无任何实质性影响。中古时代的禁令只不过使得高利贷者们的放债行为变得更为隐蔽。而对于一些高利贷者来说,它们简直就是一纸空文"。① 19世纪五六十年代,英国、荷兰、比利时、普鲁士和北德联邦等先后废除了对高利贷的禁令。② 教廷在执行高利贷禁令时也逐渐放松。一位爱尔兰牧师甚至由于坚持毫不通融地执行原来有关高利贷的规定,而被主教削去了教职。③ 20世纪以来,高利借贷在许多国家发生,如英国、美国等国日益兴盛的发薪日贷款制度等。南非也设立了"高利贷豁免法案",对5000美元以下的贷款,不管其利率高低,只要登记便不列入"高利贷"的范畴。在中国,随着商品经济和市场经济的发展,为高利贷辩护的声音也正逐渐增强。经济学者茅于轼、陈志武等都开始呼吁大家正视"高利贷"的合法性。④ 对"高利贷"这一概念进行重新认识和思考,已经变得越来越迫切。在西欧,有关高利贷的争论曾被视为"资本主义诞生前的阵痛",⑤ 而在中国,随着市场经济的建立与发展,重新审视借贷关系的地位和作用,也是社会经济发展的进一步要求。

总之,通过对"高利贷"一词的源流、定义演变和划分标准的辨析与思考,我们可以发现,"高利贷"这一概念自产生以来,其内涵和外延就一直处在不断的演变之中。以"高利"作为高利贷的特征和标准,不过是这一概念历史发展中的一个阶段。作为一个特定语境和时代的历史名词,"高利贷"与其说是一个经济概念,不如说是一个政治和文化概念,表现的主要是一种价值评判而不是经济分析。高利贷资本及利息

---

① 龙秀清:《教会经济伦理与资本主义兴起》,《世界历史》2001年第1期,第48页。
② H. J. 哈巴库克、M. M. 波斯坦主编《剑桥欧洲经济史》第6卷,《工业革命及其以后的经济发展:收入、人口及技术变迁》,经济科学出版社,2002,第404页。
③ 纽曼、伊特韦尔等:《新帕尔格雷夫货币金融大辞典》第三卷,"高利贷"条,经济科学出版社,2000,第741页。
④ 见茅于轼:《重新认识高利贷》,《中国市场》2009年第33期;陈志武:《反思高利贷与民间金融》,《新财富》2005年8月号;陈志武:《高利贷不是剥削》,《新财经》2005年第8期等。
⑤ Jacques Le Goff, *Your Money or Your Life: Economy and Religion in the Middle Ages* (New York: Zone Books, 1988), p. 9.

本身并没有优劣之分，对高利贷资本及其利息的价值评判，无助于解决高利借贷所带来的负面影响。在当今对于借贷关系的研究中，应该审慎地使用"高利贷"这一概念，抛弃所谓的"高利贷"判定之争，从而回归借贷关系的经济本质，同时限制其不利影响，维护借贷关系的良性运转。

陈云与新中国的物价工作

徐建青*

摘要：物价工作是经济工作的重要内容，陈云在主持新中国财经工作时，对物价高度关注，极为重视。物价从新中国成立初期的混乱状态到基本走上正轨，陈云起了核心作用。在陈云直接领导下，新中国的价格体系初步建立，物价管理制度也逐渐建立和完善，为新中国的经济建设提供了基础和条件。

关键词：陈云　物价　工农业产品比价

陈云是新中国物价工作的奠基者。物价工作是经济工作的重要内容，从新中国成立初期的混乱状态到走上正轨，初步建立起新中国的价格体系，陈云起了核心作用。陈云与物价工作的关系，以往的研究大多集中在新中国成立初期平抑物价方面，而对之后的工作研究不多。陈云在主持财经工作时，对物价高度关注，极为重视，几乎凡讲话必谈价格。本文仅就陈云在"文革"前领导物价工作的情况略加梳理。①

一　对价格的认识

陈云从他自身的成长经历和长期的领导财经工作中，对市场规律和价格机制积累了丰富的经验，运用起来得心应手。他对价格问题并没有系统的理论阐述，但在他的谈话、报告和文章里，在他处理价格相关的实际工作中，都表现出对价格的深刻的理论理解。

---

* 徐建青，中国社会科学院经济研究所研究员，研究方向为中国经济史。
① 价格问题涉及面较广，受篇幅所限，本文着重分析农副产品价格。

1. 计划经济也要保留一定的市场

陈云关于价格问题的认识是基于他对中国国情和整个经济体制的认识。他在新中国成立前期的讲话中多次谈到，中国的基本国情是大国、小生产，农民占了大多数，在市场经济下，生产者根据市场价格变化自发调节生产，在计划经济下，国家不可能把所有的事情都管起来，也要保留一部分市场。他在中共八大上提出了"三主体三补充"体制，其中的个体经营、自由生产、自由市场，就是主张利用市场也就是价格机制的调节作用。陈云承认计划经济体制下价值规律的作用，说："在社会主义社会里，价值规律对流通过程和生产过程是有一定影响的，但是它所起的作用，与在资本主义社会里不同，没有破坏性。我们能够自觉地运用价值规律，用它来刺激增加更多的产品，提高质量，降低成本，以适应人民需要。"他提出："农业方面，除粮食、棉花及其他主要经济作物由国家掌握外，其他都可由农民自由经营，可以到自由市场出售。由于中国劳动力多，土地少，这样做是适合我国情况的。"相应地，计划统计制度也要改变，"来一个'大计划'，'小自由'"。①

八大的正确的经济建设路线和政策没有在实践中贯彻到底。除了其他方面的因素，在市场方面，市场的反应超出了预期。1956年的冒进造成的物资紧张，以及自由市场的开放，都引起物价的大幅波动，也影响到国家统购物资的收购，对自由市场不得不加以收缩（不是彻底关闭）。但是，这并不影响陈云对市场和价格问题本身的基本认识。在以后的实践中，特别是经济困难时期，总是会提出和启用市场这个武器，利用价格机制来调节和活跃经济，即所谓"一放就活"。② 不过，计划经济下的自由市场是一把"双刃剑"，陈云对此也深有体会，在"收"和"放"之间，总是权衡再三。

2. 陈云重视市场供求状况

价格是市场的信号，价格是由供求决定的。马克思的价值理论认为，价格最终是由凝聚在商品中的价值决定的，价格又因供求关系而围绕价值

---

① 1956年8月23日，国务院关于工商业改造的组织形式问题座谈会，见《陈云文集》第三卷，中央文献出版社，2005，第100~101页。
② 周恩来在中共八大上《关于发展国民经济的第二个五年计划的建议的报告》中的阐述也集中代表了陈云的思想和主张，可参阅。见中央档案馆、中共中央文献研究室编《中共中央文件选集》第24册，人民出版社，2013。

上下波动，所以在市场表现上是供求在决定价格。陈云承认价值规律的作用，而作为实际经济工作的领导者，他对市场供求的作用更为敏感。他认为，不论牌价、市价，都由供求来决定。供求决定价格，价格变化又会引起供求变化，也要利用价格来调节供求。陈云自称是"算账派"，算账，一个是数量，一个就是价格，陈云在谈数量时必谈价格、谈供求，强调这是市场规律。

1951年6月，在政务院财经委员会讨论贸易部关于第二次全国物价工作会议的报告时，陈云讲：关于拟定牌价的根据，"报告中列出的七个条件都有道理，但是很难看出哪一条是最基本的。我认为，现在决定牌价的基本条件应该是供求关系，也就是决定于产销情况。如果某种商品生产多而销路小，即使勉强挂高牌价，结果仍是行不通的；反之，如果生产少，销路大，勉强挂低牌价，也是行不通的"，"如无大的变故，物资的供求关系应该是决定牌价的基本条件"。他还说，牌价上是有差价的，除了季节差价，还有地区差价，牌价由国营贸易公司掌握，起着平衡市场供求的杠杆作用。①

新中国成立初期，为调整公私关系，曾规定私营工商业利润率不超过30%。1952年6月，陈云在全国统战工作汇报会议上，针对工商业利润水平，说道：工业利润只要不违反国家规定，定的价格适应社会购买力，利润可以不受30%的限制，有些东西是市场很缺少的，只有这么一家生产，利润超过30%就不允许成交，那是不行的。有的商业利润高于30%，也限制不了。比如某些土特产，农民卖不出去，商人收买的时候价格很低，卖的时候价格很高，利润超过了30%，你说他是非法还是合法呢？应该承认他是合法的。②也就是说，价格和利润都取决于市场供求，要承认市场的作用。

1956年七八月间，八大前，陈云主持物价问题座谈会，③ 当谈到有些产品可以提价时，陈云提出："手表、白糖可以摆到依照供求定价。""对

---

① 《陈云文集》第二卷，中央文献出版社，2005，第261～262页。
② 《陈云文选（1949～1956）》，人民出版社，1984，第173页。
③ 1956年7月27日至8月7日，由陈云主持召开有国务院有关部门负责人参加的物价座谈会，共开会17次。座谈会是为八大做准备，李先念1956年9月22日在八大上关于市场物价问题的报告，就是在这次座谈会的基础上形成的。李先念的报告也集中代表了陈云的意见，可参阅。见成致平等：《物价重大决策史实钩沉（1949～1999）》，中国物价出版社，1999，第29～48页。

小东西的收购价格,价格也放松;价格跌到一定程度时,我们收购。不可能价格抬得很高,市场有规律。大的我们管住了,对小的便不怕。"①

同年9月,陈云在八大上的发言,关于放松小土产市场管理后的市场价格问题,提出:"由于自由采购、自由贩运,一部分小土产在城市销售价格方面的上涨,是一种暂时的现象,而且上涨的程度,我们仍然是可以约束的。这种价格上涨将促进小土产增产,等到供求平衡以后,它的价格就会回落到正常水平。我们应该采取自由采购、自由贩运,而不要害怕价格方面一时的一定程度的上涨。我们必须避免那种因为减产而来的暴涨。销售价格必须服从收购价格,只有大量增产,才能保持整个市场价格的稳定。"②

1961年7月,正值困难时期,陈云在江苏考察时,同苏州部分生产大队党支部书记座谈时讲:"黑市"价格高,解决问题的办法首先是"提高生产力",产品多了,"货架上一摆,市场就可以稳定了"。③

可见,供求状况是陈云考虑价格问题的基本出发点和依据。

3. 价格的变动是复杂的,影响价格变动的因素很多

早在1950年11月,陈云在谈到国内市场安排时就指出:"我们不能讲物价绝对不涨,物价涨落的因素是很复杂的,有生产的多少,需求的状况,运输的条件,以及时局的、心理的因素等等",此外,还有钞票发行的多少,财政是否平衡。④陈云对物价的这一理解,完全符合经济学的价格理论,其中提到的影响物价的各种因素,尤其是提出心理因素,即预期和偏好,体现出他对价格的卓见。此外,在生产因素中,陈云强调的不只是生产量,在其他地方的讲话里,他还非常强调生产成本,强调经济核算。因此,陈云在处理物价问题时,不是简单地就事论事地解决问题,而是综合考量各方面的因素及其相互关系,统筹兼顾,权衡利弊,从而选择相对有利的办法。

4. 价格问题是经济规律,要摸情况,找规律,按规律办

陈云强调,价格是由经济规律决定的,因此,要求财经和物价工作者要学习和懂得规律,按规律办事。

---

① 成致平等:《物价重大决策史实钩沉(1949~1999)》,第31、第41页。
② 《陈云文选(1956~1985)》,人民出版社,1986,第11页。
③ 《陈云文集》第三卷,中央文献出版社,2005,第344页。
④ 《陈云文选(1949~1956)》,第119页。

新中国成立初期，从事贸易工作的干部大都没有城市工作经验，工作粗放。1951年3月，陈云在一次会议上说：我们的干部"在农村住的时间长，土头土脑，工作做得粗是必然的，现在就是要由粗到细"，陈云要求财经干部要在短期内尽快熟悉工作，要有经济头脑，要在一年内摸索出钞票流通的规律，变盲目为自觉。①

在1956年七八月间讨论物价的座谈会上，当与会者对江浙地区蚕茧和大米的比价与战前水平相比有不同意见时，陈云说："到北京图书馆去找十年、二十年的资料，说清楚究竟高了还是低了。"②即要注重深入研究，从历史脉络中发现线索，寻找规律。

1957年1月，在总结上年市场出现的紧张状况时，陈云说："经验不是一朝一夕可以积累起来的，过去有缺点错误，今后也还难免。摸索革命的规律，我们花了二十多年的时间；建设的经验，也必须有两三个五年计划的时间，才可积累下来。"③

1960年11月，陈云在浙江考察，听取省委负责人汇报工作时说："财贸工作应该当作政治工作、经济工作去做，按经济规律办事，辅之以必要的行政手段。单靠行政权力做财贸工作，是做不好的。"④

正是因为陈云对价格的深刻认识，对经济规律的尊重，他才能在实践中，在解决经济难题时，对价格武器的利用游刃有余。

二 物价政策的基本原则

新中国成立后面临着两个基本问题和任务，一个是保证民生，一个是工业化建设。二者都需要物资和资金，在当时条件有限的情况下，如何处理二者的关系，既要靠政府安排，又要靠市场，必须制定适当的价格政策，以实现这些目标。陈云在这方面做了大量思考和工作。

1. 物价工作是政策性很强的工作

物价涉及经济建设和人民生活，政策性很强，在当时物资和资金紧缺

---

① 1951年3月9日在政务院第75次政务会议上的讲话，见《陈云文集》第二卷，第222~227页。
② 成致平等：《物价重大决策史实钩沉（1949~1999）》，第32页。
③ 陈云在各省市党委书记会议上的讲话，《陈云文选（1956~1985）》，第42页。
④ 《陈云文集》第三卷，中央文献出版社，2005，305~306页。

的条件下，两方面很难平衡。陈云反复强调，要加强研究，以工业化建设为目标，统筹兼顾民生和经济建设。

1956年11月，针对当年棉布供应紧张的状况，陈云告诫说："做商业工作的同志不能单纯注意物价、利润等商业工作本身的问题，主要地还要注意国家建设规模和人民生活平衡的问题，因为在这个问题上要出毛病关系就大了。"①

1957年4月，陈云在听取财贸部的工作汇报时说："价格问题是我们同五亿农民的关系问题，这个问题解决了就天下大定。农民有两个方面的问题：一个是生产，一个是交易。……交易方面的问题主要的不是销售，而是收购价格。商业仅次于农业，而且和农民的关系很密切。人大、政协、工商联一开会总有商业问题，都得出来讲话。这说明商业问题政策性很强，很重要。""贸易方面变化大，政策性强，各方面反映最多的还是价格问题。"陈云认为，财贸部"今年把价格政策作为重点研究是好的"，"我主张把财贸部的力量投进去，研究价格和机构制度问题"。②

2. 一切物价必须以粮价为中心

陈云极为重视粮食供给和粮价问题。在新中国成立初期的经济恢复阶段，以及后来的经济建设时期，陈云在处理市场问题时，反复强调，"粮价稳定是一切物价稳定的关键，此关一破，有全局难收之险"，"粮价的稳定是物价稳定的中心。市场的稳定基本上就是两个东西，即粮食和纱布。……如果粮食一动摇，那整个市场上的物价就会动摇"。③

1953年10月，决定实行粮食统购统销，陈云在全国粮食会议上说：劳动者的收入，用在吃的方面的占百分之六十到七十，"吃的东西，如蔬菜、猪肉和鸡蛋等，价格统统是跟着粮价走的。粮价涨了，物价就要全面涨"，工资和物价轮番上涨，就会造成人心恐慌。④

在1956年七八月间的物价座谈会上，在讨论农产品收购价格中的粮价和比价问题时，陈云提出："向粮看齐，基本问题以陈国栋为中心（陈当时是粮食部党组书记）"，"问题还在'大和尚'（即粮食）。"⑤

---

① 《陈云文集》第三卷，第114页。
② 《陈云文集》第三卷，第175~177页。
③ 1951年6月13日，1952年1月3日，《陈云文集》第二卷，第257、第329页。
④ 《陈云文选（1949~1956）》，第206页。
⑤ 成致平等：《物价重大决策史实钩沉（1949~1999）》，第33页。

同年10月，在国务院五办召开的农村市场汇报会上，陈云讲："粮食是大宗的农产品，也是人民生活中必不可少的主要生活资料。其他农副产品的价格大体上以粮食价格为标准，并与粮食的价格保持一定的比例关系。……制定农产品的价格，究竟以什么为根据呢？主要是以当地现行粮食的价格为依据，并参照历史比价。在某些地区并应同时根据同段地带不同经济作物的价格，进行比较。"①

1957年8月，陈云在对辽宁省地市干部讲话中指出："要从根本上解决粮食问题，需要很多年数，需要很大的努力。……粮食毕竟是一个重要的东西，是保证物价稳定绝不可少的东西。……如果粮食价格不能稳定，粮食发生动摇，那末整个物价就动摇了；如果粮食动摇了，整个五年计划建设就会动摇。所以，粮食是稳定物价最重要的一种物资，是经济建设中必不可少的物资，没有粮食就不能建设。"②

在陈云领导经济工作期间，以粮价为中心确定物价关系，这一思想贯穿始终。他的这一认识至今仍有现实意义。

3. 价格政策要有利于发展生产

陈云（以及李先念）在八大上就价格问题的发言，对新中国成立后七年来的物价政策做了全面检讨，对今后的价格政策做了精辟的阐述。

陈云在发言中，基本肯定了1950年3月以来的物价政策，认为对我国工农业生产的发展起了有益的促进作用，但也存在一部分农产品和工业品收购价格偏低问题，妨碍了生产。关于今后价格政策的总的原则，提出："必须使我们的价格政策有利于生产。……目前在我国物价政策上存在着一种不利于生产的现象，就是在出售价格方面，把稳定物价简单地看成是必须'统一物价'，或者'冻结物价'。因此不同品质的产品差价很小，优质得不到优价。这种价格政策，不能鼓励产品质量的提高，只能助长产品质量的下降。……不适当的价格政策，必然不利于生产。"③

此前，在讨论物价问题座谈会上，当谈到工人对工业品不降价来信时，陈云说："农民历来不来信，猪价低便杀猪吃"；"小东西不作垄断贸易。价格不对，立即影响生产"④。言下之意，农民生产也有不可控的一

---

① 《陈云文集》第三卷，第108页。
② 《陈云文集》第三卷，第188、第190页。
③ 《陈云文选（1956~1985）》，第9~11页。
④ 成致平等：《物价重大决策史实钩沉（1949~1999）》，第31、第41页。

面,也要靠价格来调节,猪价低了,农民就不养猪了,也不卖给国家了;小东西价格低了,就没有人生产了。

同年10月,关于放宽农村市场后的价格问题,陈云在为国务院起草的指示中提出:"在价格政策上管理的原则,应该是价格的规定服从于生产的情况。即价格太低而妨碍生产的,应该提高",如果价格已经对于生产有利,已经可以大大刺激生产,为了防止自由市场的盲目性,政府应当加以管理。①

价格政策要有利于生产发展,也是陈云一贯坚持的原则。

4. 计划价格和市场价格的关系

计划经济下的价格形成机制,从根本上说是政府定价,尽管政府定价也离不开供求状况,但终究不是通过市场机制形成的。在配置资源方面,定价权根本上还是在于政府。关于计划价格和市场价格的关系,陈云也有很多论述。

在私营工商业改造基本完成之后,陈云认为,过去对待资本主义的办法把市场管死了,他适时地提出,要放开一部分小土产的自由市场,让农民自由一些,现在是由一个系统(指供销合作社)垄断,"要搞一个竞争格局,可以社会主义满天飞,打破市场管制,最主要是这一条"。②

陈云认为,计划经济下的自由市场,"是在国家领导下的自由市场,涨价是有一定幅度的",其意为:自由市场的价格是受到制约的,一是其变动是围绕计划价格波动;二是上市商品的品种和数量是受控制的,主要物资是掌握在国家手里。陈云主张,要把市场搞活,有的商品的生产还要利用自由市场价格来调节,要允许有些小土产适当地涨价,农村供销合作社不许垄断,否则农民就不生产了;小东西等不一定要议价。③但是,"自由市场的价格常常带有盲目性,因此涨价超过了适当程度的时候,仍须加以管理"。④

统购价、统销价属于计划价格,陈云提出:"属于统购的物资,在农民完成任务后向自由市场出售剩余产品时,价格上准许高于统购价,但是

---

① 《陈云文集》第三卷,第106~107页。
② 成致平等:《物价重大决策史实钩沉(1949~1999)》,第34页。
③ 1956年8月23日,国务院关于工商业改造的组织形式问题座谈会,《陈云文集》第三卷,第99~101页。
④ 1956年10月24日为国务院起草的指示,《陈云文集》第三卷,第106页。

最高不应超过国家的销售价格",关于"开放自由市场的第三类物资,总的应该是放宽市场管理。……对于那些涨价大大超过刺激生产限度的商品,应该采取议价的办法加以管理"。①但在同年11月的八大二次会议上,在市场价与统销价的关系上,他的说法略有改变,提出:"价格政策要做一些调整。统购产品任务完成以后,允许自己卖,卖的价钱,可以等于我们的销价,也可以略高于我们的销价。"②同年12月,陈云在全国工商联会员代表大会上的讲话,又重申了上述原则。③

从以上论述可以看出,在计划价格和市场价格的关系上,陈云主张,计划价格应是主导,主要物资和商品是由政府定价决定的,计划价格的又一个作用是引导市场价格,使之围绕国家牌价,在一定范围内上下浮动。为了发展生产,允许市场价格一定程度的上涨。陈云提出,打破国营商业和供销合作社的垄断,打破市场管制,搞一个竞争格局,这种见解在当时是具有前沿性的。

三 农副产品价格

农副产品价格调节农业资源配置,尽管有国家计划的指导（如规定播种面积、收购量等）,但如果价格不合理,农民在一定限度下还是会自发做出选择,有时甚至不完成国家收购任务。陈云对农副产品价格给予高度关注。

1. 农副产品比价

各种农副产品的比价政策,是调节农业内部资源配置的手段之一。新中国成立以后,以稳定粮价为基本原则,故在比价关系上,是以粮价为中心来规定各种农副产品的比价。自1950年至1953年,国家每年公布粮棉比价。1954年以后,虽不再公布比价指标,但仍注重通过比价关系来指导生产,调节农副产品供求。

1954年3月,就猪肉提价问题,陈云指出:"过去东北肉价高、粮价低的结果,造成大批粮食喂猪的事应该作为教训","我们必须防止麦子缺

---

① 10月28日在国务院五办会议上的讲话,《陈云文集》第三卷,第109页。
② 《陈云文选（1956~1985）》,第26页。
③ 《陈云文集》第三卷,第130页。

时随便提麦价，猪肉缺时又随便提收价。因为不从全局着眼，只从一点着眼容易发生偏差的。我提议速即对各种农产品要定一个合理的比价。"① 同年6月，又说，农产品的收购价格，有的需要提高，但不要盲目地提高，猪肉、粮食、棉花等，都是互有关联的，"那里少了，那里提高，这里少了，这里又提高，结果越提越高"。② 在1956年的物价座谈会上讨论是否提高蚕茧、芝麻等产品的收购价格时，陈云说："要研究提价是否挤粮食。"③

农业合作化基本完成以后，就农业社的生产决策问题，陈云提出了"大的方面计划，小的方面自由"的重要观点，其中关于价格问题，提出："过去，粮棉比价的政策是正确的、合理的，刺激了棉花的发展，可以考虑多搞几十种品种的价格。"④即要用比价政策来指导农副业生产，调节各种农产品的种植面积。陈云要求："供销合作总社要在两年内计算好二十种到三十种主要农产品和粮食的比价，搞好了这个比价，和农民的关系就可以安定下来。这是一个重大问题，要求供销合作总社在春节前计算出七八种农产品的比价。"⑤

1957年3月，陈云在给毛泽东的信中汇报说："从二中全会⑥到现在，五办已研究了十种农副产品的价格和这些产品与粮食的比价，像猪、菜籽、芝麻、茶油、桐油、茶叶、蚕茧、大麻、苎麻、黄麻等，并已规定了价格。今年内，全年要研究二十种左右的产品价格。但是，根据现在研究的初步印象看来，在粮食没有大增产前，工业原料作物不可能大量发展。因此，提价收购也不会有效果。因为农民先要顾到粮食，粮食有余时才种其他作物。可以说，工业原料作物的增产要在粮食增产之后。"⑦

2. 农副产品购销价格

农副产品购销价格，特别是收购价格，直接关系着农民利益，影响着

---

① 《陈云文集》第二卷，第519页。
② 《陈云文集》第二卷，第539页。
③ 成致平等著：《物价重大决策史实钩沉（1949~1999）》，第47页。
④ 1956年9月11日，陈云主持国务院第37次全体会议讨论《中共中央、国务院关于加强农业生产合作社的生产领导和组织建设的指示》，《陈云文集》第三卷，第103~104页。
⑤ 1956年11月27日，在各省市商业、采购厅局长和供销合作社主任会议上的讲话，《陈云文集》第三卷，第119~120页。
⑥ 即中共八届二中全会，于1956年11月10日至15日召开。
⑦ 《陈云文集》第三卷，第173页。

生产与产品出售。要保证国家能够得到必要的农产品，又要处理好与农民的关系，必须制定合理的购销价格。陈云对此有足够的认识。

1951年7月，陈云在政务院财经委员会的会议上讲话说：农民与国家是有矛盾的，这一点在今年的棉花收购方面已经表现出来了，国家对农产品的比价政策，只能决定农民"种什么"，不能决定农民"卖不卖给国家"，因此要注意这个问题，① 即要注意收购价格问题。

1953年10月，关于统购统销后的农产品价格制定，陈云说："一般地说，农村中农产品的收购价格，在现在这个时候实质上是指挥农业生产的一个工具。它起指挥农业生产各个品种的作用。比如东北就是这样，大豆价钱高了，农民就种大豆；高粱价钱高了，农民就种高粱。……同时，这个问题也是关系到各方面的大问题。价格定得好不好，对农民、对国家、对城市劳动者三方面都有关系。对农民来说，收购价格应该是合理的、适当的。不要使农民感到又要计划收购，又是杀价。"②

农业合作化基本完成后，国家面对的不再是个体农民，原以为农民组织起来后，在农产品收购上会相对容易，但实际上并不那么融洽，不合理的收购价格既影响收购，又影响生产。1956年，在讨论提高部分农副产品收购价格时，陈云说："农产品的收购价格，过去没有放在适当的地位，认识不这样深刻。如果再不调整某些价格，是违反生产发展的规律。现在提价是把过去不该拿的钱退回去。"③

1957年7月，就解决城市蔬菜和其他副食品的供应问题，召开13个省市蔬菜会议，决定扩大种植面积，陈云说："蔬菜种植面积大了，还要保证农民能够得利。要合理规定价格，不能'菜贱伤农'。农民无利可得甚至亏本，是不行的。"④

3. 农副产品差价

差价包括季节差价、地区差价、购销差价、批零差价、质量差价等，各种差价政策也是调节流通和生产的重要手段。差价政策是否合理，也直接影响农副业生产。陈云也非常关注农副产品差价问题。

季节差价。陈云指出，土地改革以后，农民生活改善，农民有了产销

---

① 《陈云文集》第二卷，第296页。
② 《陈云文集》第二卷，第459~460页。
③ 成致平等：《物价重大决策史实钩沉（1949~1999）》，第31页。
④ 《陈云文选（1956~1985）》，第55页。

自主权,能够根据市场淡旺季节变化,选择有利的季节出售自己的生产品。① 亦即承认季节差价是客观存在的。

但是,在统购统销以后,农民的传统习惯被强制改变,粮食和其他主要农产品大多在秋后集中出售,为稳定粮价,陈云主张不搞粮食的季节差价,以防青黄不接时的高价买卖,并强调要有足够的粮食库存,以应对淡季的市场需求。因此,在此后的长时间里,粮食的季节差价被取消了。至于其他农副产品,为了防止囤积居奇,维持物价稳定,也基本上不搞季节差价,只是有的不易保存的鲜货、蔬菜等,允许存在季节差价。②

地区差价。新中国成立以后,有些地方农产品的收购价格,在计算方法上,是按照销地价格,层层倒扣费用,求出产地价格,造成农产品收购价格过低,违背销地价格服从产地价格的常规。③ 在1956年的物价座谈会上,陈云提出:"地区差价在五四年批发商挤掉时便可以改变。五四年把批发商打烂平分是错误的,今天还要去找回一部分。"在讨论农产品地区差价时,陈云说:"农产品一般按流转规律来计算地区差价。粮食是打破这规律的最大一种。"陈云建议,广东花生的收购价比河南运去的价格还高,是否能降低广东的收购价格?某些特殊商品在特殊地区可以高一些。④

同年11月,陈云说:"有的产品的地区差价不合理。比如,生猪的收购价格,是根据大、中城市猪肉的价格,扣除商品流转费用而倒算到产地,这样,边远地区农民养猪就要赔钱。"⑤

陈云认为,在计算价格时,应该考虑地区差价的因素,以保证产销各方的利益。

质量差价。质量差价不合理,会影响产品质量,而在农产品收购中的压级压价现象,更是侵犯农民的利益。在八大前的多次会议上,陈云不断表示:"统一价格已产生不好的影响,今后应该采取好货好价、坏货坏价、优质优价的政策,否则事情不好办";"保证和提高产品质量,实质上是最大的降低物价";"农产品等级价格可以由合作社农民评议,如果都由国家

---

① 《陈云文集》第二卷,第262~263页。
② 《陈云文集》第三卷,第102页;成致平等:《物价重大决策史实钩沉(1949~1999)》,第41页。
③ 《李先念论财政金融贸易》上卷,中国财政经济出版社,1992,第210页。
④ 成致平等:《物价重大决策史实钩沉(1949~1999)》,第31、第39~40页。
⑤ 《陈云文集》第三卷,第116页。

规定，价格一旦不合理，就要减产。现在，商业方面压级压价的现象多。办法是统购统销价格要让农民评议，其他的来点自由市场，这样问题就可以解决了"。①在八大上的发言中，陈云提出："由于按质论价，品质优良、成本较高的产品的价格，要适当地提高。应该看到，商品的质量下降是最大的涨价。"②

同年11月，在各省市商业、采购厅局长和供销合作社主任会议上，陈云表示："有的产品等级差价规定得不合理，很多地方在收购农副产品上存在着压级压价的现象。我们是'亦官亦商'，老百姓是难以对付我们的，很少欺负我们的。今后评等级，可以考虑采取与农业社社员民主评议的办法。"③陈云主张："要禁止压级压价。收购农产品的评级，商业部门要同农民、同农业生产合作社民主评议。有些地方采取了这样的办法，收到了好的效果，这是群众路线。"④

四　工农业产品比价

工农业产品比价也就是工农业产品价格剪刀差，这是一个涉及工农业关系、城乡关系的重大问题。对于剪刀差问题，陈云主张，总的趋势是要缩小，但这应该是一个较长的过程。他在1951年6月的一次会议的讲话里说道："在旧社会的经济制度下，工农业产品的剪刀差对农民是十分不利的。现在这个情况虽然仍旧存在，但是已经起了一些变化。中国是一个农业国，要根本解决工农业产品剪刀差的问题，必须整个经济发生改变，也就是由农业国变为工业国。如果现在勉强缩小剪刀差，结果反而对农民不利。因此，我们帮助农民的主要办法是收购农民的土产，从积极意义上提高他们的购买力，……如果政府能够做好土产收购工作，使农民的购买力大大提高，也就相对地弥补了他们在工农业产品剪刀差中所受到的损失。"⑤

在1953年8月的一次会议上，陈云指出："缩小工农业产品价格的剪

---

① 《陈云文集》第三卷，第99、第102、第104页。
② 《陈云文选（1956~1985）》，第10页。
③ 《陈云文集》第三卷，第116页。
④ 《陈云文选（1956~1985）》，第21页。
⑤ 《陈云文集》第二卷，第263页。

刀差,这是我们的目标,共产党的政权必须这样做,不能忘记。革命就是为了改善最大多数人民的生活,但是由于我们工业品少,也不要以为很快可以做到。这个问题我有责任说清楚,因为还要积累资金,扩大再生产。"①

1954年6月,陈云在《关于第一个五年计划的几点说明》里提到,到1957年,商品供需之间的差额将有40万亿元,解决办法之一是:"适当调整工农业产品的价格,如烟、酒、糖等消费品可以涨点价,而某些农产品可以降点价",即用扩大剪刀差的办法来解决,同时他也指出:"提高农产品收购价格,降低工业品价格,提高工资,这三条应该说都是好事,都应该做,但是都不能做得太早,要极其慎重,要量力而行。"②

在这个问题上,陈云的基本思想是,总的方向和原则是要缩小工农业产品比价的差额,但我们是农业大国,在当时的条件下,不得不更多地从农业中索取,否则工业化的积累从哪里来。在降低工业品价格与提高农产品收购价格两个办法中,陈云更倾向于后者,所以后来更多采取的是小幅提高农副产品收购价格的办法。

五　价格应根据供求状况适当调整

陈云主张物价稳定,但不是固定不变,他承认现实的价格体系存在不合理的情况,主张根据生产发展、供需变动,对不合理的价格体系和比价关系,进行适当调整,该提则提,该降则降。

在1956年的物价座谈会上讨论粮价问题时,陈云说:"山区农产品价格低,工业品价格高,农民吃亏更大的是农产品收购价格低这一面。""湘鄂赣粮价低了些,不能因为亩产一千斤可以压价。""发展经济作物不能不顾粮食,要为粮农着想,粮农、棉农一样是农民。粮食提价,除物资供应外,没有其他道理说可以不提。"③

在八大二次全会上的发言中,就猪肉供应紧张问题,陈云表示:"粮食紧张不是养猪减少的唯一原因,还有一个原因,就是猪的收购价格低

---

① 1953年8月6日在全国财经会议领导小组会上的发言,《陈云文选(1949~1956)》,第193~194页。
② 《陈云文选(1949~1956)》,第244页。
③ 成致平等:《物价重大决策史实钩沉(1949~1999)》,第34~35页。

了"，要"适当地提高猪的收购价格。……如果现在不提价，猪的生产还要下降，将来非提价不可"。对于由于提高收购价格而可能增加财政补贴的情况，陈云主张用减少商业利润、降低税收、小幅提销价等办法，弥补由于提高收购价格而带来的资金缺口。①

此后，国家提高了部分农副产品的收购价格，如生猪、芝麻、菜籽、桐油、茶叶、花生、蚕茧、小杂粮等。但后来经济形势和供求状况发生变化，影响了价格调整进程。

总之，在陈云同志的直接领导下，新中国的价格体系初步建立，物价管理制度也逐渐建立和完善，为新中国的经济建设提供了基础和条件。中共八大曾设想对不合理的价格体系逐步进行调整。但八大以后，种种变动使陈云关于市场和价格的想法没有实现。一个接一个的运动打乱了正常的经济秩序，市场也陷入失调状态，物价变动背离了常态，国家不得不进行经济调整，采取一系列措施稳定市场和物价。在经济状况稍有恢复之后，就又开始进行价格调整。1962~1965年，每年都把调整物价作为当年的一项重要工作。但这些措施没有来得及全部实现，十年"文革"期间，冻结物价，又使这一进程陷于停顿。直到改革开放后，价格改革才得以逐步展开。

---

① 《陈云文选（1956~1985）》，第17、第20~21页。

涩泽荣一的中国观

周 见[*]

摘要：涩泽荣一作为近代日本财界的领袖人物，在近代日本对外经济侵略和扩张活动中始终扮演了非常重要的角色；但他的中国观与近代日本社会的主流中国观有很大的差异，受此影响，他所主张的对华经济扩张路线与日本政府并不完全一致，这从一个侧面反映了涩泽荣一在思想上的独特之处。而以往的涩泽荣一研究对此少有涉及，故本文拟就此做一考察，试从几个方面介绍和解读涩泽荣一的中国观，并对其主张的"王道主义"对华经济扩张路线做个简要的分析和评论。

关键词：涩泽荣一　中国观　王道主义

近代日本人的中国观可以说是林林总总、各式各样，同时，伴随国际形势以及中国处境的变化，居主流地位的中国观也在变化。在鸦片战争之前，在日本人眼里，中国作为日本文化的源头之地无疑是值得敬仰和学习的国家。然而，从中国在鸦片战争中的失败开始，到日本明治维新的成功，再到甲午战争中国的战败，中国在日本人心目中的地位可以说是江河日下，以致成为颇受鄙视和侮辱的对象。日本主流中国观的这种变化一直在制约和影响着近代两国关系的进程，对推动日本加入西方列强瓜分中国的行列产生了巨大的作用。

我们在这里所说的中国观，主要指的是在思想主张上如何看待和对待

---

[*] 周见，中国社会科学院世界经济与政治研究所研究员，研究方向为日本经营史、日本经济史、比较经营史。

中国的问题。那么，涩泽荣一①究竟主张怎样看待和对待中国呢？他的中国观与日本的主流中国观有何异同之处？他的对华主张又受到了哪些因素的影响呢？

一 主流中国观及其变化

明治维新后，以新政府提出的富国强兵、文明开化、殖产兴业三大方针为指南，日本社会的精神面貌为之一变，经济迅速崛起，国力大为增强。以此为背景，西方近代文明和价值观念被越来越多的人所接受，并被当作重新认识亚洲邻国的出发点。而这其中，福泽谕吉这位日本近代文明启蒙家的存在显得尤为重要，他所主张的中国观可以说是最具影响力和代表性的。

福泽谕吉崇拜的是西方文明史观。在他看来，中国是介于文明社会和野蛮社会之间的半开化社会。中国不仅人情风俗卑鄙低贱，根本不能称之为礼仪之邦，②而且中国人拥戴绝对的专制君主，深信君主为至尊之强的传统观念根深蒂固，这样愈视君主为神，就愈加陷于愚昧。③他认为，这种对封建君主专制的顺从和对封建主义纲常伦理的维护又与中国的传统文化密不可分，因此他对汉学和儒家思想持批判和否定态度。他说，秦始皇统一天下，从此实行了专制政治，"而孔孟之教对这个制度最有利，所以只让它流传后世"，④"儒教虽然主张所谓的仁政，但实际上是极为虚伪的，已经完全失去存在的意义"。⑤因而他主张，日本应该毫不犹豫地抛弃"对近代的文明进步没有起什么作用"的儒学，⑥并提出："当今的治世家如果真的担忧社会上的轻浮、暴躁者，就应该引导少年们认真地学习西洋学，此外别无好办法。"如"将孔孟之教定为基础，来制止今日的人心波动，

---

① 涩泽荣一（1840~1931年）是日本近代史上最著名的实业家，他致力于引进和普及西方的股份公司企业制度，一生亲自组织和参与创办的近代企业多达500余家，这些企业遍布几乎所有的近代产业部门，为近代日本工业化的成功奠定了基础，被后人称为日本资本主义之父。涩泽荣一在近代日本对外经济侵略和扩张中表现活跃，始终扮演着策划者和组织者的角色，在近代中日经济关系史上是一个非常值得关注和研究的人物。
② 福泽谕吉：《文明论概略》，商务印书馆，1995，第43页。
③ 福泽谕吉：《文明论概略》，商务印书馆，1995，第17页。
④ 福泽谕吉：《文明论概略》，商务印书馆，1995，第17页。
⑤ 福泽谕吉：《劝学篇》，商务印书馆，1996，第15页。
⑥ 《福泽谕吉教育论著选》，人民教育出版社，1991，第43页。

束缚人的思想,以便经营文明昌盛的社会事业,这不仅是脱离实际的迂腐,以我来看,简直就是极端的迂腐,极端的轻浮行动"。① 福泽谕吉不仅坚决反对日本再用儒学来教育后人,而且对中国正在兴起的洋务运动也进行了尖锐的批评。他认为,中国虽然也在效法西洋建造巨舰,购买大炮,改革兵制,但这些做法求的只是"外在的文明",并没有涉及"内在的文明"。中国仍然固守着原来的政教风俗,如此继续下去不仅难以自保,而且日本也会因有了这么一个邻国而受到巨大的不利影响,这真是"日本国的一大不幸"。那么日本究竟应该如何对待和处理与中国的关系呢?福泽谕吉直言不讳地说,"亲近恶友不免沾上恶名,我从心底里谢绝亚细亚东方恶友",并断言:中国"从现在起不出数年必然亡国,其国土将为世界文明诸国所分割,这是毋庸置疑的"。据此他认为,日本不能作袖手旁观者,而只能"脱亚入欧","加入吞食者行列,与文明国人一起寻求良饵"。② 他说:日本"不能等待邻国开明来共兴亚细亚,应该脱其伍与西洋文明国家共进退,与中国、朝鲜交往方法也不必因其为邻国而有所照顾,完全可以按西洋人对待他们的方法来处理"。③ 正是出于这种思想,福泽谕吉一直都在积极地鼓动和支持日本走对外进行侵略扩张的道路,他对日本发动侵略朝鲜和中国的甲午战争感到兴奋不已,将这场侵略战争说成是"文明与野蛮之战",是"谋求文明开化进步者与妨碍文明开化进步者之间的战争"。④ 他对日本在甲午战争中取胜而感到欢欣鼓舞,甚至毫不掩饰地说,"今天邻国的中国、朝鲜也被包罗在我文明之中,实在是毕生的愉快,真的是喜出望外"。⑤

福泽谕吉中国观的最终所要主张的就是:日本"脱亚入欧",与西方列强为伍共同瓜分和吞食中国。这种思想主张通过各种渠道在日本社会上下得到了广泛的传播,对近代日本对外扩张意识形成以至迅速膨胀起到了推波助澜的作用。然而甲午战争之后,世界格局发生了变化,日本通过发动这场战争达到了称雄亚洲的目的,西方列强由此不能再视日本为等闲之辈,而貌似庞大的中国却不堪一击沦为战败国,在日本人心中的地位随之一落千丈。因此,从这时开始日本朝野谈论中国时最感兴趣的已经不再是可否挑战中国、

---

① 《福泽谕吉教育论著选》,人民教育出版社,1991,第44页。
② 《福泽谕吉全集》第9卷,岩波书店(日),1967,第195~196页。
③ 《福泽谕吉全集》第10卷,岩波书店(日),1967,第238~240、159~162页。
④ 《福泽谕吉全集》第14卷,岩波书店(日),1967,第491页。
⑤ 《福泽谕吉全集》第18卷,岩波书店(日),1967,第637页。

应不应该与西方列强为伍的问题,而是采取什么样的策略同西方国家进行较量并控制中国才符合日本最大利益的问题。以此为背景,社会上流行的中国观也逐步发生了变化,特别是在20世纪初的日俄战争中取胜后,在日本人的眼里,西方世界已不是所向披靡不可战胜的象征,因此人们对福泽谕吉所主张的"脱亚入欧"也不再像以前那样狂热地追捧,而取而代之,"大亚洲主义"所主张的中国观则唤起了更为广泛的社会关注或认同。

在日本,所谓"大亚洲主义"有着较长的思想源流,它在明治初期就已形成,但在后来不同的时期里,其视角和观点因人因时而各有所异,对中国的认识和看法并不完全一致,内容复杂多变,而之所以均称之为"大亚洲主义",是因为他们的共同点在于都提出了"亚洲同盟"和"中日连携"主张。甲午战争以后,"大亚洲主义"主张者重整阵容,出现了一些新的代表性人物,在这其中,冈仓天心、近卫笃麿、陆羯南、小寺谦吉等都具有很高的知名度。冈仓天心是日本近代著名的美术家,他提出的"亚洲一体论"分为文化和政治两个方面。从文化方面,冈仓天心有着深厚的儒学情结,他对亚洲文化极为推崇。他说,亚洲本为一体,喜马拉雅山脉两侧孕育了两个强大的文明,"即孔子集体主义思想的中国文明和吠陀个人主义思想的印度文明",[①] 并被所有的亚洲民族共同继承。他认为,在世界历史的发展中,亚洲文明不仅远在古代是最先进的,而且到了近代也没有过时。遗憾的是中国文明从元朝起由于外族入侵而被割断,文化的精髓丧失殆尽;而印度文明也因受教徒和利欲熏心的欧洲人的破坏,失去了往日的光彩。而只有日本是亚洲文明的集大成者,这是因为日本民族具有神奇的天性,有"万世一系"的天皇,因此日本不应盲目地崇拜西方文化,而应该与亚洲各国为伍,担负起领导复兴亚洲文明的神圣使命。而在政治方面,冈仓天心认为,亚洲各国要扫除白种人的威胁,就需要联合起来,日本已经成为世界强国,因此理应承担"亚洲一体"的领导者。在他看来,日本至今所为都是不容置疑的。他说,日本没有侵略朝鲜和中国的野心,甲午战争是由于中国企图吞并朝鲜所致,而中国反抗日本是受了白种人的挑拨,等等。

而另一位亚洲主义的代表人物近卫笃麿提出的基本主张则是"同人种同盟"和"支那保全论"。在近卫看来,"西力之东渐"实质上就是白人对东方有色人种在人种上的歧视;亚洲与西洋的对垒,实际上是黄、白人

---

① 王屏:《近代日本的亚细亚主义》,商务印书馆,2004,第82页。

种的对垒,在这种情况下,"支那人也好、日本人也好,都是白色人种的仇敌","支那人民的存亡,决不是他人的休戚安危,而是与日本人自身利益相关联的东西",他还说,"东洋实为东洋之东洋,东洋问题之处理,固属东洋人之责任。清国国势虽衰,其弊端在于政治,而非在于民族,(彼与我)共同携手以从事保全东洋之大业绝非难事"。①

从冈仓天心、近卫笃麿的上述主张中可以看出,他们的"大亚洲主义"所要强调的核心观点是日本不论在文化方面还是在政治军事力量等方面都已经成为世界强国,应该理所当然地担负起领导中国、朝鲜等亚洲国家的使命。这就是说,他们所鼓吹的亚洲一体指的并不是与亚洲其他国家的平等联合,而是一种支配与从属、无平等可言的国家关系。在这种关系下,日本对中国、朝鲜等亚洲国家实行侵略和干涉政策都可以顺理成章地解释为对亚洲发展采取的必要措施,是合理的行为。而这样的主张在陆羯南、小寺谦吉等人的言论中也多有所见。如陆羯南把日本对中国的扩张说成是为了解决"东洋内部问题",是为实现两国的提携而对中国进行的"改造";小寺谦吉反复声称,日本继承了中国文明,有资格做东亚的盟主,日本目前最迫切的是"帮助"、"指导"中国,与日本一道为实现"大亚洲主义"而努力。显然,这样的"大亚洲主义"已不再是甲午战争之前的那种主张"合纵连横"的"大亚洲主义"了,在性质上发生了异变。同时,值得注意的是,甲午战争后日本一跃成为瓜分中国的成员国,西方列强不仅随之成了它的伙伴,也成了它的对手。然而,在"门户开放、机会均等"这一西方列强制定的瓜分规则之下,日本要实现独霸中国的愿望就需要另谋出路。从这个意义上说"支那保全论"的提出具有重要的战略含义。首先,保全中国,可以使日本侵略中国的行为正当化;其次,将瓜分对象变为"盟友",显然比日本单独与西方国家争斗抗衡更有力量,并从中获得更多的利益。由此可见,甲午战争之后的"大亚洲主义"是一种带有欺骗性的中国观,它表面上主张的是全亚洲的复兴,而实际上充满了对中国的鄙视,期待实现的是对全亚洲的单独支配。因此,它不仅被诸多的政府官员所理解和接受,而且在民间也得到了广泛的支持,具有非常大的影响力,故此成为继"脱亚入欧论"之后在日本占主流地位的中国观。

---

① 李廷江:《日本财界与辛亥革命》,中国社会科学出版社,1994,第50~51页。

二 涩泽荣一的中国观及其与主流中国观的不同

涩泽荣一一生与中国的关联相当密切,他是在汉学的教育与熏陶之下成长起来的,曾先后两次专程访问中国,与中国各界人士有相当广泛的交往。同时,他作为日本财界的领袖在对中国的经济扩张中始终扮演着十分重要的角色。应该说,他对中国的关心和了解远非一般人所能相比,他对中国的历史文化、政治变革、经济状况以及中日两国外交问题有自己的认识和主张,且有其独到之处,因此值得解读。

(一) 孔子观

了解涩泽荣一的中国观无疑应该从他的儒学观特别是论语观说起。他厚爱儒学,对其经典《论语》格外崇拜,给予了极高的评价。在他看来,儒家思想并不是宗教,而是一种指导人们安身立世、平定天下的学问;孔子不是一个精神上的偶像,而是一个可以学习模仿的平凡而伟大的人。他还认为,《论语》的魅力在于接近社会实际,讲的都是为人处世的方法和为人所应该遵守的伦理道德,而这些并没有因为社会的发展变化而失去价值,可以被当作人们从事企业活动的规矩准绳。正是在这样的思想基础上,他提出了经济道德合一说,号召日本的工商业者都来学习孔子的《论语》,做一个一手拿《论语》一手拿算盘的新型企业家。在涩泽荣一看来,《论语》所阐明的王道思想体现的是一种治理国家的智慧,吸取这一思想的精华对日本处理内政外交都会有很大的帮助。他说:"仁字可以看作是孔子的生命,也是论语二十篇的血液,如果把仁字从孔子的教诲中拿掉,就如同把辣椒的辣味去掉了一样。为了仁孔子甚至可以达到奉献生命的程度,他的一生始于求仁,终于行仁,孔子的神与髓都在于一个仁字。……孔子一方面把仁字当做道德伦理的根本;另一方面又把它看成是政治的本义。王政王道就是以仁字为出发点的。"① 他说:"不论贫富贵贱,人以王道为怀,把王道当作为人处世之准则,无疑胜之百条千条法律或规则。"② 他还说:"忠恕是孔子一贯坚持的精神,也是贯穿于《论语》始终的精

---

① 涩泽荣一:《论语讲义》,二松舍大学出版部,1975,第23页。
② 转引自涩泽健《巨人涩泽荣一——构筑财富的百条教诲》,讲谈社,2007,第190页。

神"，"无论是处世还是外交，其根本都是相通的。如果不能以忠恕精神所面临对待，就不能顺利地进行并取得彼此都感到满意的结果"。"忠恕精神在对支那外交上是必不可少的，在对美国的外交上也是如此。国与国之间的国际关系也像个人与个人交往那样需要忠恕精神，……无论在哪个国家和哪个国家之间，国交之所以出现破裂，其原因常常在于缺乏忠恕精神。圆满的国际关系通过相互间的忠恕才能得以实现。"①总之，在涩泽荣一的思想里，《论语》就是一部安邦治国的经典指南，是人类精神文明的财富，它与资本主义文明之间并非水火不相容，而是可以相得益彰的，它没有因为时代变迁而失去光芒，因此继承和实践孔子在《论语》中的教诲将使日本受益无穷。

（二）辛亥革命观

1911年10月，中国爆发了辛亥革命，统治中国长达两千年之久的封建帝制随后陷于崩溃。这一前所未有的政治变革震惊了整个世界，也引起了日本的极大关注。对于辛亥革命的发生，涩泽荣一有他自己的看法。他说：此次支那革命军的爆发乃是自然之命运，并不足为怪。满清称霸至今已有三百余年，其治世之方依于威力政治，满族人独占其首处于统治地位。与此相反，汉人则被视为蠢人而被置于被统治地位。……然孔子之教乃为支那之国教，其毕竟之处在于鼓吹革命。所云治国也好，平天下也罢，其所至终极之处，非革命而别无他途。国民思想既有这样的根底，加之最近受文明思潮所影响，支那人出游海外，对外国情况已有所知，有机会就国势如何进行比较对照。可正值此时，满清却完全不知须相仿尧舜行三代之治，故革命思想不能不勃然而起……②也就是说，在涩泽荣一看来，清廷的覆没带有历史的必然性，是无法避免的。其原因在于满族人统治的朝廷只知行霸道之治，而不知以王道为本才能取得民心，故把汉人置于被压迫的地位之上，而这在以孔子之教为国教的中国必然引起人们的不满和反抗，除了革命没有他途可走。而西方文明思潮的影响以及与西方国家的比较，也对唤起革命思想起了很大的作用。可见，涩泽荣一是以他儒学思想为出发点来解读辛亥革命的，他所强调的是，辛亥革命是清廷实行霸道

---

① 《涩泽荣一传记资料》别卷第七，龙门社，1968，第84~85页。
② 《涩泽荣一传记资料》别卷第六，龙门社，1968，第544页。

统治和背离孔子之教的结果,这种观点虽然并不完全符合中国的实际,但他肯定了辛亥革命的必然性,也就等于肯定了辛亥革命的历史进步意义,因而有值得积极评价的一方面。

涩泽荣一还就辛亥革命对日本将产生什么样的影响这一当时日本朝野十分关心的问题发表了看法。辛亥革命发生后,日本政界有很多人认为,如果主张实行共和制的临时国民政府和革命军统一了中国,那么很可能会给实行君主立宪制的日本带来不利的政治影响,为此颇为忧虑,甚至试图以清廷接受君主立宪制式的改革为交换条件,向清廷做出不支持临时国民政府和革命军的承诺。而涩泽荣一对此并不赞成,他认为日本没有必要在这个问题上花费更多的脑筋。他说:中国的辛亥革命与日本的明治维新不同,君主立宪制在日本具有牢固的政治基础和思想基础,因此即便中国通过辛亥革命建立了民主共和制政体,对日本政体也不会产生任何影响。所以,他不主张对中国的政体进行干预。他说:"在清国,满汉两个民族的反目相向已非一朝一夕,何时引起变乱早就为人所预料,而从今日之形势来看,不难推测,早晚必变,不是君主立宪制,就是共和制。有人把清国这次变乱与我国维新同而视之,以我之见,彼此之间的国体组织、性质从根本上是不同的,情况完全不一样。当时我国有朝幕两者之政争,与清国满汉两族之间斗争在形体上不能说没有相似之处,但眼下清国变乱和我国朝幕两者之政争在思想精神上有根本差异。虽然当时朝幕两者之政争非常剧烈,但与国体没有多大关系。所以政权的奉还、废藩置县等大事业没有流血就完成了。一部分论者担忧,清国政体的完全改变将对我国国体产生很大的影响,这是完全没有根据的。这次变乱是国民意志得以发动的结果,假设清国建立了共和政体,对我国政体上可以说几乎没有影响。"[①] 不过,接下来值得注意的是,涩泽荣一并没有因为提出这一观点而主张对国民临时政府和革命军采取更积极的外交姿态。他虽然认为,辛亥革命有其发生的必然性,但这场革命究竟能在多大程度上取得成功还是难以预料和估计的,因此认为日本应该静观其变,继续采取谨慎和"中立"的态度;同时认为,不管中国的政局怎样变化,中国作为日本今后最有希望和潜力的海外市场不会改变,日本对此应该有足够的认识,并尽快做好各方面的准备。他说:清国变乱安稳之后,其社会各个方面能否得到迅速而有秩序

---

① 《涩泽荣一传记资料》别卷第六,龙门社,1968,第537页。

地发展、其面貌能否焕然一新，对此我辈尚有疑虑。但我以为对清国的贸易眼前完全处于休止状态只是一时的现象，不必悲观，如一旦此次变乱平定下来，即可看到显著的增进，故不难想象我对清国的贸易将呈现意外的生机。唯需对我等同行提出警告的是，对清国市场即将出现的世界性商战须有充分的准备，制定方略，以不误将来之大计。①

（三）"日支经济同盟论"与"支那保全论"

涩泽荣一作为日本经济界的代表人物，他从明治维新成功之后便把中国和朝鲜纳入了他的视野，认为日本的经济崛起离不开海外市场的扩大，积极主张对中国和朝鲜进行经济扩张活动。甲午战争和日俄战争之后，日本已经今非昔比，成为亚洲唯一可以与西方列强讨价还价的强国。面对这种变化，涩泽荣一感到欢欣鼓舞，同时也提出了自己的主张。他认为，日本要确保自己的国际地位，最首要的任务就是通过建立"日支经济同盟"，不断地巩固和扩大在中国的经济势力范围。他说："就我帝国政治经济的将来而言，现今最值得注意的就是与支那的关系问题。""无论从历史上的关系来看，还是从其国土、人口来观察，特别是考虑到其尚未开发的天然的富源等，我帝国都负有与西邻的支那共同携手保护亚细亚大陆的责任，这是日本理所当然的使命。"②"支那提供原料，日本进行原料加工，并用以满足支那的需要，这完全符合互通有无的经济原理。"③因此，"我从很久以来就提倡日支经济同盟，使两国因在经济上有相同的利害而结合在一起，这样才能实现两国的亲善和两国的提携"。④但同时他又说"支那人是个利己心很强的种族，做事总是算计自己的利益，缺乏经营股份企业的能力，如把股份企业完全交由支那人经营，未必经营得好，甚至最终归于失败。因此，无论做什么，日本人都应担任首脑，对其进行指导"。⑤涩泽荣一甚至还说："从地理上或从历史关系上说，我国都必须成为东洋之盟主，以开拓清、韩之文明，决不可仅满足于今日之京釜铁路、京义铁路和长江航行权等等。尤须注意者，是战后欧洲列强皆更着眼于东洋，拼命扩张其

---

① 《涩泽荣一传记资料》别卷第六，龙门社，1968，第537页。
② 《大陆开发与帝国国策》，《龙门杂志》第364卷，1947，第24页。
③ 《实现日支亲善之曙光》，《龙门杂志》第363卷，1947，第30页。
④ 《实现日支亲善之曙光》，《龙门杂志》第363卷，1947，第26页。
⑤ 《涩泽荣一传记资料》别卷第七，龙门社，1968，第266页。

商权,而我国有鉴于此,当更明确意识,我国不但须在利权竞争上不示弱于彼等,还需更进而超出彼等一头地也。"①从涩泽荣一的这些言论中可以看出,他的所主张的"日支经济同盟论"主要包括三个要点:其一,建立日支经济同盟可以确保日本的原料来源和海外销售市场。其二,开发亚洲大陆和中国,是日本的责任和使命,日本是"日支经济同盟"乃至整个东洋理所当然的盟主。其三,通过"日支经济同盟"的建立,日本在与西方列强国家的剧烈争夺中取得主动和有利地位,并最终压倒群雄,实现独占鳌头的目标。

在涩泽荣一看来,日支经济同盟的建立关系到日本经济的未来,但要实现设想的目标,日本需要确立独自的中国政策。他说:"观支那之国情,至欧洲大战爆发之前为止,英国以扬子江流域为其势力范围,德国占据山东省和胶州湾,俄国占据北满洲和外蒙古,法国占据广东、广西的南部,相互竞相扩张商圈,可谓虎视眈眈,一有机会,就露出吞并领土的爪牙。本来在日英同盟条约中有保全支那的领土和机会均等条款,但实际上机会均等和扩大商权是否能够满足列国的野心很值得疑问,因此与支那有唇齿相依关系的日本实有重大责任。"②那么,日本应该如何面对这种形势呢?涩泽荣一接下来说:"然我国的支那政策如何为好?依我之见,首先应以门户开放、机会均等和保全领土为根本方针。鉴于日本的东洋盟主地位和日支两国在历史、地理上的关系,应始终以善邻之谊为重,尽指导启发之责任,以彼此的经济合作为目的,以求发展。日本抱领土上的野心,分明会开列国瓜分之端,招致唇破齿寒,故绝对不能赞成军人或一部分浪人所抱有的那种激进意见。而且,对作为独立国的支那毫无敬意,傲慢指教,或警告威吓,实行高压干预政策,结果不仅会增强他们的反抗心和猜疑心,还会导致强烈的误解,所以只要不损害我国的优越权和东亚盟主权的尊严,我们就不应轻举妄动。"③这就是说,涩泽荣一深知,西方列强并不满足机会均等,瓜分领土将中国完全变为附属国才是最终想要达到的目的,这将给日本继续扩张在中国的势力范围制造巨大的障碍。在这样的形势下,采取保全中国领土和独立国地位的政策,对于日本来说具有战略上

---

① 李廷江:《日本财界与辛亥革命》,中国社会科学出版社,1994,第95页。
② 《涩泽荣一传记资料》别卷第七,龙门社,1968,第183页。
③ 《涩泽荣一传记资料》别卷第七,龙门社,1968,第183页。

的意义,因为它不仅可以"名正言顺"地牵制西方列强瓜分活动的升级,回避与西方列强之间的军事冲突,而且有利于得到中国的好感,拉近与中国之间的距离,使"日支经济同盟"具有更为广阔的政治空间,从而保持"日本的优越权",保证日本从中得到比西方国家更多的利益。

(四) 日支亲善论

在涩泽荣一看来,建立他所积极主张的"日支经济同盟"有赖于两国之间亲善关系的形成;而这种亲善关系的建立又是同两国在历史和文化方面的渊源连在一起的。他说:"每当我想到我所崇拜的孔孟两位圣人都是支那人,我对支那就有一种备感亲近的感觉。这种感觉,就像基督教徒对基督诞生地以色列的感觉一样充满敬慕之情。所以,日支亲善是我由衷的期望,并不惜为之作出最大努力。"① 正因为如此,他对蔑视中国的社会风气在日本的泛滥感到担忧,对日本政府对华实行的恩威并施政策也不时发表批评意见。尤其值得注意的是,在日本向中国提出"二十一条"无理要求并发出最后通牒之时,涩泽荣一深感忧虑,认为这将使两国的经济关系受到巨大的打击。他说:"如非诉诸武力不可,那么日支实业关系将会毁灭,中日实业公司事实上将不得不面临中断职能的命运。"② "二十一条"公之于世后,引起了中国人民的强烈愤慨,各阶层反日情绪空前高涨,随之掀起了旷日持久的抵制日货斗争,以至于中日两国间的经济关系完全陷入僵局。涩泽荣一为了摆脱这种困境,倡议成立日华实业协会,并以该会的名义向日本政府提出了建议书。这部题为"日支亲善方策之建议"的建议书向政府提出了两点请求,其一,认为有必要将山东铁路改为两国国民合办事业,尽快撤走铁路守备队;其二,认为趁革命骚乱派遣的日本驻军继续留在支那无益于两国国交,且在有事之时,也难以达到保护当地日本人的目的,因此尽快将其撤离支那为得策。③ 涩泽荣一在向日本首相原敬、外相内田康哉、陆相山梨半造面呈这份建议书时还特意做了这样的说明:"有关与支那关系的问题,目前最为希望的就是该国政界的安定。……长期以来,我国对支那的方针始终不相一贯,在列国环视之中暴露出外交政

---

① 《涩泽荣一传记资料》别卷第七,龙门社,1968,第 400~401 页。
② 见城佽治:《涩泽荣一》,日本经济评论社,2008,第 171~172 页。
③ 见城佽治:《涩泽荣一》,日本经济评论社,2008,第 171~172 页。

策不统一之弊，故此使帝国的威信大为下降，招致邻邦官民的疑惑和蔑视，以至让人误解为我国有领土野心、实行侵略主义。这实为遗憾之事。……按本协会会员依据多年实际经验所得出的判断，对支那政策之根本在于支那自己的事情让支那人自己处理，而我国作为支那的友好邻邦，则应以维持始终一贯不渝的关系为要。即对于支那朝野的正当希望，日本不惜付出牺牲也应给以帮助。本协会对支那国民满怀诚意，求其谅解，排除一切障碍，决心坚持始终。并希望政府当局者谅解此意，确立对支那的方针，以期实现外交的统一。"也就是说，涩泽荣一实际上已经意识到，"二十一条"的提出不仅在外交上是个失败，而且并不符合实业界的实际利益。他甚至在后来还明确表明了反省态度，他说："在对支那关系等方面，其方法就没有错误吗？在政治上，我是门外汉，所以从这个角度来观察可以另当别论，但如果站在经济的立场上来看，我认为可以说'二十一条'对支要求的确不是上策，支那排日风潮在其之后变得十分高涨的主要原因不正是在此吗？关于对支那的方针，我一直认为，不能唯以恩威处之，而必须以诚意和人情来对待。"[①]由此可见，涩泽荣一在思想上所期待的是，日本选择一条"王道主义"的对华扩张路线，而不是"霸道主义"的对华扩张路线。

以上从不同方面对涩泽荣一的中国观做了概述，如果把他的中国观与前面两种主流中国观做一比较的话，即可看出他的中国观与福泽谕吉的中国观之间的不同是显而易见的。这种不同不仅包括他们对东西方文明的认识和态度的对立，而且包括他们对中国在思想情感上的巨大反差和在政策主张上的明显不同，但与大亚洲主义不乏共同之处。这表现为他们对儒学文化传统都表现出高度的认同性，并都把两国在地理位置上的同一性当作建立同盟关系的出发点和依据，且都认为日本是理所当然的盟主。然而，在此特别应该说明的是，如果因为两者之间存在着这样的共同点就把两者完全等同起来则无疑显得过于简单，也是不妥当的。之所以这样说是因为涩泽荣一的主张与"大亚洲主义"主流者的基本主张至少在下述两个方面存在着重要的分歧和不同。其一，尽管涩泽荣一也把"同文同种"看成密切中日两国关系的重要依据，但对大亚洲主义的"同人种论"是持反对态度的，甚至在《东大陆开发与帝国之国策》一文中将其视为僻见。其二，

---

① 见城伹治：《涩泽荣一》，日本经济评论社，2008，第170页。

"大亚洲主义"主流者不仅主张经济扩张,而且积极鼓动政治和军事扩张,支持日本政府采取恩威并施的对华政策。正是由于早就存在这样的思想特征,可以说主流的"大亚洲主义"为日本军国主义的形成和泛滥准备了思想条件。而涩泽荣一最感兴趣的是经济扩张,特别是从20世纪第一个10年之后,他对日本扩大军备多持保留态度,尤其对军国主义思想在日本的形成和泛滥感到格外的担忧,认为有可能将日本引向灾难,因此他再三向日本政界和社会发出的一个呼吁就是"日本不要军国主义"。[①] 总之,涩泽荣一的中国观虽同"大亚洲主义"有相近之处,但思想内涵上的一些重要差别决定了它还不能被主流"大亚洲主义"所涵盖。也正因如此它才显示出独到之处,从而引起了社会各方面的广泛关注。

三 如何认识涩泽荣一的"王道主义"对华扩张路线

有关日本人中国观的先行研究比较丰富,而对福泽谕吉的"脱亚入欧"和"大亚洲主义"者的"亚洲一体论",近年有学者曾在评论中指出:"从表面上看,'脱亚论'与'亚洲一体论'完全不同,前者千方百计要脱离亚洲,成为西方列强的一分子,'与西方文明共进退';后者则鼓吹'亚洲一体',日本是亚洲一分子,必须与亚洲为伍,共同抵抗西方的侵略。他们对待亚洲文明的看法也截然不同。但是,如果我们透过这些表面词句,去分析它们的本质,就会发现,这两种亚洲观之间并没有本质的区别。之所以这样说,是因为无论是'脱离'亚洲也好,'领导'亚洲也罢,无疑都在鼓吹日本侵略邻国是合理的,是日本为亚洲的发展所必须采取的措施。如果说他们之间有什么区别的话,不过是一个将日本侵略朝鲜、中国的战争,看成是'脱亚'的具体行动;一个则声称是为了亚洲整体利益,为了帮助邻国抵抗西方的侵略,为了亚洲的防卫。'脱亚论'与'亚洲一体论',只是在为日本扩张政策制造借口方面有所不同而已。"[②] 正如在本文前面的叙述和分析中看到的那样,尽管涩泽荣一的对华主张与福泽谕吉的"脱亚入欧"不同,与主流的"大亚洲主义"者在主张上也有区

---

① 《涩泽荣一传记资料》别卷第七,龙门社,1968,第95页。
② 史桂芳:《近代日本人的中国观与中日关系》,社会科学文献出版社,2009,第82~83页。

别，但其服务于对华经济扩张和侵略的本质并没有因此而改变，因此如果我们把他的这些主张看成对中国这个被掠夺对象的一种麻醉和欺骗也是恰如其分的。然而，问题并非仅此而已。首先，因为涩泽荣一所提出的诸多主张为日本设计的毕竟是另外一种对华策略和路线，对改变中日两国政治和外交关系具有不应忽视的积极意义。其次，涩泽荣一之所以提出用"王道主义"对华扩张路线来代替"霸道主义"对华扩张路线，应该说是出自对内外经济状况和政治形势的一种基本判断，但同时也与其个人的思想变化和精神追求有着特别密切的联系，而了解这些对于解读涩泽荣一的个性和他的"王道主义"对华扩张路线也是必不可少的。

其实从时间上看，涩泽荣一"王道主义"对华扩张路线的提出在思想上也经历了一个转变过程，它大体是在20世纪第一个10年后开始的。而在此之前，涩泽荣一无论在思想上还是在行动上，对日本采取的对华政策都是积极配合和支持的。1894年日本政府发动日清战争（甲午战争），在战前的准备期间，涩泽荣一因捐献海防费用金两万元而受到嘉奖。① 而在战争期间，涩泽荣一的表现更是活跃。为了使日本能够取得这场战争的胜利，他不仅与福泽谕吉等人联合起来，共同组织成立了报国会，号召企业和民众捐款，以慰劳出征将士的家属，并慷慨解囊带头捐款以为国分忧。而后又直接接受了总理大臣伊藤博文的委托，带领银行业承购了多达五千万元的军事国债，② 同时个人还承购了三十万元的军事国债。③ 1900年，日本出兵参加八国联军镇压了中国的义和团运动，涩泽荣一为此而感到高兴，在1901年日军将士返回日本之时，他作为发起人为日军将士举行了盛大的欢迎仪式，并在会上发表致辞。他说："自去年七月以来，我日军将校远征北清，在这整一年之中，历经风雨饱尝艰难，完成了任务，使帝国之光辉大为发扬，我国民对此深表感谢，我将士军规严整，秋毫无犯，使日本军队的世界声望大为提高，并将永远留在我国民的记忆之中。"④ 1905年，日本在持续近两年之久的日俄战争中最终取胜，涩泽荣一更是为之欢欣鼓舞，认为这是值得日本举国欢庆的历史大事件。然而，在日本取得战争胜利之后，所谓的"战后经营"进展得并不顺利。工商业界人士出于对

---

① 《涩泽荣一传记资料》第二十八卷，龙门社，1968，第435页。
② 《涩泽荣一传记资料》别卷第五，龙门社，1968，第563~564页。
③ 《涩泽荣一传记资料》第四卷，龙门社，1968，第499页。
④ 《涩泽荣一传记资料》第二十八卷，龙门社，1968，第460页。

战争接连不断的一种厌倦情绪，在对华经济扩张活动中表现消极，态度犹豫不前。为此，日本政府感到焦急不安，在公开对工商业界蔓延的厌战情绪进行指责的同时，继续极力宣扬战争征服的思想。当时的大藏次官阪谷芳郎就曾直言不讳地说："在一般国民中，为实业家最厌恶战争而又没有公开将其表露出来的勇气"，而"为推进我国对清、朝二国商工业之经营，第一需要者乃武力也"，公然提出了"国旗先行论"，极力鼓吹只有对外实行武力征服，"才能确保日本商工业者之秩序、联合"。① 然而从结果上看，这些鼓动并没有给企业的对华扩张带来特别显著的变化。这种情况使涩泽荣一看到这样一个现实，即通过战争日本虽然获得了巨大的利益，但战争并不能解决一切，战争本身也代替不了企业所进行的对华经济扩张活动，而日本企业在中国开展经营活动需要的是当地有较为持久平和的社会环境，否则企业活动将是无法预期的。作为对华经济扩张活动的组织者，涩泽荣一为了身先士卒，这时已经产生了在中国创办合资企业的想法，为此最为希望得到的是来自中国方面的配合，否则将难以实现。正是这样的背景下，涩泽荣一的思想发生了明显的变化，他开始意识到日本调整对华政策的必要性，认为日本以武力征服为基调的对华扩张路线已经难以适应需要，而走"王道主义"的对华经济扩张路线则应该成为日本的新选择。

"王道主义"对华经济扩张路线固然是出自对日本内外政治和经济形势的一种思考和判断，但对涩泽荣一本人来说同时也是为了追求和实现一种精神上的"释放"和满足。之所以这样说，是因为正如我们在前面曾论述过的那样，涩泽荣一本身是一个具有二重性格、在内心和精神上充满矛盾的人。一方面，他是日本财界的领袖，也是日本金融资本的化身，追求巨大的经济利益与对外进行各种形式的扩张对于他来说不外乎是一种"生理"上的本能和需要；另一方面，他又是一个有个性精神需要和情感追求的人，儒家文化的教育和熏陶使他把孔子当作思想崇拜的对象，《论语》所主张的伦理道德已经被他看作人生在世的精神信条；不仅如此，他作为日本的一个国民，也曾为日本遭受西方列强的欺辱和侵犯而感到耻辱和愤恨，并投身过"倒幕攘夷"运动，因此对西方列强宰割之下的中国也确有同情之心。正因如此，涩泽荣一必须面对这样一个问题，即如何对其追求经济利益的对外扩张行为做出符合精神需要的解释，或者说，如何用儒家伦理道德观为其对外扩张活动

---

① 李廷江：《日本财界与辛亥革命》，中国社会科学出版社，1994，第99~100页。

"正名"。也只有这样，作为儒家文化信奉者的涩泽荣一才能从行动与思想追求的矛盾和冲突中解脱出来，才能"心安理得"地从事他所热衷的对华经济扩张活动，并从中得到一种精神上的满足。

有日本学者曾尖锐地指出："资本主义无论在哪个阶段，由于企业跨越过境、超越国家，不断追求市场、资源和利润，都需要本国为其提供相应的服务政策。"① 然而，无论是日本政界还是日本财界，在究竟什么样的政策才是企业需要本国为其提供的服务政策这一根本问题上，各方面的认识毕竟是不同的，甚至存在尖锐的意见对立。涩泽荣一提出的"王道主义"对华经济扩张路线意在借用儒家的王道思想来缓和和融释对外扩张所带来的民族和国家之间的对立和矛盾，而且在他看来利用思想意识和文化等非战争手段为其经济扩张另辟途径有着多方面的实际意义和作用，因为只有这样才能更为广泛地唤起日本国民和企业家对经济扩张活动的认同和支持，缓和与欧美列强之间日趋紧张的争夺关系，改善在华的日资企业和合办企业的社会环境，并防止日本军费开支的不断扩大和企业纳税负担的增加，扩大国内产业自由发展的空间。总之，在涩泽荣一看来，这是一条比"霸道主义"对华经济扩张路线更为符合日本经济发展要求的路线。然而，在那些主张"霸道主义"对华经济扩张路线的政界首脑人物和垄断财阀眼里，尽管"王道主义"对华经济扩张路线不无可取之处，但在强权和武力征服决定一切的时代，它或许只是一种缺乏现实性的"空想"，并不足以切实保证日本在华的权利要求。正是由于这方面的原因，涩泽荣一的对华主张并没有被日本政府和垄断财阀所完全理解和接受，对此他颇感遗憾和忧虑，但他与日本政府及垄断财阀之间的密切合作并没有因此受到影响。应该说，涩泽荣一言行之间之所以存在如此巨大的反差只不过是他一贯奉行国家主义至上政治原则的一个必然表现，但他作为"王道主义"对华经济扩张路线鼓吹者的"形象"却因此而受到了莫大的损害。

---

① 坂本雅子：《财阀与帝国主义——三井物产与中国》，社会科学文献出版社，2011，第3页。

政治考虑优先于生产力：新中国成立前毛泽东新民主主义经济思想研究

焦建华　黄　霜*

摘要：毛泽东的新民主主义经济思想被认为是马克思经济理论宝库中的一朵奇葩，其提出既基于当时中国落后的生产力状况，又考虑到当时政治形势和政治斗争的需要，而且政治考虑才是决定性因素。这既与中国资本主义不发达的生产力状况、中共领导层对资本主义经济缺乏准确认识相关，又与马列主义东方社会理论的缺失相关，更有毛泽东个人因素的影响。

关键词：政治考虑　生产力　毛泽东新民主主义经济思想

新民主主义经济思想是毛泽东新民主主义社会理论的重要组成部分，被誉为马克思主义经济理论宝库中的一朵奇葩。[①] 学者对毛泽东新民主主义社会理论讨论较多，但直接探讨经济思想的则极为有限。本文详细梳理了新中国成立前毛泽东新民主主义经济思想中关于资本主义经济的内容，进而分析毛泽东经济思想变化的主要原因，认为政治考虑优先于生产力因素，并分析出现这种状况的深层原因，以期有助于加深毛泽东经济思想和新民主主义社会理论的研究。

一　"生产力的要求"：新民主主义经济理论的提出及演变

在毛泽东之前，包括马克思、恩格斯、列宁、斯大林等人著作在内的

---

* 焦建华，厦门大学经济学院，副教授，研究方向为中国近现代经济史、经济思想史；黄霜，厦门大学经济系，2012届硕士，现在某金融部门工作，研究方向为中国经济史。

[①] 苏少之、赵德馨：《毛泽东的新民主主义经济学说的理论地位》，《中国经济史研究》1994年第2期。

所有经济文献中,都没有新民主主义经济形态或新民主主义经济的概念,或类似内容。基于中国落后的生产力状况,根据生产力决定生产关系原理,毛泽东提出以新民主主义经济形态为基础的新民主主义社会理论,其核心和最富特色之处就是允许资本主义经济的存在和发展,利用资本主义发展生产力,这是马克思主义经济理论的一个巨大创新,具有重大的理论和现实意义。

1939年,毛泽东在《中国革命和中国共产党》中首次提出"新民主主义"概念,指出新民主主义革命胜利后资本主义经济在中国社会中会"有一个相当程度的发展",这是不可避免的结果。当然,"这只是中国革命的一方面的结果,不是它的全部结果。中国革命的全部结果是:一方面有资本主义因素的发展;又一方面有社会主义因素的发展",出现这种状况主要是由于中国经济的落后性。[①] 这已经酝酿着新民主主义经济纲领。1940年2月,毛泽东发表《新民主主义论》,首次提出并阐述新中国成立后的经济形态,即新民主主义经济。《新民主主义论》指出,"大银行、大工业、大商业归这个共和国的国家所有","在无产阶级领导下的新民主主义共和国的国营经济是社会主义的性质,是整个国民经济的领导力量,但这个共和国并不没收其他资本主义的私有财产,并不禁止'不能操纵国计民生'的资本主义生产的发展。"[②] 为什么要实行新民主主义经济,为什么要发展资本主义经济?毛泽东认为:"这是因为中国经济还十分落后的缘故。"[③] 不过,此处并未展开论述经济落后的状况,这可能是毛泽东认为中国经济落后众所周知,而落后生产力决定新中国必须实行新民主主义经济,发展资本主义,理所当然,无须赘述。

其后,毛泽东关于资本主义经济的观点不断变化。1944年3月,毛泽东指出,新民主主义社会的性质就是新资本主义,而不是社会主义。[④] 1945年"七大"时,毛泽东继续称"新民主主义的资本主义",[⑤] 并进一步强调"我们的资本主义是太少了","拿资本主义的某种发展去代替外国帝国主义与本国封建主义的压迫,不但是一个进步,而且是一个不可避免

---

① 毛泽东:《毛泽东选集》第二卷,人民出版社,1991,第650页。
② 毛泽东:《毛泽东选集》第二卷,人民出版社,1991,第678页。
③ 毛泽东:《毛泽东选集》第二卷,人民出版社,1991,第678页。
④ 毛泽东:《毛泽东文集》第三卷,人民出版社,1996,第110页。
⑤ 《毛泽东在七大的报告和讲话集》,中央文献出版社,1995,第190页。

的过程，它不但有利于资产阶级，同时也有利于无产阶级，或者说更有利于无产阶级"。① 因此，"七大"时"需要资本主义的广大发展"的政策是毛泽东对资本主义经济正面肯定的顶峰。

1947年十二月会议后，毛泽东对资本主义经济的正面看法开始改变，渐趋负面。虽然毛泽东在《目前形势和我们的任务》中提出小、中等私人资本经济是新中国经济三大构成之一，并多次明确反对与防止要求消灭资本主义的民粹主义倾向，但也指出，上层小资产阶级和中等资产阶级所代表的资本主义经济"按照国民经济的分工，还需要它们中一切有益于国民经济的部分有一个发展"，② 这与"七大"时"资本主义的广大发展"已有所后退。

1948年9月，毛泽东在西柏坡会议上批评新民主主义是"新资本主义"的提法，认为"社会经济的名字还是叫'新民主主义经济'好，它是社会主义经济领导之下的经济体系"，③ 并指出"资产阶级民主革命完成以后，中国内部的主要矛盾就是无产阶级和资产阶级之间的矛盾，外部就是同帝国主义的矛盾"，④ 他还特意用"点明一句话"予以强调与明确，提醒全党注意和有所准备。由此可知，毛泽东对资本主义的认识已经出现转折，转为对资本主义经济保持距离和防范。

1948年10月，毛泽东对资本主义经济的看法开始趋于限制论，"决不可以过早地采取限制现时还有益于国计民生的私人资本经济的办法"，"就我们的整个经济政策说来，是限制私人资本的，只是有益于国计民生的私人资本，才不在限制之列。而'有益于国计民生'，这就是一条极大的限制，即引导私人资本纳入'国计民生'的轨道之上"。⑤ 1949年3月在中共七届二中全会上，毛泽东《论联合政府》的报告充分显示了限制论的思想，"一切不是于国民经济有害而是于国民经济有利的城乡资本主义成分，都应当容许其存在和发展"，资本主义经济是新民主主义社会五种经济成分之一，"在革命胜利以后一个相当长的时期内，还需要尽可能地利用城乡私人资本主义的积极性，以利于国民经济的向前发展"。但是，新政府

---

① 毛泽东：《毛泽东选集》第三卷，人民出版社，1991，第1060页。
② 毛泽东：《毛泽东选集》第四卷，人民出版社，1991，第1255~1256页。
③ 毛泽东：《毛泽东文集》第五卷，人民出版社，1996，第139~141页。
④ 毛泽东：《毛泽东文集》第五卷，人民出版社，1996，第145~146页。
⑤ 毛泽东：《毛泽东书信选集》，中央文献出版社，2003，第281页。

对资本主义存在和发展不能任其泛滥,要限制它,将根据各地、各业和各时期具体情况,对资本主义在活动范围、税收政策、市场价格、劳动条件等方面采取恰如其分、有伸缩性的限制政策,并重提孙中山"节制资本"的口号。① 随着全国革命胜利和土地问题的解决,"工人阶级和资产阶级的矛盾"将成为新民主主义国家国内的主要矛盾,新政府必须采取限制政策,"限制与反限制"将是国内矛盾的主要形式。② 在报告中,毛泽东还详细分析了中国国情:"现代性的工业占百分之十左右,农业和手工业占百分之九十左右。这是帝国主义制度和封建制度压迫中国的结果,这是旧中国半殖民地和半封建社会性质在经济上的表现,这也是在中国革命的时期内和在革命胜利以后一个相当长的时期内一切问题的基本出发点。"③ 因此,"在革命胜利以后,迅速地恢复和发展生产,对付外国的帝国主义,使中国稳步地由农业国转变为工业国,把中国建设成一个伟大的社会主义国家"。④ 由此可知,在全国革命胜利前夕,毛泽东对资本主义经济已产生根本性的转变,只是"允许其存在和发展",而且还要限制,当然这也是"由于中国经济现在还处于落后状态",落后的生产力状况是"革命胜利后一个相当长的时期内一切问题的出发点"。

总体而言,虽然毛泽东对资本主义经济的态度由鼓励"广大发展",调整为"有一个发展",最后退缩至"允许其存在和发展",而且采取广泛的限制政策,但一再强调这是基于中国落后的经济状况,是由中国落后生产力状况所决定的。简言之,中国落后的生产力,决定中国必须实行新民主主义经济,必须允许资本主义存在和发展。由此可知,毛泽东构建新民主主义经济理论的基础是中国落后的经济状况,是根据生产力决定生产关系的一般原理。但是,一般而言,生产力水平短时期内都会相对稳定,1940~1949年中国生产力状况变化不大,对待资本主义经济应不会有如此多且大的变化。显然,这并不符合生产力原则,因而可以断定:生产力因素并非毛泽东构建新民主主义经济思想的唯一基础和标准,而且不是决定因素,而仅是一个非常重要的参考因素。我们认为,毛泽东构建新民主主义经济理论的决定性因素是政治因素,即不同时期

---

① 毛泽东:《毛泽东选集》第四卷,人民出版社,1991,第1431~1432页。
② 毛泽东:《毛泽东选集》第四卷,人民出版社,1991,第1432~1433页。
③ 毛泽东:《毛泽东选集》第四卷,人民出版社,1991,第1430页。
④ 毛泽东:《毛泽东选集》第四卷,人民出版社,1991,第1437页。

政治形势和政治斗争的需要。

二 政治考虑优先：新民主主义经济思想的决定性因素分析

新中国成立前毛泽东的新民主主义经济思想必须置于当时的历史背景下考察，随着革命形势的不断变化，毛泽东对形势的判断和对资产阶级的认识也不断变化，因而对资产阶级的政策不断调整，新民主主义经济思想也随之变化。简言之，新民主主义经济思想中有关资本主义经济的政策只是一种斗争策略。

首先，新民主主义经济最初并不是毛泽东的主要关注点，只是附带品。

新民主主义经济理论是毛泽东新民主主义社会理论的重要组成部分，而新民主主义社会理论与新民主主义革命论两部分共同构成了毛泽东的新民主主义理论。[①]新民主主义革命理论主要解决如何推翻帝国主义、封建主义和官僚资本主义在中国的统治，实现从半殖民地半封建社会向新民主主义社会转变的问题；而新民主主义社会理论则要解决夺取全国政权后如何进行新社会建设并实现向社会主义革命和建设转变的问题。从新民主主义社会理论的提出时机看，当时毛泽东主要对中国革命进行系统思考、思想整理、经验总结和理论概括。从思维逻辑发展看，对革命思考和总结最后必然要解决革命目标和革命前途问题，否则民主革命没有任何意义。毛泽东先后发表了《中国革命和中国共产党》（1939年12月）和《新民主主义论》（1940年1月）两篇新民主主义理论经典文献，前者主要研究革命领导权、同盟军和革命道路等问题，后者则论证民主革命性质、阶级方向、时代特点、革命目标和革命前途等，具有一定的完整性，既包括革命理论，又包括社会理论。按理论自身发展逻辑及其完整性要求，毛泽东最后在理论上一定要解决革命胜利后新社会的政治、经济和文化等问题，这正是新民主主义社会理论部分。因此，从理论发展逻辑看，新民主主义革命理论是新民主主义社会理论的逻辑起点，新民主主义社会理论则是新民主主义革命理论的自然发展和逻辑延伸。因此，从一定程度而言，新民主主义社会理论可看作新民主主义革命理论的附带部分，新民主主义经济思想自然也不例外。

---

① 于光远：《"新民主主义社会论"的历史命运》，《求索》1989年第1期。

具体而言,《新民主主义论》是毛泽东1940年1月在陕甘宁边区文化协会第一次代表大会上所做的演讲,本来是为延安《中国文化》创刊而写,是为中国文化问题研究而发表。《新中华报》摘要报道的题名是《毛泽东同志演讲——新民主主义的政治与新民主主义的文化》,最早在《中国文化》创刊号发表的题名是《新民主主义的政治与新民主主义的文化》,1940年2月延安出版的《解放》周刊登载时改为《新民主主义论》,并在文中各部分加了小标题。题目体现文章主旨,我们因而可以认为,当时毛泽东思考的主要是新民主主义政治与文化,而经济并不是重点,文章题目清晰地反映了这一点。再者,从文章内容也可以看出,毛泽东论述的主要是新民主主义的政治和文化,而经济部分篇幅和内容相对很少,而且都是粗线条勾勒,原则性概述,并没有展开论述,这也说明毛泽东当时关注的是政治与文化,而不是经济。而且,毛泽东后来对《新民主主义论》修改最多的也是政治方面的内容。[①] 至于后来对新民主主义经济部分的论述越来越多,是形势发展的需要,也是建立、建设新社会必须解决的问题。实际上,新民主主义经济纲领的丰富和具体化(明确五种经济形态)的主要推动者是张闻天、刘少奇等,[②] 而非毛泽东,这也从侧面说明了这个问题。毛泽东是新民主主义经济理论框架的提出者,这可以通过阶级与逻辑分析得出,但框架的丰富和具体化则需要更多具体的实际工作经验,毛泽东在这方面的经历相对不足。

其次,新民主主义经济思想的变动与政治形势变化密切相关。

从新民主主义经济思想提出背景看,当时处于抗日战争相持阶段,日本改变侵华方针,加强对国民党的政治诱降和对根据地的军事进攻,国民政府消极抗战,反共倾向不断发展,先后发动第一、第二次反共高潮,国共合作出现分裂危险,中共领导的抗日根据地出现严重困难。当时,毛泽东对资本主义感情上并不能接受,从《新民主主义论》中"资本主义就是罪恶"的阐述可以看出:"资本主义的思想体系和社会制度,已有一部分进了博物馆(在苏联);其余部分,也已'日薄西山,气息奄奄,人命危浅,朝不虑夕',快进博物馆了。惟独共产主义的思想体系和社会制度,

---

① 张敏:《建国前夕毛泽东对新民主主义社会论的四个重要修改》,《北京党史》2000年第2期;方敏:《毛泽东对〈新民主主义论〉的修改》,《中共党史研究》2006年第6期。
② 鲁振祥:《建国前后新民主主义经济建设探索中的张闻天和刘少奇》,《党的文献》2000年第5期。

政治考虑优先于生产力：新中国成立前毛泽东新民主主义经济思想研究

正以排山倒海之势，雷霆万钧之力，磅礴于全世界，而葆其美妙之青春。"① 从这种感性色彩浓郁的表述可以看出，毛泽东对资本主义经济情感上并不接受，但为什么还要提倡发展资本主义经济呢？这只能解释为理性思考后的无奈之举，是现实革命斗争的需要。为了团结一切可以团结的力量，毛泽东提出"发展进步势力、争取中间势力、反对顽固势力"的斗争策略。为争取中间势力，经济政策自然必须调整，毛泽东转而对资本主义经济公开承认与鼓励。因此，新民主主义经济思想虽然是对夺取政权后对新社会经济形态的思考，但当时也是团结民族资产阶级的一种策略，以缓解他们对中共的疑虑，争取对中共抗战的支持。

1944年后抗战进入反攻阶段，抗战结局日益明朗。由于中共与国民党的宿怨，抗战胜利后国共内战极有可能爆发，打败日本帝国主义后中共应该怎么办，争取光明的前途，建设一个独立、自由、民主、统一、富强的中国，还是继续放任中国走上黑暗前途？或者如何在新的内战中占据政治优势？争取中间势力支持就显得至关重要。1944年林伯渠代表中共中央提出建立民主联合政府，毛泽东也在"七大"上提出成立民主联合政府，对资本主义经济自然也要积极支持，这一时期毛泽东对资本主义经济的正面看法也达到高峰。更有意思的是，毛泽东强调"资本主义的广大发展"，主要是从力量对比角度来说，资本主义经济之所以要发展，主要是因为国民党"还有相当大的力量。他们有一百五十万军队，我们只有九十一万军队；他们有国际地位，我们没有；他们有两万万人口，我们只有一万万人口；他们有六十年的影响，我们只有二十四年的影响"。② 这里隐含的意思是，允许资本主义经济"广大发展"是因为我们力量不够，当我们实力足够时就不需要资本主义经济了，策略之意非常明显。

内战爆发后，随着在战场上的节节胜利，尤其是1947年6月转入战略反攻后，10月毛泽东发出"打倒蒋介石，解放全中国"的号召，国共实力对比已得到根本的扭转。同年12月，毛泽东在陕北米脂县杨家沟会议上兴奋地说，"二十年来没有解决的力量对比的优势问题，今天解决了"，③ "这是一个历史的转折点"。④ 此后，中国共产党的优势日益明显，形势更加有

---

① 毛泽东：《毛泽东选集》第二卷，人民出版社，1991，第686页。
② 毛泽东：《毛泽东在七大的报告和讲话集》，中央文献出版社，1995，第190页。
③ 毛泽东：《毛泽东文集》第四卷，人民出版社，1996，第333页。
④ 毛泽东：《毛泽东选集》第四卷，人民出版社，1991，第1244页。

利，民族资产阶级支持的重要性也随之递减，他们的支持再没有先前那么重要了，毛泽东对资本主义经济的看法也日趋消极。1949年，国民党败局已定，已无力挽回失败的命运，中共夺取全国政权的态势已非常明显，毛泽东对资本主义经济的认识发生重要变化，已经强调的是"有一个发展"及"允许其存在和发展"，要采取限制政策，而且同时开始强调对资产阶级的斗争和限制，告诫全党坚持"两个务必"，要警惕资产阶级的"糖衣炮弹"的进攻。

凡此种种，都说明新中国成立前毛泽东新民主主义经济思想是随政治形势变化而变化。虽然他一再强调生产力的重要性，强调落后的生产力决定中国必须实行新民主主义经济制度，但实际上更多取决于政治形势和政治斗争的需要。新民主主义经济的存在和发展是斗争策略的考虑，新民主主义社会理论具有策略的特征自然就不奇怪了。①

三 政治考虑优先于生产力的原因分析

毛泽东新民主主义经济思想具有二元性，既有生产力方面的考虑，又有政治方面的考虑，但更多的还是政治方面的考虑。造成这种状况的原因是多方面的，既有中共领导层对资本主义经济的发展缺乏准确认识的原因，又有共产主义运动方面的原因，也有毛泽东的个人因素。

（一）中共领导层对国情缺乏准确认识，尤其是对资本主义经济发展缺乏准确认识

近代中国民族资本主义经济萌发是在19世纪70年代，是在沿海外国资本主义和洋务运动的示范下才开始发展。一方面，从1840年鸦片战争开始，西方资本主义列强屡次侵略中国，给中国人民带来了深重的灾难和痛苦的记忆；另一方面，由于受外国列强和本国封建势力的双重压制和剥削，中国民族资本主义经济发展较为艰难和缓慢，资本主义经济的进步性并未得到充分的展现与发挥，而且对工人的压制和剥削更为残酷。因此，中国人民特别是老一代工人，特别是从自己亲身经历中认识资本主义经济

---

① 王也扬：《历史地看待毛泽东的新民主主义论及其变化》，《中共党史研究》2001年第3期。

政治考虑优先于生产力：新中国成立前毛泽东新民主主义经济思想研究

的第一代共产党人，很容易只看到资本主义经济落后腐朽的一面，"对资本主义印象最深的是它剥削压迫人的一面，而对它在历史上有过解放生产力和促进生产力发展作用的一面，印象并不深刻，因为他们是在受压迫受侵略的痛苦回忆中认识资本主义的"。① 因此，中国共产党人自然不会考虑充分发挥和积极利用资本主义的正面效应，以促进国民经济和生产力的发展。尤其是毛泽东，长期生活在落后的农村，在现代城市生活时间非常短暂，而且极端困苦，几乎难以为继，如他在北京、上海的生活即如此，甚至从上海回长沙的车费都是由他人资助的，② 毛泽东对资本主义经济的印象自然不会好到哪里，这些因素不能不影响他对资本主义经济的科学评价。

（二）马列主义东方社会理论在发展中的缺失

落后国家如何跨越资本主义"卡夫丁峡谷"，建设和发展社会主义，马克思、恩格斯初步探索了俄国情况并提出了东方社会理论。马克思、恩格斯认为，俄国农村公社成为"共产主义发展的起点"的先决条件是：必须先在西方资本主义国家无产阶级革命胜利后建立起高级的社会主义社会形态，然后通过高级社会形态的生产力与生产方式嫁接到低级社会形态，才能牵引拉动前资本主义国家实现社会形态的跨越式发展。③ 因此，俄国只能跨越资本主义的政治制度，而不能跨越高度社会化的生产力，因此必须吸收和借鉴西方资本主义国家发达生产力和一切文明成果，并特别强调物质基础（生产力）条件，俄国才有可能跨越资本主义"卡夫丁峡谷"走新式社会发展道路，实现社会形态转型，这是前提条件，绝不能忽略。

但是，东方社会理论在传播和运用中逐渐变形或曲解。在马克思主义俄国化中，列宁、斯大林根据具体革命实践修改了东方社会理论，导致关键理论的缺失。列宁主义对马克思主义的生产力决定论和社会主义物质基础论强调不足，物质基础或生产力前提条件逐渐被忽略，阶级力量对比和阶级斗争被凸显，一味强调政治力量对比和阶级斗争夺权就能够实现落后

---

① 薄一波：《若干重大决策与事件的回顾》，中共中央党校出版社，1991，第 442 页。
② 〔美〕罗斯·特里尔：《毛泽东传》，中国人民大学出版社，2006，第 46 页。
③ 《马克思恩格斯选集》第四卷，人民出版社，1995，第 443 页。

国家由民主革命不间断地向社会主义革命转变。① 中共接受的更多的是根据俄国情况改造和修正的马克思主义，即列宁主义，毛泽东未能真正地接受和完整、准确地把握马克思主义的生产力决定论和社会主义物质基础论，他虽然认识到上层建筑、生产关系必须适应生产力发展的客观需要，但也认为在同一性质的生产力基础上能够形成性质截然不同的生产关系和上层建筑，认为不同性质的生产关系和上层建筑的取舍实际上并不是取决于生产力的性质和状况，而是取决于当前阶级力量、政治力量对比的实际状况。毛泽东明确表示不同意马克思、恩格斯和列宁等关于生产关系的变革是因为生产力已经发展到必须冲破旧的生产关系的束缚才能获得进一步发展的观点，不同意关于生产关系只是被动地适应生产力，而不能人为地预先改造的说法。在毛泽东看来，由生产关系的变革所带来的能动的反作用对生产力的发展显然具有决定意义。② 因此，毛泽东很自然就不太重视中国生产力极为落后的客观实际，把资本主义经济政策作为一种策略，处理同资产阶级之间的关系。

（三）毛泽东长期的革命斗争经验和思维定式

毛泽东是伟大的无产阶级革命家，有丰富的革命斗争经验。在长期的革命生涯中，毛泽东对政治斗争非常敏感和老练，对政策与策略非常重视："政策和策略是党的生命，各级领导同志务必充分注意，万万不可粗心大意。"③ 在阶级力量、政治力量对比于己不利之时，毛泽东十分警惕"使自己孤立"的错误，尽可能采取一切必要手段和策略，经济、文化和军事等，都只是策略之一，以达到团结最大多数人、孤立一小撮最顽固的敌人进行斗争和打击的目的，这也是后来总结出的三大革命法宝之一的"统一战线"。在政治斗争中，毛泽东非常娴熟地运用这种策略，以达到胜利之目的，如土地革命纲领的变化。中共"五大"时主张土地国有基础上的"耕者有其田"，但实践效果并不好，得不到农民支持。毛泽东根据实际情况，及时总结经验，于1931年2月明确提出农民土地私有权，租借买卖由农民自由，并提出完整的土地革命纲领，即依靠贫农、雇农，联合中

---

① 吴茜：《试析马克思主义东方社会理论对新民主主义社会论历史命运的影响》，《探索》2008年第5期。
② 杨奎松：《马克思主义中国化的历史进程》，河南人民出版社，1994，第416~417页。
③ 毛泽东：《毛泽东选集》第四卷，人民出版社，1991，第1298页。

农，限制富农，保护中小工商业者，消灭地主阶级，变封建半封建的土地所有制为农民的土地所有制。这条路线既是阶级斗争路线，又是农村经济纲领，迅速推动了土地革命的进行。此后，土地政策数次变化，抗战时期改为"减租减息"政策，以团结开明地主和绅士；第二次国共内战爆发后恢复到消灭地主阶级路线。变动的根源在于政治需要，而不是所谓生产力发展。当然，这是革命年代的特殊情况，是非常政策，无可厚非。但是，这种思维逻辑最终会成为一种习惯与定式，势必直接影响毛泽东构建新民主主义经济理论。

与刘少奇相比，毛泽东的这种思维特征就更加明显。毛泽东、刘少奇思想差别比较大，"刘的政治是以策略的灵活性和战略的原则性为特征，毛的政治是以战略的灵活性为特征，……长期以来，他的政策既直截了当又前后矛盾。"① 解放战争时期，刘少奇与毛泽东两人负责工作不同。相对而言，刘少奇是实干家，偏重从事城市经济工作，直接同资产阶级打交道，更了解生产力不发达状况，思想相对稳定，只是由于种种原因做灵活性的改变和调整，因而更多地从经济层面来看待私人资本主义经济；毛泽东是战略家，偏重领导全国革命战争，更偏重从革命前途等政治层面出发考虑问题，思维活跃，变化较大，随情况变化，特别是政治力量演变不断调整自己的战略部署，因而对资本主义经济更多的是根据政治斗争需要而调整策略。因此，毛泽东对资本主义经济的看法前后变化较大，而刘少奇基本不变，这正是两人思维差异所致。

四 结论

毛泽东的新民主主义经济思想是他根据中国生产力水平设想的、适合中国国情的经济思想，是马克思主义经济思想的重大突破和理论创新，是马克思主义中国化的重要成果，被誉为马克思主义经济理论宝库的一朵奇葩并不为过。但是，由于中共领导层对资本主义经济缺乏准确认识、马列主义理论缺陷以及毛泽东的个人特点等因素的影响，毛泽东更注重生产关系，更重视阶级斗争中策略的运用，而未始终坚持生产力标准，将生产力标准贯彻到底，新民主主义经济思想因而具有明显的二元性，即生产力和

---

① 〔美〕洛厄尔·迪特默：《刘少奇》，华夏出版社，1989，第213页。

政治二重因素，而且政治考虑优先于生产力要素。一方面，由于基本遵循生产力原则，新民主主义经济理论具有相当的科学性，符合当时及其后中国国情，只要中国生产力落后状况没有彻底改观，新民主主义经济理论就具有一定的适用性；另一方面，由于时刻考虑政治斗争的需要，从一定程度上而言，新民主主义经济思想是政治视角下的经济思想，是革命理论这棵大树长出来的经济理论枝丫，新民主主义经济思想的关键内容频繁变动，前后不一致，具有明显矛盾，也直接决定新民主主义经济思想的短期性与暂时性，这也是后来新民主主义社会提前终结的关键原因之一。

1989~2000年东欧国家转轨过程的回顾及其对中国的借鉴意义[*]

刁 莉 邰婷婷[**]

摘要：本文主要研究的时段是1989~2000年，即东欧各国转轨的前半个时期，俗称"经济转轨的前十年"。通过对东欧各国转轨初期实施"休克疗法"方案的私有化、自由化和稳定化的表现，以及宏观经济调控模式的实践等的回顾，总结了东欧各国在前转轨时期的"转轨经济状态及特征"，指出考察和评估东欧国家的转轨绩效应该重点考虑三点：历史的"遗产"、政府的作用及银行的作用，并使这三个方面互相融合。

关键词：东欧转轨 私有化 社会民主主义经济模式 社会市场经济模式

引 言

东欧转型国家按地理位置可分为四大区，涉及26个国家：包括俄罗斯、乌克兰在内共12个国家组成的独联体，中欧的捷克共和国、匈牙利、波兰、斯洛伐克及斯洛文尼亚五国，巴尔干半岛国家——包括阿尔巴尼亚、保加利亚、克罗地亚、马其顿、罗马尼亚、前南斯拉夫联盟国家，以及波罗的海三个小国——爱沙尼亚、拉脱维亚、立陶宛。本文的研究范围以以上主要国家为重点（在本文中统称为东欧国家），这些国家从以指令

---

[*] 本文受武汉大学哲学社会科学优势和特色学术领域建设计划"后危机时代世界经济格局变动对中国的机遇和挑战"课题资助。

[**] 刁莉，武汉大学经济与管理学院副教授，研究方向为世界经济史、中国经济史和世界经济；邰婷婷，武汉大学经济与管理学院世界经济专业硕士研究生。

性为主的计划经济向以市场调节为主的市场经济过渡已有十年多的时间，是一个相当复杂而艰难的历程，涉及许多新的、重大的经济问题，其中许多问题值得进行深入的跟踪研究和探讨。

由计划经济体制向市场经济体制转轨是人类社会发展上的重要事件，不是个别国家或某一地区的现象，也不是暂时的现象，而是国际性的。[①]"转轨经济学"或称"过渡经济学"，是近二十多年来在国际经济学界逐渐兴起的一个学科。所谓经济转轨，有三种解释：一是指计划经济体制模式的转变，即从计划经济向市场经济的转变；二是指经济发展模式的转变，比如由农业经济结构向以工业化为主的经济结构转变；三是指包括上述两种方式在内的双重转变。一般来讲，学术界总体概括为：以研究计划经济如何向市场经济转变或过渡为主要内容的一门学问，是以20世纪80年代末苏联东欧政治上的剧变和经济上全面向市场经济过渡为标志的。[②]

1989年东欧国家相继发生政局剧变，紧接着各国都正式宣布向市场经济过渡。时至今日，各国在经历了一个曲折的发展过程，并付出了高昂的社会代价之后，体制的转换取得了重大的进展，捷、波、匈等国的转轨已接近或基本完成，一个具有东欧特色的，以私有制和混合所有制为基础的、市场机制与国家干预相结合的，并兼顾社会平衡的"社会市场经济"正在形成之中。认真探讨东欧国家在经济转轨方面遇到的实际和理论问题，尤其是时至今日我们回顾和探讨它们在最初转轨过程中的经验教训，无疑对探讨向市场经济过渡和市场经济理论是非常有益的。

一　东欧主要国家经济转轨的考察

（一）转轨的初始阶段

1. 各国转轨初期目标完成情况

各国的转轨目标主要有美国经济学家萨克斯所提到的三点，即私有化、自由化和稳定化。各国转轨初期目标完成情况如下。

[①] 刘文革：《强制性制度变迁："俄罗斯转轨之谜"的经济学解释》，黑龙江人民出版社，2003。

[②] 王子健：《经济转轨的理论与现实：爱尔曼教授访谈录》，《东欧中亚研究》1997年第5期。

（1）匈牙利、南斯拉夫、波兰在剧变前搞过"市场社会主义"，自由化的任务相对较小，稳定化任务艰巨。南斯拉夫、波兰的农业基本上不存在改革问题。

（2）捷克相反，在剧变之前经济失衡不严重，通货膨胀、财政赤字都很低，但其自由化任务非常艰巨，相反稳定化的任务不大。在"布拉格之春"被扼杀后的20年间，当局拒绝一切改革，与匈牙利、南斯拉夫和波兰相比，其原体制的僵化和垄断性与"纯国有"和"纯计划"的色彩更加突出。

（3）保加利亚、罗马尼亚比较保守，没什么大动作，私有化几乎从零开始。罗马尼亚经济失衡不是很严重，但供求关系很糟。

（4）俄罗斯三项任务都很严重。

各国转轨初期目标进展情况见表1。

表1 东欧主要国家转轨初期转轨目标的进展（1989~1990年）

需要自由化	捷克、俄罗斯、保加利亚、罗马尼亚
需要私有化	捷克、俄罗斯、保加利亚、波兰、罗马尼亚
需要稳定化	匈牙利、南斯拉夫、俄罗斯、保加利亚、爱沙尼亚、立陶宛、拉脱维亚、波兰、罗马尼亚

2. 改革的实际操作步骤

理论逻辑上：私有化——稳定化——自由化；

实际操作上：稳定化——私有化——自由化。

以上分析可以看出，从理论逻辑上说，自由化、私有化、稳定化这三个任务的顺序首先是私有化。当时有一个共识，认为只有解决了私有化，市场竞争才有基础，而经济的稳定才能持久。但是实际操作过程全是从稳定化入手，为什么会逆程序进行呢？道理很简单，私有化过程不能一蹴而就，不可能短期搞完，而在一个经济严重失衡的国家，任何一个政府，尤其是经过民众投票选举的政府，如果没有显著的政绩很可能下一轮就会下台，所以新上台者无论从哪一种考虑出发都必须首先治理宏观经济。在这个过程中引进了"休克疗法"，主要用财政货币双紧缩来治理通货膨胀。理论上都知道最好是私有化进程优先，实际上却做不到，因此在实行中大都变成了先稳定、后改造的两步模式。由于私有化滞后，实际操作成为与理论上的最佳顺序相反的"逆序演变"过程，因此造成了一系列人们始料不及的后果,它集中表现为"二度阵痛"。

市场竞争转轨的初始阶段,如何保持宏观经济的稳定,除了捷克以外是所有国家在转轨初期都面临的严重问题。简而言之,对于那些严重失衡的国家来说,摆在首位的是稳定化,它是社会稳定和经济改革的前提;自由化的意义在于为融入市场经济产生规则,即制定交易、投资及配套的税收、社会保障等制度;私有化是解决产权初始配置和进行结构调整。狭义的"休克疗法"只是以严厉的紧缩来纠正经济中的破坏性失衡以求稳定经济,由于它是向以前造成失衡的逻辑原因对症下药的,因此其疗效具有逻辑保证,但同时具有逻辑性的是"休克疗法"可以创造平衡,却不能维持平衡。要把平衡维持下去,就得有"看不见的手"。对于东欧国家来说,"休克"之后的选择便只剩下加速经济改造,加速对市场的培育,产生"看不见的手",这就使大力推进"私有化"成为转型第二阶段的重心。经济转型就是由特定的产权结构转移到另外一种产权结构。转型的起点(计划经济)和终点(市场经济)都已确定,剩下就是落实的形式和速度。①

(二)主要国家私有化的主要方式

1. 私有化的主要方式

私有化的主要表现形式是国有企业产权的分配,而私有化的主要方式受到各国转轨初期改革路径和国内主要势力的影响(见表2)。

表2 东欧主要国家转轨初期(1989~1990年)私有化情况

国 别	匈牙利	波 兰	捷 克	俄罗斯	罗马尼亚
改革路径	渐进私有化	快速私有化	快速私有化	快速私有化	快速私有化
主要势力影响	民族、国家主义(右派为主)	强大的工会	68年人、七七宪章理想主义	剧变前官僚势力集团	前共产党
私有化方式	全部出售,国际融资和产权合二为一	雇员集体持股(ESOP)	全民平分资产	大众私有化后落入官僚手中	免费分配和有偿出售相结合

2. "卖"的典型——匈牙利案例

据有关资料统计,到1997年年底,在匈牙利银行系统的资本构成中,

---

① Ross, J., "Economic Reform: Success in China and Failure in Eastern Europe", *Monthly Review* (10), 1994.

外国资本已占 61.4%。在私有化过程中，匈牙利人均吸引外资 1268 美元，是东欧国家平均水平的 13.8 倍。可以说匈牙利所有制结构的彻底改变，主要依赖大量的外国资本。对此许多人心存疑虑，担忧自己的民族经济，但匈牙利的主流派（尤以左派社会党政府为典型）认为，在加入北约、欧盟的大趋势下，融入欧洲是早晚的事，从历史上看，东欧如同一个走廊，不是向东就是向西，对外依赖性一直就很强。在转轨前，匈牙利的债务危机很严重，他们认为通过私有化过程提前"一体化"是好事，他们愿意接受以外国资本为主导的国际分工，又同时可以以拍卖的方式偿还转轨前的债务；在大欧洲的范围内，民族国家的淡化是不可避免的。虽然在这种思想的指导下，匈牙利的拍卖也尽可能做到公平、公开，鼓励匈牙利民众参与，并实行一定的政策倾斜。一般是在公开媒体上发布消息，在预定的时间和场所，由竞争者竞价，价高者获胜。国有资产托管局的财产 42% 是通过竞价售出的。买主多为外国人，因为操作程序公开透明、组织规范、监督严格，虽然在私有化过程中也曾出过"托奇克丑闻"，但全国上下对这种拍卖方式并没有太大的疑虑，而且事后证明，这种一步到位地找到"最终所有者"的方式在改造方面是比较成功的。

3. 实际操作的难点——俄罗斯案例

在俄罗斯"休克疗法"中受到打击最大的不是在经济中处于长线地位的重工业，而是轻工业、消费品工业，这恰恰是俄罗斯最需要发展的领域。造成这种状况的原因是放开以后还有一个外部环境。在一国之内搞紧缩或许可以见效，但如果同时又在国际环境中，就会产生消费品需求转向进口产品的问题，国内厂家就会同时面临资金短缺和改造压力的两难处境。解决的办法只有一个，就是大规模外来资金的介入。做到这一点的有两个国家：一是东德，被西德彻底买断；二是匈牙利，彻底开放市场，门户敞开到任何领域，以外来投资解决国内产业的资本更新问题。俄罗斯的悲剧在于：首先，它的紧缩是不彻底的，紧缩了几个月又放松银根，接下来又紧缩银根，然后又紧缩又放松反反复复，等于从来没有真正彻底搞"休克疗法"，但又始终处于"休克"状态；其次，在"休克"的过程中，企业体制一直陷于"内部人控制"的陷阱，外资无法进入，同时对国外产品又全面放开市场。[①] 造成的结

---

① K. Murphy, et. al., "The Transition to a Market Economy: Pitfalls of Partial Reform", *Economics of Planning* (25), 1992.

果是：第一，压缩需求的成效远远不及压缩供给的成效大；第二，压缩有效供给的成分也远远超出人们的预期，具体来说对消费工业的打击最大。在一下子放开的情况下，国家没有加大资金支持，外资又进不来，企业无法进行资产更新、结构改造，自然无法与国外产品竞争。在引进外资方面，俄罗斯的主导思想与匈牙利不同，它为外资的进入设置了很多障碍，使得在转制过程中很少有新资金的进入。

正因为"稳定"是个技术措施，它必须要有一整套的配套措施跟上来，由于稳定化、自由化、私有化这三项任务完成的速度不可能一致，通常会出现产权还没有落实，而市场已经相当开放和自由化的问题，于是就形成了一个明显的反差，即普遍的市场化与滞后的私有化。在这种情况下，制度核心的问题——产权结构的落实就迫在眉睫。

（三）私有化的分类

1. "新私有化"：通过外资或国内私人投资建立新的私有化企业，扩大私有化新增资产

新私有化的特点是：一开始就搞资本主义，不背包袱，可以绕过"国营经济改造"。从进展程度来看，东欧各国的私人新增资产投资基本上与国有资产的私有化成正比：俄罗斯超过乌克兰，捷克超过斯洛伐克，波兰超过罗马尼亚和保加利亚，东德超过所有这些国家。匈牙利例外是因为剧变前其改革中的市场机制发育程度比较高，在转轨的过程中宣传"提前全球化"，外资进入量很大，因此"新私有化"的程度一直比较高。

2. "重新私有化"：把过去时代没收的私有资产"物归原主"

这属于私有化过程中要处理的历史遗留问题，同时也是"私有化"中最受非议的内容。剧变之初，少数国家在"钟摆效应"（倾左倾右）之下趋向极右，掀起一阵"重新私有化"高潮，但后来因种种原因没有到位，最后经调整改成了折中的、考虑现状的办法。大多数独联体国家、波兰、匈牙利、斯洛伐克及罗马尼亚则基本上没搞"重新私有化"，或只进行了象征性的补偿。如匈牙利，国家不向原业主交回财产，只发放数额有限的补偿券，这种证券可以在股市上自由换取股票。斯洛伐克则从私有化收入中拨出一定数额设立补偿基金，用于对原业主支付象征性的补偿费。

"物归原主"的国家有立陶宛、罗马尼亚、保加利亚、捷克与东德。这几个国家分别有一些历史的特定原因：立陶宛在第二次世界大战期间被

并入苏联，战后突击进行了强制性集体化，相当一部分不愿意集体化的农民甚至只是一般地具有民族主义情绪而不满苏联统治的人都被打成"富农"而扫地出门，流放西伯利亚，造成大量死亡。这件事不仅创伤严重，而且带有民族矛盾色彩，因此从民族主义情绪考虑，不能不有所"纠正"。保加利亚20世纪20年代农民联盟政府执政期间，进行过战前欧洲最彻底的土改，因此在共产党执政前保加利亚早已没有地主阶级，"物归原主"从总体上并不存在"地主复辟"问题，但土地因退赔给原主的合法继承人，他们多为第二代甚至第三代人，早已脱离农业，结果造成不少土地抛荒。捷克是东欧唯一的在共产党执政前资本主义工业高度发达并且具有民主传统的国家，原业主的资本起着相当大的作用，而且其中基本没有封建成分。东德的退赔只限于民主德国成立之后（1949年以后）没收的财产，苏占领时期（1945~1949年）没收的财产则不予退还。这是因为民主德国时期的没收属于社会主义改造性质，而苏联占领时期的没收属于反对法西斯性质。"重新私有化"只"纠正"前者而承认后者，其界限是明确的。

二 宏观经济模式的选择与探讨

十多年来，经济转轨的现实迫使中东欧国家各党派和学者普遍对几年的经济转轨历程进行反思，所涉及的主要问题有国家经济干预问题、私有化问题、采用"休克疗法"问题和实行全面紧缩政策问题等，对一些问题的认识普遍取得了共识并已开始付诸实际行动。在此基础上总结了用于治理国家的几种宏观经济治理模式，最主要的有三种，即"自由市场经济模式"、"社会民主主义经济模式"和"社会市场经济模式"。这三种模式分别代表三种政治思潮："左派货币主义"、"民主主义"和"社会民主主义"。①

"自由市场经济模式"主要是在转轨的初级阶段主张以"货币主义"政策为主治理通货膨胀和稳定经济。东欧国家左派经济学家和政界人士把主张"货币主义"政策的学者和政界人士称为"中东欧国家的'货币主义'学派"。简单地说，东欧国家的货币主义学派就是站在重视货币作用立场上的学派。

---

① 〔保〕斯·萨沃夫：《市场经济概论》第1~3卷，索菲亚出版社，1991。

在实践中,东欧各国大都最终放弃了前面两种模式的主张而选择了"社会市场经济模式"。虽然各国在实践的过程中根据本国的国情有其独到的运行方式,但基本的指导思想、主张和原则都比较类似,最重要的是东欧各国都意识到了"国家"在经济转轨中的作用,采用适当的"国家干预"进行宏观经济的管理和调控。

(一)社会民主主义经济模式(或称斯堪的纳维亚模式)

这是由东欧国家一些社会民主党、自由民主党、社会党等党派提出来的。例如,塞尔维亚社会党、塞尔维亚社会主义者民主党、保加利亚社会民主党等。东欧国家和西方学者把赞成这种模式的党派的一部分称为"新自由民主者",把另一部分称为"社会民主主义者"。这种经济模式往往是强社会力量型的国家转轨早期倡导的一种制约因素很多,但比较理想化的经济模式。

1. 选择这种模式的原因

第一,在采用这种模式的国家里,工人有很大的发言权。工人可以站在几乎平等的立场上与所有者和经营者谈判工资和职业培训问题,劳资合作解决得好。第二,采用这种模式的国家建立的是福利型国家。新自由主义者认为,国家社会主义产生了"早产的福利国家",因此,他们的社会不能为福利国家提供足够的资金。而社会民主主义者认为,国家社会主义的问题不是提供的福利过多,而是因为它们并没有成为真正的福利国家,东欧国家必须成为新型的福利国家。

2. 基本主张

(1)总的原则:在私有化前提下把生产、流通领域的竞争原则与分配领域的公平原则相结合。

(2)所有制方面:国家所有制应保留在自然资源领域、铁路、邮电等经济基础设施部门,私有、国有和合作社所有制平等竞争。

(3)国家经济职能方面:国家经济职能限制在生产领域,主要精力放在社会监督上,首先放在维护消费者利益上。

(4)建立新型的福利国家和必要的社会保障政策。为此,制定福利政策、建立社会福利网。他们都认为,一方面是因为国家社会主义在这方面做得太少;另一方面是因为转轨必然伴随社会的剧烈动荡和高失业率,因此,没有必要的社会保障措施就不可能实现向市场经济的民主过渡。

(5) 把人文领域的投资作为中心,作为发展战略的决定性因素。或者说,他们主张把发展文化、科学、卫生和教育放在中心地位。与此同时,加强基础建设,把建设道路、公共设施、电话网和银行现代化同样看作赶上西欧的重要条件。

(6) 把优先发展落后地区、制定并实现创造工作岗位的计划作为发展战略之一,这也是从福利政策出发的。

(7) 社会民主主义者把创建和平与洁净的生态环境作为纲领性任务。

(8) 新自由主义者认为,只要经济发展了,一切问题都会得到解决。

3. 基本原则

自由、竞争、平等、公正和福利是社会民主主义模式所要遵循的基本原则。由于各种条件的限制,这种经济模式在东欧国家经济转轨过程中没有实施。

(二) 社会市场经济模式(或称民主社会主义模式)

这是东欧国家左翼社会党或社会民主党等党派选择的经济模式。例如,匈牙利民主论坛、保加利亚社会党、保加利亚农民联盟(斯派)、保加利亚"生态公开性"政治俱乐部、阿尔巴尼亚社会党、罗马尼亚人民民主党等。这种模式是以当代社会党纲领和主张为基础,在承认资产阶级的某些价值观的同时,在不存在社会主义制度的情况下保持某些社会主义的价值观。他们认为,东欧国家的经济目标模式不应定位于向马克思和恩格斯所描绘的19世纪初、中期的"野蛮"资本主义过渡,而应向现代的社会市场经济转轨,主张把市场自发调节与国家调节结合起来。下面将分别总结社会市场经济模式的指导思想、基本原则、思想根源和发展。

1. 指导思想

(1) 国家与市场调节的关系。国家宏观控制,市场微观调节。国家以市场机制为依托,并利用市场机制对宏观经济进行控制和调节。以保加利亚经济学家扎克·阿罗约为代表的东欧国家左翼经济学家认为:第一,对生产的调节和刺激是由市场进行的,市场通过各种机制作用于商品生产者并且决定它们的行为。然而,部分市场机制是在国家直接作用下形成的。国家通过价格、税收、利率、汇率等作用于某些部门的生产者。第二,市场经济不能不要计划,正相反,市场经济应建立在制定强有力的发展计划的基础上,其实质特点是计划的效力和深度不取决于计划指标的指令性,而取决于正确地确定宏观经济指标并创造实现这些指标的经济条件。第三，在市场经济条件下，国家计划的制定可以有各种范围、形式及其实现的机制，这些并不取决于制定计划本身，而取决于历史条件、经济运行和管理的体制。第四，市场经济向计划的制定提出一定的要求。市场经济要求国家制定国家社会－经济发展的总战略、计划，分配国家的部分物力和财力，以保障经济正常和有序地运转。第五，设立国家计划机构，履行部分计划、协调和监督职能，其中包括负责制定并实现国家经济规划和预测，协调各经济部门的工作，协调并平衡国家经济发展的主要宏观经济指标（例如，一个时期内的国内生产总值、国家财政预算水平、物价水平、失业率、国际收支、外国投资等），对国家经济结构、国家中长期经济潜力进行分析和预测，在与其他经济组织协商情况下提出政府一级的决策。

（2）国家与企业的关系。以保加利亚经济学家扎克·阿罗约为代表的东欧左翼经济学家认为：第一，市场经济要求把国家的许多职能赋予市场，国家通过这些职能去影响企业；第二，在市场经济条件下企业（经济组织）只接受市场的作用，因此，国家计划应当通过市场实现自己的要求。实际上这意味着，国家应当为企业发挥职能作用创造环境，这个环境要用一定的方式影响企业的利益，因为企业是实现计划要求的有关一方。这可以通过国家订货制度、价格制定、税收和税率、外汇制度、贷款条件和国家拥有的其他机制达到。①

（3）所有制结构和私有化问题。他们的指导思想是私有制占统治地位的时代已经过去，国家所有制应有它的地位。以保加利亚经济学家甘·甘切夫和恰·尼科洛夫为代表的东欧左翼经济学家认为：以为社会主义与私有制不能相容曾是严重的错误，但认为只有通过私有制才能发展的思想也是危险的空想。以匈牙利经济学家科帕奇·山多尔为代表的东欧左翼经济学家认为：国家所有制会导致经济崩溃和社会畸形，但私有制占统治地位的时代已经过去。也就是说，在现代社会中，国家所有制应有它的地位，但私有制也不可缺少。如果现在把大部分国家所有制改造为资本家私人所有制，那么在今后的50年东欧国家又将是社会和经济落后的国家。所有制结构多元化，建立包括国有、私有、合作社所有和各种股份制的混合所有

---

① 〔保〕扎·阿罗约：《我们是否修改了经济政策中的错误？》，《言论报》1996年7月31日第7~8版。

制关系形式；加速私有化进程，减少国有制比重，东欧各国主张国有制比重保持在25%～40%；小型国有企业通过"小私有化"改造成私有制企业或民营化；大中型国有企业通过"大私有化"实现股份化。在重要经济部门的大中型国有企业国家股份占大部分，在一般经济部门的大中型国有企业国家股可占50%以下；企业公司化，大中型国有企业条件不成熟时，不急于私有化。以保加利亚经济学家扎克·阿罗约为代表的东欧左翼经济学家认为，私有化是形成所有制多元化结构的必由之路，但条件不成熟时，只要转换企业运行机制，也可提高企业效益，所以大中型国有企业的私有化不必操之过急；私有化要体现社会和公平原则。东欧国家一些左翼政党认为，它们的现有国家财富是三代人用自己的双手共同创造的，所以在这些财富私有化时，每个成年公民都应得到自己的一份，这也是东欧国家进行"大众私有化"的指导思想：允许一些国有企业的工人、专家和经理以优惠价格购买本企业的部分国有财产；进行产权制度改革，使整顿后的国有企业具有更大的资产使用权、支配权和处置权。

(4) 社会保障问题。在经济转轨进程中采取必要的社会保障政策并逐步建立社会保障体系。人道主义和社会公正原则是制定社会保障政策和建立社会保障体系的指导原则。实行社会保障政策和建立完善的社会保障体系的出发点是保护本国社会中下层人民群众的利益，考虑到经济发展的内在联系和在巨大的社会变革中人民群众的承受能力。

(5) 吸引外资政策。主张引进西方资本，但强调监督的重要性。同时，主张"西方资本有控制地进入"本国市场。

(6) 转轨策略。主张采用相对的渐进式策略，主张"加速向市场经济过渡"、"加速建立和发展市场经济的三个基本组成部分"，但"加速不是'电休克疗法'"，"加速不是一步到位"。反对采用"休克疗法"向市场经济过渡。

(7) 生态环境问题。强调重视生态保护，在未来的经济发展中不以破坏生态环境为代价发展经济。

(8) 经济转轨手段和政策。主张以财政政策为主和货币政策为辅的政策治理通货膨胀和活跃生产。反对实行全面的紧缩政策。他们的具体观点是：第一，以保加利亚经济学家甘·甘切夫和恰·尼科洛夫为代表的东欧左翼经济学家认为，东欧国家经济转轨手段"必须是把货币主义的经济调节模式与新凯恩斯主义的经济调节模式融为一体"。他们还认为，"1929～1933年西方'经济大萧条'的教训表明，勒紧裤腰带不是摆脱危机的办法",而应根据各国的实际条件进行货币改革、降低利率、减免公司和公民的部分债务并进一步实行灵活的信贷政策。① 第二，以保加利亚著名经济学家扎克·阿罗约为代表的东欧左翼政党经济学家认为，调节现代经济主要有两种办法，一种是货币主义的办法，另一种是财政控制的办法。财政控制办法的思路主要是针对生产下降和失业，基本内容包括：国家对战略计划的倾斜、极其优惠的税收和关税制度，通过财政政策刺激并资助建立合理的经济结构和生产结构，并且调整收支平衡；国家直接对重要的生产部门提供直接贷款和补贴；通过国家筹资扩大就业。国家用财政控制手段进行管理，把控制财政支出作为摆脱衰退的手段。当经济处于危机时，国家就必须增加生产开支并且减少税收，这样才有可能扩大消费和鼓励投资。待经济好转后，再增加税收并减少生产开支。② 东欧国家财政控制手段的思想根源主要来自新凯恩斯主义的新古典综合派。

综上所述，社会市场经济模式的基本特点是以混合所有制为基础，市场机制和必要的国家干预相结合，兼顾社会公正，强调建立合理的社会保障体系。

2. 基本原则

东欧国家实行的社会市场经济以下列4条作为基本原则：①竞争原则。东欧国家把竞争原则视为社会市场经济的基础。②社会公正原则。东欧国家的左翼政党认为，市场自由竞争本身就已实现了部分社会功能，市场不能解决所有的社会问题，所以国家要在社会福利政策的范围内对收入进行再分配。③稳定经济的原则。东欧国家左翼政党认为，有效的竞争政策是价格稳定的重要前提。货币的稳定是保证市场运行能力和避免社会冲突的基础。④政府对经济的必要调节要符合市场原则。

3. 思想根源和发展

东欧国家的社会市场经济基本借鉴了德国社会市场经济的思想。第二次世界大战结束后，1948年6月德国对货币进行了改革，随后通过了《货

---

① 〔波〕马·董布罗夫斯基：《向市场经济转轨的不同战略：他们是如何进行实际运作的?》，提交给1994年9月在布达佩斯召开的第三届经济转轨国际研讨会论文，中国社会科学院东欧中亚所印成了专题资料。
② 〔保〕扎·阿罗约：《通货膨胀的出路在于迅速活跃生产》，《言论报》1996年9月2日第8版。

币改革后经营与价格改革的指导原则》。这一法律对德国战后建立市场导向的经济制度奠定了基础。① 当时很快取消了对经营和价格的限制。联邦德国后来的经济制度以"社会市场经济"著称于世。"社会市场经济"的概念是由德国著名经济学家米勒·阿尔马克命名的。社会市场经济的基本原理是把市场的自由原则与社会的平衡结合起来，通过市场对经济过程进行协调，一旦市场过程产生不合社会愿望或不合理的结果，国家就要进行纠正性的干预。因此，社会市场经济表现为介于纯市场经济和纯集中管理经济之间的混合系统。阿尔马克进一步解释说"我们提出社会市场经济，以表明这第三种经济形式。这意味着，……市场经济未来经济制度基本框架是必不可少的，但它不是自由放任的自由市场经济，而是被有意识地加以调节的，而且是由社会进行调节的市场经济。弗莱茨堡学派的所谓秩序与自由主义，提供了社会市场经济构想的理论基础。主张社会市场经济的各派都认为，古典的经济自由主义虽然认识到了竞争的效力，但对企业集中的趋势和社会问题考虑得太少，国家必须有意识地创造经济运行的制度框架"。德国主张社会市场经济的各派把竞争原则、社会原则、稳定经济原则和同市场一致的原则，确定为社会市场经济的基本原则。德国社会市场经济的最初设想在第二次世界大战后和20世纪50年代创造了"经济奇迹"，使德国经济得以迅速恢复和增长。此后，在改善劳动环境、治理通货膨胀、失业和滞胀经济问题时，都采用了不同的宏观经济调节手段，并使社会市场经济逐步走向成熟。②

三 转型经济状态与转型经济的三要素

（一）转型经济状态及特征

东欧各国的实际经验表明，在东欧的计划社会主义经济或市场社会主义经济与资本主义市场经济之间存在着一个转型经济阶段。它有着既不同于原来的社会主义，又不同于现代的资本主义的经济形态，我们在这里称之为"转型经济状态"。

---

① 〔德〕《商报》1996年12月21日。
② 〔德〕海·哈德斯：《市场经济与经济理论》，中国经济出版社，1994。

转型经济状态有以下三个主要的特征。

第一个特征是在转型时期普遍出现严重的经济困难。它们包括大幅度的经济衰退、财政平衡和国际收平衡迅速恶化、失业人口急剧增长和恶性的通货膨胀。当上述情况得到控制后经济会进入一个困难重重的恢复时期,它的表现就是较高的通货膨胀率和相对较低的经济增长率,以及宏观上平衡的困难。

第二个特征是在经济转型中私有化将导致复合产权结构。从长期看,社会主义时期私人经济的不发展和人民储蓄水平的低下导致了国有产权需求不足;从短期看,经济的衰退导致了国有资产价值的下降和购买力的进一步降低。在这种情况下国有产权内部的组织形式变化,即国有企业的公司化或商业化成为私有化中的主要形式。

第三个特征是国家或政府在经济转型时期的特殊角色。转型时期经济制度的改革不同于一个企业的改革。对于后者而言,①其改革的成本与收益是可以预期的;②存在一个对企业资产负责的主体,或曰企业利益主体。成本收益的可预期性也取决于这一利益主体的存在性,而不仅仅是信息技术问题。但是在转型时期,经济制度的改革则不存在这样一个利益主体,因此是否存在一个统一的、一致的成本收益函数将是一个很大的问题,即便存在这样一个函数,由于转型时期的信息不完全也难以达到最优解。

转型经济形态的存在说明了经济转型不是在一个瞬间就可以完成的,而是一个要经过几年、十几年,甚至再长一点时间的艰难的过渡过程。这种过渡的艰难就在于经济转型是一种特殊的革命,它不像以往的革命,首先铲除旧的制度,然后从头建立新的制度;它更像是在住户不搬出去的情况下翻新一座大厦。因此在转轨时期的发展阶段,政府往往在经济稳定与经济自由化、经济效率与社会公平、既得利益与改革创新之间进行艰难的选择。形势的动荡、政策的摇摆和道路的曲折是转型时期的最大特点。

从转轨初期各国的发展情况看,转型经济状态表明了各种矛盾的交织已经形成了一种低经济增长水平均衡状态,这种均衡状态集中体现在宏观经济环境制约了经济的增长,经济增长的缓慢又阻碍了私有化进程,最后私有化的延缓反过来又阻碍了经济的增长。这一均衡的打破首先有赖于经济的增长,只有经济增长条件下的私有化才有可能促进经济的重组,并与经济增长形成良性循环。如果仅仅依靠私有化，而不注重宏观经济环境的改善，则这种私有化就难以与经济的重组相结合。而宏观经济环境的改善，在内部关键在于政府恢复财政与国际收支的平衡，降低利率，并加强基础设施的建设；在外部则有赖于西欧经济的复苏。如果这些条件能够满足过渡时期的要求并且能够较快地渡过转型时期，否则转型经济状态将继续存在下去。

（二）考察转型经济绩效中的三要素

笔者在东欧各国经济学家转轨理论的基础上，根据转型经济状态的特征，总结了三个要素衡量转轨国家在转轨时期的转轨程度以及转轨绩效。这三个要素就是"社会主义时期的历史遗产"、"政府的作用"和"中央银行的作用"。这三个要素条件可以比较客观地对各国转轨所出现的突出问题做出合理的解释，具体内容如下。

1. 社会主义时期的历史遗产

东欧各国的"历史遗产"包括两个方面，第一个方面是指各个国家在历史发展的过程中，在社会主义阶段以前，在社会意识形态的演变过程中形成的国家、社会、民族的特性，它影响着各国的社会演变进程，它具有一定的地域性特征，尤其比较适用于针对国别的特性分析。

例如，历史上长期处于战火之中的巴尔干半岛上的国家，如南联盟、罗马尼亚、保加利亚和阿尔巴尼亚等。外来势力长期的征战与统治延缓、改变了巴尔干各族人民原有的政治、经济生活进程。同时，长期的异族统治阻断了巴尔干同欧洲大陆的主要历史潮流和社会经济联系，致使巴尔干与文艺复兴和宗教改革无缘（它们推动了欧洲社会的近代化），也没有沐浴到第一次工业革命的阳光，因而推迟了资本主义在巴尔干地区的发展。巴尔干社会发展形态严重滞后，市民阶层不发达，农民占社会的主体，长期处于前工业社会，社会经济基础比较弱。由于这种特性，巴尔干地区的国家在计划经济时期，实行高度的国家经济垄断；在转轨时期，由于公有制程度高，私有化任务艰难、资金短缺，而党派之争、大国民族主义势力等对国家有一定的影响，尤其是在农业私有化方面体现了大国民族主义的狭隘性。巴尔干半岛上国家的经济大都处在"先天不足，后天失调的状态"。

相比之下，临近西欧的"波、匈、捷"三国民主化的程度比较高，历史上受到西欧的影响都比较深远。早在20世纪80年代中期，各国就已经在不同的程度上对"市场经济"进行实践，并且很早就出现了一批比较著名的经济学家在理论上进行研究和探索。转轨进程也比较快。在最东以俄罗斯为主的社会主义国家，以及地处波罗的海东岸的立陶宛、拉脱维亚和爱沙尼亚等国家，又分别处于不同的历史发展背景。

第二个方面是指在社会主义阶段，也就是东欧各国向市场经济转轨前积累的人力资源、技术资源、物资和财政资源，以及某些可以保证经济、社会生态效益的组织形式。只有在继承中保留并利用其中的一切积极因素，才能保证经济和社会生活不断前进。与此同时，那些社会主义时期遗留下来的消极因素，如所有制结构、收入的形成和分配制度、各级社会经济生活管理制度以及国民经济的运行机制，则要用新的因素取而代之。

债务问题也是影响各国转轨进程的主要"社会主义历史遗产"之一，匈牙利的私有化以"面向外资全部卖光"的形式，主要原因是因为在转轨初期匈牙利的债务危机加剧，这一私有化之举不仅改变了右派政府末期国内资本购买力枯竭、私有化濒于停滞的状况，而且开创了东欧经济史上独一无二的先例。基础设施差是罗马尼亚当时的现实，是由于齐奥塞斯库在整个20世纪80年代为偿还外债而实行了紧缩政策，经济部门投资极大地减少。企业中设备陈旧，技术过时，电信、交通设施落后，都影响了外资的投入和转轨的进程。

不幸的是，前政治制度被推翻后，大多数前社会主义国家，其中包括罗马尼亚，认为社会主义时期遗留的一切都是糟粕，应尽快予以消除。这种错误认识以及因此而开展的破坏行动，使20世纪90年代初所有中东欧前社会主义国家的经济都出现了大滑坡。因此，只有合理地利用本国社会主义时期积累的遗产，才能使后社会主义过渡有一个连续的、不断上升的经济和社会发展进程。

2. 政府的作用

转轨经济中政府的作用具有明显的特殊性。一方面，政府全面的直接干预是无效的，因为从计划经济到市场经济的转轨过程中最终的目的是要放弃中央计划；另一方面，市场的自动配置功能是有效的，但是还没有完全建立。① 因此，它同时兼有两种不同的作用：克服在市场体系的建立和

---

① 陈舜：《经济转型与制度选择：日本、韩国、台湾经济转型时期政府干预的比较》，云南大学出版社，1996。

发展过程中难以避免的"市场缺陷",努力弥补市场发育的不足,培育市场。就像以上分析中所提到的,转型经济是在计划经济的废墟上重建一个新的市场经济体系,它的特殊性使转轨国家对政府干预的需求更多的是侧重于市场发育的不足,即培育市场。例如,政府可以创造一种有利于公司和企业发展的环境,使它们获得盈利和保持竞争优势,政府在转轨中应起的是催化作用和促进作用,要鼓励甚至逼迫企业奋进,提高竞争能力。这种政府干预的特殊性,是以一定的时间段为基准的,这个时间段就是在转轨经济状态的框架内,当东欧各国在完成经济转轨任务以后,政府或国家在转轨阶段的干预就应该退出。

一个国家自主性高的政府,政府的自主能力也高,政府对经济的干预作用大都积极和有效,主要在社会资源的配置、宏观经济调节、经济结构调整、基础性服务、社会保障等方面弥补市场发育的不足。而一个国家自主性低的政府,政府控制社会的能力就比较低,在政府实施干预时常常出现"政府失效"的现象,具体为:①难以避免计划体制的一些弊端,其表现为经济协调的不足,"信息失效、内部控制失效";②由于新旧体制交替引起的"政策失效";③大规模的私有化政策导致"寻租"活动的大量滋生;④政府被转轨中日益壮大的既得利益集团所"俘获"。"政府失效"的现象很容易发生在经济转轨的初期,因为在初级阶段,政府职能的交替还没有完善,政府内部很不稳定,是一个政治权力交替、形式动荡、党派斗争激烈的时期,这也是东欧各国在转轨的第一个阶段全盘否定政府作用的原因。

3. 中央银行的作用

阿夫拉姆博士[1]认为,银行和金融部门结构改造速度缓慢是各国政府在转轨初期的一个失误。由于没有相应的法律指导银行如何使用公共资金,一些银行便胡作非为,通过浮动利率获取巨额收入。[2] 然而,由于银行拥有处置资金的权力,又是推动经济循环必不可少的机构,当它们出现危机时,各国财政部都不得不予以支持。在向市场经济转轨过程中,首先要保证的是中央银行的独立性,并且只承担制定有关

---

[1] 阿夫拉姆博士为罗马尼亚著名经济学家。
[2] 张文武:《中东欧国家向市场经济过渡的理论与实践》,中国社会科学院东欧中亚所1996年研究报告。

政策、发行货币和控制货币流量的职责，其他银行为业务银行。银行的作用将日益扩大，因而各国要采取紧急措施使银行业走向多元化，这是控制货币上涨到"烫手"价格的有效手段。还要限制通货膨胀，使通货膨胀率低于平均利率。此外，还可以发行国债，吸纳居民的节余款。

农业经济与农村问题

改革以来农户的兼业化发展及其原因分析

李 文*

摘要：农户兼业化是农业经营比较效益低、机会成本高的条件下农户的自主选择，前提是农户拥有择业的自由、非农业同样有劳动力需求。在我国，由于人地关系比较紧张，在农户是否放弃承包土地受家庭决策支配、农民外出就业不稳定以及城乡二元结构尚未打破等多种因素的作用下，农户兼业化会愈演愈烈，并伴随城市化的始终。总体上看，农户兼业化经营的正面效应大于负面效应，但其对农业现代化进程的影响是值得深思的。

关键词：农户 就业结构 兼业化 农民工 城镇化

农村推行家庭承包经营以来，农户[①]家庭成为最基本的生产单位，农民有了生产自主权。改革伊始，政府就鼓励农民多种经营，恢复了农村集市贸易，随之农林牧副渔全面发展，乡镇企业异军突起，农村产业结构和农业经济结构迅速转变。伴随农业劳动生产率的提高，人地矛盾日益凸显，农户解决了最基本的温饱问题以后，劳动力逐步向收入更高的就业领域转移，先是在农业多种经营领域、在家庭工副业生产，接着是在乡镇企业，然后是在远离家乡的城市，部分农民举家迁往城镇，部分农民身份转换成为产业工人或市民，但是更多的农村劳动力并未完全脱离土地和农业生产，而是亦农亦工亦商，很多人在非正规领域灵活就业。在这部分亦农亦工亦商的农户中，以

---

* 李文，中国社会科学院当代中国研究所第四研究室主任、研究员，研究方向为中华人民共和国经济史、社会史。

① 在我国，在现行户籍制度安排下，农户与非农户不以其职业来判定，而是以其在公安部门登记的户口类型来区分。本文使用的农户概念是指登记为农业户口的居民。近年来，有些省份出台了以取消"农业户口"和"非农业户口"性质划分、统一城乡户口登记制度为主要内容的改革措施，本文从其旧。

农业收入为主的农户被称为农业兼业户（或一兼户、I兼户），以非农业收入为主的农户被称为非农业兼业户（或二兼户、II兼户）。其他完全从事农业生产经营的农户被称为纯农户，完全从事非农业生产经营的农户被称为非农业生产经营户（尽管这部分农户的名下也可能拥有承包地），完全脱离生产经营领域的农户被称为非经营户。本文拟对新时期农户的兼业化发展趋势做一梳理，并对农户选择兼业的原因展开分析。

一 新时期农户兼业化发展的基本状况

我国自古就有牛郎织女发展小农经济的传统，牛郎们耕作间隙兼从他业弥补家用也由来已久。① 改革开放初期，这一传统得到恢复和发展。从20世纪80年代中期开始，随着工商业的发展和产业结构、经济结构的变动，特别是随着农业劳动生产率的提高和农业剩余劳动力的显性化，② 受人均占有可耕地数量的限制，男耕女织的传统逐步被农户兼业经营所取代。在经历了连续几年的粮食大丰收以后，从1985年开始，粮食生产的比较效益下降，农民开始选择种植效益更高的经济作物和发展养殖业，或者跑运输、当小商小贩、外出打工。在人多地少、地块细碎和农村社会保障体系不健全的情况下，对兼业户来说，粮食生产逐步沦为"口粮农业"，投入减少，收获的粮食够一家人吃就行。农民手里的钱多了，对自家承包地的粮食生产也可能会选择资本替代方式（或者购置机械、施用更多的化肥和农药，或者雇工经营，或者将承包地转给他人自己从市场购买粮食），但更多的人不会放弃承包地（除非"增人不增地"③ 或者耕地被占用以后

---

① 民国《闻喜县志》载："业农者十之九，为佃户佃工者有焉，有兼营工商业者，有于农隙熬土碱、制柿酒者，有驱骡马服盐者，而皆以农耕为本业。"（余宝滋修、杨钺田等纂，民国八年石印本，第6卷，"生业"）

② 判定劳动力剩余程度的指标有两个，一个是公开失业率，一个是隐性失业率。在我国，城镇登记失业率以外还有大量的失业人口未能列入政府统计范围，农村的隐性失业状况尤为严重（即赵冈、黄宗智等人所谓"过密化"），其比率1995年估计高达35%。随着体制的变革和劳动生产率的提升，隐性的失业会逐步演变为公开的失业（不管其是否被列入政府统计范围）。详情可参见李文《中国新时期劳动力供求形势分析》，《中国经济时报》2006年6月23日。

③ 贵州省湄潭县1987年被确定为"全国农村土地制度改革试验区"，并以"增人不增地，减人不减地"的土地制度创新的"湄潭模式"闻名全国。1993年11月5日发布的《中共中央、国务院关于当前农业和农村经济发展的若干政策措施》肯定了这一经验，（转下页注）

有些家庭干脆就无地可种①)。于是，随着工业和服务业就业机会的增多，兼业户经营的农业会逐步成为副业。早在1988年，以出售粮食收入为家庭现金收入主要来源的农户就已经降到37.5%，比1984年下降12.1个百分点，有多达82.6%的农户在回答种粮目的时将"满足自家口粮需要"放在第一位，将完成国家定购任务放在第二位。越来越多的农户已不再把改善生计寄希望于种粮、卖粮，而是寄希望于非粮食生产或非农产业，因而粮食生产投入减少，物化劳动和活劳动更多地投入非粮食生产或非农产业。1988年，粮食生产在农户家庭生产各业中的地位下降，其中，粮食作物收入所占比重下降为29.2%，比1984年减少14.9个百分点；粮食作物生产费用所占比重下降为25.3%，比1984年减少8个百分点；粮食生产投工量所占比重下降为35.7%，比1984年减少10.7个百分点。以粮食生产为主业的被调查户由1984年的79.5%下降为1988年的62.9%，以非粮食生产为主业的农户其粮食生产不同程度地出现投入减少、经营粗放现象。②实际上，承包土地的面积大小、质量优劣同样会影响农户的务农意愿。

鉴于农户种粮积极性下降和兼业化发展倾向，自20世纪80年代中期开始，先是在山东平度、然后推及全国1/3以上的农村，因势利导，试行过一段时期的"两田制"，即将耕地分为口粮田和责任田：口粮田按家庭人口平均分配，人人有份，这部分耕地只负担农业税，其他收入归农民；责任田用来招标，能者经营，除了承担农业税外，还需缴纳承包费（提留统筹）。旨在保障农民吃饭用地的同时克服地块细碎问题、提高土地经营质量，逐步走向规模经营。但是后来，"两田制"被强制推行，许多地方不顾实际"一刀切"，违反了当地农民意愿，不利于农村基本经营制度的稳定，而且还催生腐败，1997年被中央叫停。于是，一些地方更倾向于采取"反租倒包"形式，集中农民不愿经营的土地，连片后再向社会招标。但这毕竟是少数。土地流转历来就是中央文件提倡和鼓励的，但只要农户不愿意彻底让渡手中的集体土地承包经营权，其兼业化经营的倾向就不会被遏止。

（接上页注③）提出为避免承包耕地的频繁变动，防止耕地经营规模不断被细分，提倡在承包期内实行"增人不增地，减人不减地"的办法。1995年9月下发的《国务院关于稳定和完善土地承包制的通知》重申了这一规定。2003年付诸实施的《农村土地承包法》，把这一政策以法律的形式固定下来，强调增人不增地，减人不减地，承包方以户为单位。

① 据估计，2004年前后这样的失地农民有4000多万，参见《农民日报》2004年3月10日。
② 国务院发展研究中心农村调查办公室：《1984~1988年粮食生产的微观探视——对155村1.3万农户粮食生产的调查》，《中国农村经济》1990年第3期。

农户兼业化现象到20世纪90年代以后有了进一步发展。全国第一次农业普查资料显示，1996年底，在全部农村住户中，农业户所占比重为90.47%，非农业户占9.53%。在全部农业户中纯农业户占62.81%，以农业为主兼营非农业的户占30.57%，以非农业为主兼营农业的户占6.62%。如果以农村生产经营户为100，那么纯农户为59.3，农业兼业户为18.2，非农业兼业户为12.8，非农业生产经营户为9.7（见表1）。相关调查表明，这一时期与80年代下半期一样，随着农业专业化程度的降低，农户播种意向和增产意向在纯农户、农业兼业户、非农业兼业户和非农业生产经营户中依次下降，而且农村劳动力文化程度越高，农业增产的意向越弱，离农倾向越强。[①] 关于进入21世纪以来的情况，2008年公布的全国第二次农业普查资料显示，2006年底，全国共有农业生产经营户20015.9万户，比1996年增加3.7%；在农业生产经营户中，以农业收入为主的户数占58.4%，比10年前减少7.2个百分点；住户中农业从业人员为34246.4万人，比10年前减少了19.4%。全国第二次农业普查的范围包括农村所有的住户，将农村非经营户包含在内，但将乡镇企业（特别是非农业性质的乡镇企业）排除在外（后者的情况已经反映在全国经济普查和工业普查当中），因此公布的农村住户中，农业生产经营户比重增加，非农业生产经营户比重下降；农业生产经营户中，纯农户比重增加，兼业农户比重下降。要是将乡镇企业通盘考虑，如前所述，农村住户中兼业户和非农户不断增加是不争的事实。

表1　全国农业普查农村住户生产经营形态（构成）

年份	农村住户	农业生产经营户			非农业生产经营户	非经营户
		纯农户	农业兼业户	非农业兼业户		
1996	100	59.3	18.2	12.8	9.7	
2006a	100	75.1	4.3	9.5	3.7	7.3
2006b	100	81.1	4.6	10.2	4.0	

资料来源：第一次、第二次全国农业普查公布数字。1996的数字是第一次全国农业普查公布的数字，2006a的数字是第二次全国农业普查公布的数字。由于两次农业普查的普查范围和统计口径不一致，2006b的数字对2006a的数字做了调整，即同1996的数字一样只计算农村生产经营户，不含非经营户；但是2006b的数字与1996的数字依然有不可比之处，因为第二次农业普查已经将乡镇企业（特别是非农业性质的乡镇企业）剔除出普查对象，而第一次农业普查统计的农村生产经营户中有乡镇企业的成分，特别是农村户办企业。

[①] 中央政研室、农业部农村固定观察点办公室：《从农村固定观察点看主要农产品生产意向——1995年主要农产品生产意向调查汇总分析》，《农业经济问题》1995年第8期。

近年来粮食价格持续上涨,农业税取消后农民的负担有所减轻,照理说农民的收入也会水涨船高。但是调查发现,由于人工和农业生产资料价格上涨更快,农民并未从粮食价格上涨中得到多少实惠,城乡之间的收入差距仍在拉大,① 因此农户兼业化发展的势头也并未逆转。农民收入保持连续增长的势头,最主要的是靠工资性收入的增长,也就是农民非农就业收入的增长。农民人均纯收入中工资性收入占的比重,1990年为20.22%,2000年为31.17%,2010年上升到41.07%。即便是在农户家庭经营纯收入中,传统的农、林、牧、渔业的比重也由1990年的87.9%,下降到2000年的76.4%和2010年的78.8%。② 人力资源和社会保障部披露,2010年农民外出务工月均收入达1690元,比2005年增长近一倍。③ 同期农民人均家庭经营纯收入只增长了50%多一点。④

湖南是产粮大省,水稻播种面积和总产量都居全国首位,占全国水稻总产量和播种面积的13%左右,大部分稻田都散布在洞庭湖滨和长江的众多支流两岸。2010年,尽管稻谷价格出现较大幅度的上涨,但是农民的收入并没有随之增长。岳阳市的一位乡党委书记介绍称,以种一亩双季水稻为例,正常年份,除掉种子、灌溉和肥料等成本,一年收入(包括人工收入)可达800~1000元,但是眼下种一亩双季稻的纯收入只有600元左右。虽然粮价涨了,但是农民并未从中获利,因为化肥、农药等生产资料价格上涨得更快。汨罗市三江乡金桥村的一位村民给前来调查的报社记者算了一笔细账,2010年,种一亩水稻双季收成大约在1300斤左右,全年收入在1400元左右。但是由于种子、肥料、农药以及收割费用等大幅涨价,种一亩水稻的成本大约要花费650元,纯收入只有700多元,如果再剔除人工成本,就剩不下多少了。由于种粮存在不确定性因素,而且收入低,因此村里稍微强壮一些的劳动力都出外打工去了,水田或者以低价包给了别人,或者干脆种单季水稻。同样的故事在全国各大产粮区演绎,在农业生产条件比较差的地区就更是如此了。

---

① 1980年以来的30年间,我国城镇居民人均可支配收入与农村居民人均纯收入之间的比值,从1980年的2.5倍上升到2010年的3.23倍,只有少数几年反复,绝大多数年份城乡收入差距在不断拉大。
② 《中国统计年鉴(2011)》,中国统计出版社,2011。
③ 《人民日报》2011年2月14日,第1版。
④ 《中国统计年鉴(2011)》,中国统计出版社,2011。

安徽是劳动力输出大省，在距离庐江县县城不远的一个丘陵地带，一位农民也给记者算了一笔账，种一亩地需要复合肥 100 斤，大约 150 元，种子每亩需要 60 元，水费和农药费每亩需要 200 元，有时候忙不过来需要雇人，这就要支付人工费，每亩地打田垄每天需要 140 元，收割每天需要 150 元，一般来讲一亩地需要 2 天的时间。不加自己的劳动成本，这样，一亩地还需要投入 990 多元。以平均亩产 800 斤水稻计算，目前的收购价是每斤 1~1.2 元，毛收入在 800~960 元。这样算下来一年的结果是种庄稼要倒补进去，赚不到钱。① 由于种粮不如打工，在一些城郊和灌溉较为困难的地区，甚至出现大片荒废的耕地。国土资源部的调查显示，近年来全国每年因农民撂荒、征而不用或自然因素荒废的耕地近 3000 万亩。湖南省农业厅的一位官员表示，湖南产粮最大的问题之一还是青壮年劳动力的流失。与外出打工两三千元一个月收入相比，在家种地的收入明显远远不及，不少青壮年劳力不愿意在家种地，田地荒废的现象时有发生。②

从国际上看，但凡人多地少的国家，伴随工业化、城市化的迅速推进，在比较利益、机会成本等相关约束条件没有质的变化的情形下，农户兼业化会愈演愈烈，成为一种普遍的现象。在人地关系与我国相仿的日本，1965 年兼业劳动力有 778 万人，占农业劳动力的 50%；1979 年有 849 万人，占农业劳动力的 68%；到 1999 年有 414 万人，占农业劳动力的 60%。③ 从农户经营形态看，在 20 世纪 40 年代前，兼业农户占总农户的比例大约在 30%；到 80 年代中期则在 80% 以上，其中，非农业兼业户发展突出，从 1941 年的 21.2% 上升到 1984 年的 71.1%。④ 20 世纪 60 年代日本曾经试图通过立法扶持专业农户、改变农业生产分散落后的局面，但是事与愿违，农户的经营规模并没有随着新政的出台发生多少变化，而农户的兼业化却更加普遍了。⑤

---

① 《土地撂荒："荒"了什么》，新华网，2012 年 4 月 6 日。
② 《极端天气致我国粮食减产粮价飞涨 农民未受惠》，《广州日报》2011 年 2 月 14 日。
③ 〔日〕速水佑次郎、神门善久：《农业经济论》，中国农业出版社，2003。
④ 金茂霞、赵肖燕：《对日本农业劳动力结构变化的分析思考》，《现代日本经济》1997 年第 4 期。
⑤ 欧世健：《战后日本农民兼业化的形成及其原因初探》，《广西社会科学》1998 年第 4 期。

二 农户兼业化发展的一般趋势和原因所在

传统观点认为，农户兼业化阻碍了农田适度规模经营，不利于农业的现代化。经济学界（包括日本的速水佑次郎、神门善久，以及国内不少经济学家）许多人都持有这一看法。笔者认为，一个事物如果有长久甚至愈来愈强的生命力，它的正面效用就肯定大于其负面效应。我们不能孤立地考察单个的劳动力，也不能仅仅就农业谈农业，要从总体上把握农村劳动力在各产业、各行业之间的流动和劳动力个体在农户家庭生产经营活动中的有机配置，兼业经营或许在改善农户家庭内部劳动力使用效率进而改善农户整体劳动生产率方面有其独特的效用。就农业本身来说，兼业经营缓解了人地矛盾，并且有助于农业新技术的推广和使用，有助于农户分散经营风险，尽管对非农业兼业户来说农业（农田耕作）也可能会成为牺牲品。对决策者来说，文章要做在如何通过制度设计让这些"事实上的非农家"心甘情愿地把自己手里的土地转让给愿意经营农业的农户，从而实现彻底的身份转换。从这一点来看，兼业经营与专业化经营并不矛盾。日本的例子还能说明一点，那就是在土地私有的情况下可能会比土地公有的情况下土地的流转率更低。

现在，我们来进一步分析农民为什么会选择兼业而不是离开土地。

如前所述，我们最好是将农户作为一个整体而不是孤立地观察单个的农村劳动力。在农户家庭（即便老人和儿女分开过也一样）可能已经形成一个相对稳定的劳动力分工体系，如果占有的土地足够多而且外出就业的机会少，整个家庭的劳动力（甚至包括辅助劳动力）就都会投入农业生产；如果是专业粮食生产大户，农忙时甚至还会从家庭外雇工。但是，这样的事例在我国并不占多数，对多数农户来说，由于占有土地面积不大，人均也就1.38亩，平日里的农活有老人和妇女照料就够了，那么家里的青壮年劳动力就可以考虑外出打工，或者跑运输，或者做小商小贩，为家里赚取一些货币收入。起初这些非农活动是间歇性的，农闲时出去，农忙时回来；后来由于在外边找到了比较合适的就业岗位，这些青壮年劳动力就成了农民工，[①] 农忙

[①] "农民工"这个称谓是我国独创的，很特殊，社会上对其讨论颇多。在我国，与非农业人口不同，农业人口的居民从出生那天起就"自动"获取了"农民"的身份（不论其是否从事农业工作）；农民在城市或企业从事非农业工作，就成了"农民工"。正面的理解，"农民工"是保留着农村户口的工人阶级（或者阶层）。

时也不回来了，此时家里的土地或者全凭老人、妇女甚至儿童照料，实在不行就雇人帮忙，或者就临时转给他人耕种，个别的一时转不出去的土地就有抛荒的可能。相关调查资料显示，① 在外出务工农民对承包土地的处置方式中，自家其他人耕种的占63.86%，转租给亲友耕种的占20.98%，废弃抛荒的占8.03%，其他及退耕还林还草的占7.13%——但是，你要是让农民工完全放弃自己承包的土地，问题就不是那么简单了。

首先，是否放弃承包地往往不是外出就业的劳动者个人说了算的，需要农户全家一起做出决定。农户家庭承包土地的数量和质量、劳动力数量、家庭成员的年龄结构（包括学龄儿童数量及其所处受教育阶段）、户主的年龄和受教育程度，以及土地承包方的干预程度，都是影响农户家庭作为基本经济单位做出相关决策的重要因素。

以家庭为单位考察农户的决策行为，是社会学和社会史独特的视角。早在70多年前，费孝通先生在其著名的博士论文《江村经济——中国农民的生活》中就精辟地指出："农村中的基本社会群体就是家，一个扩大的家庭。这个群体的成员占有共同的财产，有共同的收支预算，他们通过劳动的分工过着共同的生活。""家，强调了父母和子女之间的相互依存。它给那些丧失劳动能力的老年人以生活的保障。它也有利于保证社会的延续和家庭成员之间的合作。"由于土地是农户的"命根子"，所以，在农户家庭中，"处理土地的权利掌握在家长手中。但在日常管理中，例如决定播种的作物、播种日期等，家长，特别若是女人的话，不行使权利，而把决定留给一个技术熟练的人来做。但出售或出租土地的事，除家长外，没有别人能作决定。实际上他的行动可能受其他成员所驱使或者是根据其他成员的建议来做出决定，但责任由他自己来负"。"在生产技术不改变的情况下，土地所需要的劳力总量一般来说是不变的。一个年轻人的加入便意味着生产队伍里要淘汰一个老人。"② 反过来说，一个年轻人的离开便意味着农业生产队伍里要留下一个老人（或者妇女）。一般情况下，只要家里

---

① 王春兰：《我国农民工城市生活状况的社会调查》，百度文库，http://wenku.baidu.com/view/fa0b7bd076eeaeaad1f330fc.html。这几年，我们搞低保直补，农民种田不交粮、不纳税，而且还有钱赚，这样很多农户把转包出去的土地又拿回来，拿那份补贴，这也是个问题。

② 以上引自费孝通《江村经济——中国农民的生活》，商务印书馆，2001，第41、第42、第50、第67页。

有老人或者妇儿留守，并且其健康状况允许，外出就业的劳动者是不会放弃土地的。还要注意，"中国的家是一个事业组织，家的大小是依着事业的大小而决定。如果事业小，夫妇两人的合作已够应付，这个家也可以小得等于家庭；如果事业大，超过了夫妇两人所能担负时，兄弟伯叔全可以集合在一个大家里。这说明了我们乡土社会中家的大小变异可以很甚"。①在本文论及的场合，除了上述农户家庭以及"扩大了的家庭"以外，农户邻里间的互助合作也是我们惯常见到的。

其次，农民工外出就业不稳定。上年在东莞，今年就可能在成都，君不见时下东部沿海屡屡闹民工荒，流出地开始与流入地争抢农民工，农民工总是愿意就近流向收入比较高的地方。何况，农民工也并不总是那么吃香，前几年受全球性经济危机的冲击，就有成千上万的农民工失去工作被迫回到家乡，幸亏他们家里还有一小块土地。据湖南省有关方面统计，截至 2008 年底，全省外出务工农民达 1208 万人，其中跨省务工的达 900 万人，2008 年全省创造的劳务收入达 950 亿元。受金融危机影响，有三成农民工返乡，人数在 280 万～300 万。2009 年春节过后，许多农民工重新踏上了外出打工之路，但也有人选择了留在家乡，重新开垦土地。② 全国的情况，华中师范大学中国农村问题研究中心"中国百村观察"项目组织并资助的一项针对"六省十村"的调查表明，2008 年下半年以来，随着国内外经济形势的变化，我国农民工流动出现异动状况，返乡农民工问题日益突出。截至 2009 年上半年，农民工打工率为 26.7%，返乡率为 72.5%，留乡率为 13.4%。据此测算，全国农民工年内返乡人数约为 10875 万人，留乡人数约为 2010 万人。从返乡原因上看，农民工年内返乡的最主要原因是回家过年，其比例高达 77.8%。由于经济不景气（包括失业和工厂效益不好）而选择返乡的比例为 9.1%。据此测算，全国由于经济不景气而选择返乡的打工人员约为 989.6 万人。可见，那个时期经济形势的变化对农民工是否返乡决策产生了较大的影响。留乡农民工的基本去向与打算大致分为计划再打工、另谋新职、自主创业、留乡务农、照顾家庭、休息养病、暂无事做七种，分别占留乡人员总数的 29.9%、14.6%、5.6%、22.9%、7.6%、9.0%、10.4%。失业与家庭因素是农民工留乡

---

① 费孝通：《乡土中国》，北京出版社，2004，第 67～68 页。
② 《返乡农民工重拾土地梦》，《长沙晚报》2009 年 7 月 17 日。

的两大主要原因，分别占留乡总人数的33.7%和33.1%。①

事实上，不稳定、不固定是农民工外出就业的常态。农民工外出谋生，极少借助政府部门和劳务中介，绝大多数是依靠自身的努力和亲缘、地缘关系的帮助，也很少签订劳动合同。而且，他们大都受教育程度较低，很少能接受到正规的技能培训，主要从事以体力劳动为主的制造业、建筑业和服务业，尤其是建筑业，工程一结束就得另谋工作。国家统计局的监测报告显示，2011年，在外出农民工中，初次外出的平均年龄为26.7岁。从事现职的平均时间为2.7年，从事现职累计不满1年的占22.7%，1~2年的占43.1%，3~5年的占20.9%，5年以上的占13.3%。②

最后，由于城乡二元结构事实上仍未打破，农民工的工人身份多半是阶段性的，外出打工的年头或长或短，最终相当数量还是要回到家乡的，尤其是那些文化程度较低、年龄较大且熟悉农事耕作的农民工。③ 那些不是举家外出的农民尤其如此。即便是那些为数较少的在城镇有了稳定职业、住所并且可以将户口落在工作所在城镇的农民工（以青壮年为主，长期疏于农事），包括那些"村改居"或"城中村"的村民，也多半宁可不要城镇户口也不愿放弃家乡的土地。除非农民放弃土地能够获得应有的补偿，并且获得城镇户口后能够享受与城镇居民同等的福利待遇和公共服务，并且他们能够适应新的生活方式和生活环境。

在我国，城市化已是大势所趋，2011年人口城镇化率达到51.27%，城市人口历史性地超过农村人口，第一产业从业人员占比也下降到38.1%，"十亿人口，八亿农民"的局面早已不复存在。未来30年，还将有3亿多农村人口进入城镇。2011年流动人口已达2.3亿人，这当中绝大多数是来自农村的剩余劳动力。问题是，这两亿多流动人口中，七成以上保留着农村户口，④ 属于"被城市化"⑤人口。这部分农民如果失

---

① 黄振华：《农民工返乡和留乡的基本态势与特征分析——基于全国六省十村数据的实证研究》，《财经问题研究》2009年第7期。
② 国家统计局：《2011年我国农民工调查监测报告》，《人民日报》2012年4月28日。
③ 已婚、年纪较大的农民工更倾向于就近就地转移，大龄农民工不仅外出缺少竞争力，而且需要照顾家庭，这使他们的外出积极性减弱。
④ 2010年的动态监测显示，当年流动人口总量为2.21亿人，没有城市户籍的农民工高达1.6亿人，占比约72%。参见《光明日报》2011年3月1日。
⑤ 也有人称之为"半城市化"或"伪城市化"。按现行人口统计方法，流动人口在城镇居住半年以上即统计为城市人口。

去家乡的土地就会处于非常尴尬的境地：一方面是土地已经归属他人或被征用，失去了赖以生存生活的生产资料；另一方面是成为所谓"城市人"后，在社会保障、就业、孩子入学等待遇上又没有享受到真正的市民待遇。① 一些农民将土地出让费花完后极有可能陷入生存困境。

以上三个方面，是根据大量的调查材料和笔者的实地走访就农户兼业化发展的原因做出的几点分析，实际情况可能远比上述分析复杂得多。有学者列举了日本自 20 世纪 50 年代以来农户兼业化迅猛发展的几条主要原因：①个体所有的小农经济，经营规模的狭小，是形成农民兼业化的前提；②农业机械化水平的不断提高，使农民有了越来越多的剩余劳动力；③工业化、城市化的飞速发展，为农村剩余劳动力到农外就业创造了大量的工作岗位；④土地是农民赖以生存的根本，以农为本的思想根深蒂固；⑤农民从事兼业多以出卖体力为主，职业及收入不稳定，劳动制度不健全；⑥随着经济的发展和城市的不断扩大，农地被大量征用，地价不断上涨；⑦工厂、企业不断向农村扩散，农村迅速城市化，农民可就近找到工作。前三个原因促使农民外出兼业，后四个原因说明农民虽从事非农活动，但仍不完全脱离农业，而走工农兼顾的兼业化道路。因此，日本农民的兼业化经营越来越普遍，尤其是二兼农户在兼业户中占绝对优势。② 这与我国的情况何其相似！我国农户兼业化在各地区发展不平衡的现实也同样印证了日本的情况。1996 年、2006 年两次农业普查的数据都表明，农村生产经营户中，东部地区的非农业生产经营户比重最高；中部地区因靠近东部，兼业农户比重最高，而且越是靠近东部非农业兼业户的比重越高；西部地区的纯农户比重最高。从趋势上看，日本农业经营朝着农户向"事实上的非农家"（非农业兼业户）和"企业型农家"（专业化的大农户）两个方向分化，我国也

---

① 一项调查资料显示，外出务工农民认为自己是农村人的占 44.44%，认为既不是农村人也不是城里人的占 18.22%，认为自己是城里人的只占 14.31%，经常有被城里人歧视的感觉者占 11.41%。参见王春兰《我国农民工城市生活状况的社会调查》，百度文库，http://wenku.baidu.com/view/a0b7bd076eeaeaad1f330fc.html。有记者问一位农民工："在上海打工这么多年，没想过在那儿安家立业？""你这不是开玩笑嘛，太不现实了，想都没想过。"农民工说，"大城市不属于我们这些乡下人，城里的房价就能吓死人。在外干活没保障，劳务合同、工伤保险、医疗保险、失业保险等一概没有，可每当企业效益滑坡，就立即让你走人，没什么感情可说。"（见《人民日报》2011 年 2 月 17 日）

② 梅建明、何新民：《日本农户兼业经营对农地经营规模的影响及启示》，《湖北社会科学》2003 年第 7 期。

不会例外。但是在城市化完成、农业劳动生产率达到全社会平均劳动生产率以前,农村青壮年劳动力大量转移导致的农户家庭的空巢化、农村的空心化、农业劳动力的低质化和土地撂荒等也是不容忽视的问题。

三 简短的结论

从国内外比较来看,农户兼业化是农业生产力提高和比较效益下降双重作用的结果,也是全社会商品经济发展的必然结果。农户获得择业自由和非农业具备了劳动力需求是其兼业化发展的基本前提。我国农户兼业化自改革开放以来快速发展,从农户家庭经营纯收入构成上看,① 第一产业的比重持续下降,第二、第三产业纯收入的比重不断上升,到21世纪,在农村居民收入的主要来源上非农收入与农业收入已平分秋色,甚至已经超过了农业收入,显示现阶段农户的兼业化经营已经到了一个相当的水平。

兼业化是在工业化过程中耕地资源稀缺的国家农业发展的共同现象,我国显然也不例外。总体上看,农户兼业经营对农业生产有正面效应,也有负面效应,其对全社会资源配置的优化、效率的提升和商品经济发展的促进作用是突出的。从趋势上看,农户兼业经营是一过渡形态,在城市化的后期,在农业产业化发展和农业保护政策力度加大的双重作用下,农业经营的吸引力会再次提升,一部分小规模兼业农户可发展成为专业农户或者专业大农户,大部分小规模兼业农户将由第一种兼业转为第二种兼业,进而成为完全的非农就业者。

显然易见的是,将大部分兼业化经营的农村劳动力释放出来,让他们彻底离开土地,有助于提升农业生产的规模和比较效益——但是这同样需要条件,需要将承包地多方面的功能剥离后让农户获得足够的补偿。在像中国这样一个发展中大国,这将是一段异常艰难的历程。问题不在于如何推进农村土地使用权的流转,而在于如何在工业化、城市化和农业现代化的进程中统筹做好"农民工"这篇大文章。

---

① 详情可以参见《中国农村住户调查年鉴(2002)》,中国统计出版社,2002。

过渡中的东欧农业改革及对中国的启示*

刁 莉　Sapekova Aigerim **

摘要：本文系统介绍了在经济过渡时期 1992~2001 年期间东欧的农业改革政策，包括土地私有化、农业生产组织、管理体系的变化，并对过渡时期东欧各国农业改革制度的实施及出现的主要问题进行了探讨，指出虽然在很短时间内，转型使社会中基本的制度安排得到了根本的改造，但是，非正式的规则如习惯和传统不可能在短期内改变，还存在一些利益集团的抵制。因此建立适当的制度应当是成功实现转轨的先决条件，仅仅模仿西方发达国家的制度是不够的，需要根据转轨国家的国情进行制度创新，需要充分认识在经济转轨的框架中市场调节的局限性，重新界定经济转轨中国家的职能。

关键词：过渡　东欧　农业改革

一　60 年代东欧的农业改革

东欧国家从 20 世纪 60 年代起相继进行了农业管理体制的改革，其主要原因是：东欧国有国民经济发展的战略始终是按"重、轻、农"的顺序，遵循以工业化为主的指导思想，农业长期得不到应有的重视，有些国家的工业化甚至以牺牲农业为代价，造成农业发展长期滞后。[①] 特别是东

---

* 本文受武汉大学哲学社会科学优势和特色学术领域建设计划"后危机时代世界经济格局变动对中国的机遇和挑战"课题资助。

** 刁莉，武汉大学经济与管理学院副教授，研究方向为世界经济史、中国经济史和世界经济；Sapekova Aigerim（陈琳，哈萨克斯坦籍），武汉大学经济与管理学院世界经济专业研究生。

① 乔木森《对苏联农业合作化道路的再认识》，中国社会科学院《苏联东欧问题专题资料》1989 年第 1 期。

欧各国家的经济模式一直是中央集权式的，农业管理体制也不例外，同样是以集权式的行政隶属关系为基础，整个农业的生产过程都是由国家以行政手段实行统一计划和严格控制，这样，农业经济组织和农民的生产积极性受到严重限制和损害。东欧国家这个时期的改革，就是在这种背景下进行的。

60年代以来的农业管理体制改革，各国都相应压缩、减少了国家下达给农业基层组织的指令性计划指标。其中，南斯拉夫和匈牙利是最先取消指令性计划指标的东欧国家，其指标多涉及农产品的商品量和经济效益方面，国家对农业的管理开始从直接干预向间接干预过渡。例如，改革农产品的价格制度，提高农产品收购价格，降低农用工业品的价格；实行价格补贴，以保持食品价格的平稳；使国营农场成为自负盈亏的经济实体、集体所有制的合作社拥有经营自主权；对自留经济（自留地、自留畜及副业）和个体经济实行鼓励发展的方针政策。东欧国家除阿尔巴尼亚外，一直都存在着不同规模的自留经济和个体经济。东欧国家在明确了个体经济和自留经济是公有制经济的重要补充之后，采取了鼓励个体经济和自留经济发展的政策，放宽了限制，并在贷款、价格、税收和物资供应等方面与公有制农业经济组织一视同仁。同时加强国营农场和合作社与个体经济的各种协作和联系。这种情况说明东欧国家普遍改变了试图消灭个体经济以及急于向单一的公有制过渡的指导思想。就连一直坚持排斥个体经济和自留经济的阿尔巴尼亚，也在80年代末决定放宽自留经济，归还自留地和自留畜。

20世纪60年代东欧各国农业管理体制的改革，对各国农业的发展起到了一定的推动作用。70年代末到80年代初，大多数东欧国家的农业虽然发展和增长速度远不及工业，但有了较大的改善，农民生活水平有了较大提高；特别是大城市近郊区的农民，他们的实际生活水平、住房条件等高于城镇一般居民。这也充分说明并反映出当时东欧国家的农业发展状况良好。

但是，东欧国家的农业始终是国民经济中薄弱和落后的部门，始终是"被遗忘的角落"，农业发展的滞后和对国民经济发展的制约一直存在。与西方国家相比主要表现在农业生产增长缓慢，或停滞，或下滑，农产品和畜产品供应不足；工业产品和农业产品价格的剪刀差大；农业的投入和补贴很少；农产品出口增加（如罗马尼亚为归还外债，大量出口农产品而要求全民"勒紧腰带";保加利亚、匈牙利等国一直是苏联农产品和食品的主要供货国……);农业的设施和技术水平落后,大多处于粗放式生产状态;等等。

1989年东欧各国相继发生剧变以后,各国农业又发生了很大的变化,又一次经历了曲折的道路。

二 剧变后的农业体制转轨

剧变后初期,东欧国家都处于政局动荡、经济混乱、体制真空、政策多变、人心不定的状况中。在经济上,东欧各国虽然提出了向市场经济过渡的目标,但如何过渡,应当采取哪些切实可行的方针政策,都还是纸上谈兵,而农业更是被抛在了一边,造成的直接后果是:农业减产、抛荒;粮食和畜产品的供应不仅短缺,而且混乱;城镇居民为购买面包、肉食品而排起的长龙比过去更加严重。东欧国家的新当权者对此几乎束手无策。一些东欧国家采取提高食品价格的办法来解决短缺问题,虽说东欧国家的食品价格的确低得难以置信,但是食品价格的提高必然引起居民的不满。应当说,促进农业生产的发展,提高农产品的有效供应是解决短缺的关键,但是,由于受到转轨初期国民生产总值下降、通货膨胀等的限制,东欧国家新的当政者对此拿不出有效的办法。

随着东欧各国向市场经济过渡和对整个经济体制转轨的逐渐深入,经济的稳定和自由化为农业管理体制的转轨提供了独特的制度环境,使农业私有化和市场化。首先是土地的私有化:改变土地所有制,然后对合作社和国营农场进行私有化改造。与此同时,农业管理体制也发生了根本性的转变。

(一) 土地私有化

尽管东欧各国在转轨过程中进行了不同形式的调整,但从东欧土地私有化的状况来看,仍可概括出两种农业改革的模式:一种是以俄罗斯为首的独联体国家(包括白俄罗斯、乌克兰、阿塞拜疆、哈萨克斯坦、吉尔吉斯斯坦、摩尔多瓦以及塔吉克斯坦等原属于苏联的国家)土地私有化改革模式,另一种是以匈牙利为首的中东欧国家(包括捷克、斯洛伐克、波兰、罗马尼亚等)土地私有化模式。但波罗的海沿岸国家爱沙尼亚、拉脱维亚、立陶宛,由于文化上更趋同于中东欧国家,所以其农业改革模式不属于独联体模式，而属于中东欧模式。而阿尔巴尼亚转轨后作为中东欧最贫穷的国家之一，不属于中东欧模式，农业转轨在形式上更趋近于独联体模式。

1. 独联体模式

独联体模式主要受苏联土地私有化所涉及的立法事务的影响而与中东欧模式有所不同。在苏联，自1917年以来，国家一直是土地的唯一合法所有者，通过赋予使用权的方式将土地分配给生产者，自从20世纪30年代开始，形成的几乎都是大规模的农场。而在中东欧，土地从来没有完全被国有化（阿尔巴尼亚除外），20世纪50年代加入苏联模式的合作社的农民仍然保留着对已实行集体耕作的土地的所有权。因此，中东欧的土地私有化主要是将集体的土地转移到个人手中，而在独联体各国，国家则必须首先放弃对土地的所有权。通常的做法是，先使土地由国家所有变为集体所有，而不需要确定最终的个人所有者，采取"将土地分给耕作者的战略"，将土地分配给农业工人，以发给个人产权证（土地份额）为开始，最终对土地份额所有者实现不同土地的配置，具体特点如下。

第一，将集体农庄和国营农场的土地分成不同份额，大部分无偿转给公民所有，建立起农户（农场）经济。一般来说，集体农庄的土地按本农庄的人口（而不是按家庭）平均分配，在俄罗斯每个农业工人可以分得5~7公顷土地。所谓"份地"，就是将土地份额明确到人，但农民只持有土地份额，给农民一个证书，上有姓名、工作单位、土地份额、土地大致范围（本农场内）等。"份地"只相当于拥有土地股份，如果农民要获得土地经营权，还需要经过一定的程序确认。

第二，允许将土地分配给非农业雇用的农村人口，包括教师、医生和有资格获得土地的农村服务业人员。土地也可以作为一种福利由转轨前就拥有大量农业用地的机关单位、学校医院等企事业单位分配给干部职工。这就使大量的城市居民通过一定的程序，在城市郊区或农村腹地拥有了土地和别墅，从而形成了独特的"居民经济"现象（一到节假日，城市居民大量出城到别墅经营农地和度假，以至节假日期间城市冷落）。由于可以在有限的土地上耕作、收获一些基本的农作物（主要是土豆），"居民经济"现象在一定程度上缓解了转轨期间食品价格上涨、供应不足的危机，甚至还保障了少数贫穷居民的"基本生存"问题。在俄罗斯、乌克兰和摩尔多瓦，私人占有土地的规模被限制在50~100公顷内。白俄罗斯和哈萨克斯坦的私人拥有家庭自用土地不得超过1公顷（额外的用作商业性耕作的土地可以从国家租赁）。"居民经济"现象使转轨期间也形成了独特的"农村社区"，独联体国家承认农村社区与当地农场企业之间的紧密联系，它们的功能比纯商业实体的功能要广泛得多，包含着大量的社会活动。

但是，独联体国家对于土地的买卖一直采取不同程度的抵制态度。土地私人所有的概念在中东欧国家已被普遍接受，但是在独联体国家，这仍然是一个政治家和公众争论的话题，并不是所有的国家都认同私人土地所有权，即使在俄罗斯，联邦法律承认土地私人所有，但反对和抵制土地买卖的仍有极大势力，以至于新的土地买卖法典长期不能通过。

下面以俄罗斯为例，来看一下其具体的农业改革过程。1991年农业总产值下降5%，1992年8%，1993年10%，1994年8%，1995年12%。1996年农产品比上年减少7.5%，畜产品减少11%。1991~1995年谷物生产为年平均负增长11.10%。由于农业生产连续下降，农业在经济中的作用也不断降低。1990年，农业在俄罗斯国内总产值中占16.5%，1993年降至9.9%，1994年进一步降至6.3%。上述事实充分说明俄罗斯的农业改革实际上没有取得预期的效果。

1992~1997年俄罗斯农业企业的财务情况如表1所示。

表1 1992~1997年俄罗斯农业企业的财务情况

年份 指标	1992	1993	1994	1995	1996	1997
农业企业总数（万）	2.68	2.69	2.69	2.69	2.69	2.70
亏损企业数（万）	0.13	0.26	1.59	1.54	2.13	2.20
亏损企业占总数的百分比	5	10	59	57	79	82
纯效益（盈利或亏损）（改值前亿卢布）	5670	3162	-2580	14500	232340	-306000
总收入（改值前亿卢布）	10430	72730	112060	237010	102110	43360
预算补贴和补偿总额（改值前亿卢布）	—	—	—	73340	87370	91080
各种活动的盈利（亏损）率	68	49	-1.1	23	-20.5	-23.9
农产品的盈利（亏损）率	89	60	1.3	6.4	-16.8	-20.3
种植业产品（万吨）	211	144	54	45	22	12
畜牧业产品（万吨）	42	32	-12	-7	-32	-35

资料来源：〔俄〕《1992~1997年俄罗斯农业的发展状况和趋势》，《农工综合体》1998年第2期。

2001年7月14日俄罗斯下议院杜马在对政府提出的土地自由买卖法案进行了第二次审议后,以253对152票首次通过了该法案,[①] 对俄罗斯而言,这个具有历史意义的决定,打破了长久以来禁止土地自由交易的禁令。不过,法案受到以俄罗斯共产党为首的社会各方势力的阻挠,长期不能得到实施。其他10个少数民族共和国仍然在其国内行使各自的宪法主权,保留对农业土地的完全国家所有。

2. 中东欧模式

中东欧各国的土地私有化主要采取了物归原主和对过去的土地所有者给予补偿的政策,简称"退赔"。土地私有化包括三个方面的内容:一是东欧国家解放时进行首次土地改革剥夺和没收地主、庄园主、富农以及教会等的土地,按照重新私有化和补偿法的规定应退还原土地所有者。二是在农业集体化过程中或由于其他原因剥夺、无偿或有偿征用的土地,应退还原土地所有者。

除此之外,还有一种是政府机构集体收购然后公开出售或租赁土地,这是波兰采用的比较独特的形式。波兰由于20世纪50年代就已停止了集体化,农村"重新私有化"问题微乎其微。剧变后,波兰开始对国有农场实行私有化,但是国有农场私有化由于债务问题遇到了困难,政府于是将国有农场转交给农业财产署管理,农业财产署的任务是出售或租赁国有农场土地,并以其收入偿还债务。

在中东欧各国,解决"退赔"问题都极其复杂。在多数中东欧国家,原土地主人等早已不在人世,其子孙虽有继承权,但这些后代多数已不在农村从事农业生产;另外一方面,经过土地改革、集体化等运动,以及农村建设等,原地界早已不见,土地变迁很大,要确定归还的土地十分困难。再加上广大农民对此意见极大,土地的归还工作难以顺利进行。如捷克和斯洛伐克根据法律规定将土地归还原主,而实际上原来土地主人的第二代和第三代都是在农业集体化以后出生或成长起来的。他们已习惯农业合作社的生活,而不愿回到个体经营单干的道路上去。他们当中有更多的人已经离开农村,到城镇生活和工作,不愿再回到农村从事农业个体经营。

鉴于上述情况,一些东欧国家如捷克和斯洛伐克、保加利亚、罗马尼

---

① 世界银行研究报告:《必须继续进行深刻的改革》,《匈牙利新闻报》1995年9月25日。

亚、匈牙利等都相继制定了《补偿法》，规定可以用土地和现金向原土地所有者进行补偿。由于原土地所有者的土地有相当大的一部分被国营农场和农业合作社占用，现在要退归原主，遭到国营农场和农业合作社的强烈反对。他们特别担心原土地所有者要求索回最好的土地和地段，从而严重影响农业生产。为此，匈牙利的《补偿法》规定，可以采取以"财产债券"补偿的方式代替原来的土地补偿。原土地所有者也可以用此财产债券换取（将要进行私有化的）其他土地，以减少对国营农场和农业合作社农业生产的破坏。此外，凡要求赔偿的原土地所有者须向国有补偿和赔偿局提出申请，该机构在 6 个月内做出决定，凡同意继续从事农业生产 5 年的原土地所有者可获得 100% 的赔偿，原土地所有者获得的"财产债券"最高金额为 20 万福林（当时约合 0.23 万美元），还可获得价值 80 万福林（当时约合 1 万美元）的农业生产补助金；凡不愿继续在农村从事农业生产的原土地所有者可获得最高额"财产债券"（20 万福林）再加上额外 500 万福林的赔偿，[①] 在财产赔偿局同意进行赔偿后，所有申请赔偿者一起参加为特别划定土地的拍卖，出价最高者可中标，以其财产债券和额外赔偿费进行结算，从而获得土地。匈牙利的"退赔"战略与其他中东欧国家相比，给予了退赔受益者更多的自由选择权，成为第一个成功完成退赔过程的东欧国家。

但是"土地归还原主"政策还涉及一系列难题，如原土地所有者的资格确定十分困难，因原有的土地地契大多遗失，原土地所有者为取证颇费周折；而塞尔维亚规定，原土地所有者在申请归还土地时须提供原土地证、没收时的决定或判决书等原始证明等。第一次土地改革至今已 40 多年，其间又经过集体化和合作社运动，原地界早已变迁，模糊不清，为实施土地补偿需要花费大量人力和资金，给各国政府增加了财政负担。据保加利亚官方称，实施土地私有化需要的资金高达 7 亿~8 亿美元。匈牙利在 1991 年和 1992 年为实施土地补偿和组织拍卖已经由财政支出了 20 多亿福林，1993 年又拨款高达十几亿福林。[②] 在"土地归还原主"的补偿法实施过程中遇到的所有行政、技术、资金等方面的问题，都十分棘手，进展

[①] Jan Adam, "The Transition to a Market Economic in Hungary", *Europe – Asia Studies* (6), 1995.
[②] 格泽戈尔兹·科勒德克：《从休克到治疗：后社会主义转轨的政治经济》，上海远东出版社，2000。

缓慢，匈牙利在颁布《补偿法》后就有86万人提出申请补偿，但必须由财产补偿和赔偿局逐个审查及批准，仅审批手续就需要2~3年才能完成，而且这仅仅是实现赔偿的第一步。补偿法的实施直接影响了中东欧农业生产活动的正常运转。

（二）农业生产组织的变化

剧变前东欧国家的农业生产组织主要是农业合作社和国营农场，剧变后其经营方式和组织性质都发生了变化。

1. **农业合作社的私有化**

东欧农业合作社的私有化，主要出现了以下几种情况。

第一种情况是，农业合作社被宣布解散，经营者变为家庭农场和农业公司。

退赔土地使农民实行个体经营，有经济实力的个体农户逐渐发展成为家庭农场。但有些农户，由于缺少资金、劳动力和农机，在自愿的基础上组成各种生产协作形式的合作经营组织，有的被称为农民协作社。在此基础上再组成公司，经营方式有股份公司、有限责任公司和合伙制等，自由选择决定。这类农业公司根据市场的需求独立自主经营。[①] 罗马尼亚是这种情况的典型代表。

第二种情况是，原农业合作社在法律上宣布其土地和财产私有化，合作社内部实际上并未解散，由国家出面将原合作社的国有资产进行分配或重组，以方便私有化的进行。

捷克和斯洛伐克的农业合作社实行股份制，合作社社员将其拥有的土地变为入社股份，按股分红。无土地的社员则从入社时计算工龄，按劳动力入股分红。原统一农业合作社的其他国有财产也成为新的合作社成员的财产。由于对原统一农业合作社的除土地外的其他国有财产归属问题争议较多，捷克和斯洛伐克决定由国家出面出售或出租这些财产，以此方式实行私有化，解决农业集体化和合作化后统一农业合作社所增值的财产产权。

[①] Macours K. and Swinnen. J. F. M., "Causes of Output Decline in Economic Transition: the Case of Central and Eastern European Agriculture", Policy Research Group Working Paper No.11, 1997, Department of Agriculture Economics, Katholieke Universities Leuven.

匈牙利采取的农业政策不是摧垮或解散农业合作社，而是试图在合作社所有制关系、组织形式、经营方式等方面进行改造，以满足农民的意愿并适应向市场经济过渡的需要。1992 先后出台了《合作社法》和《关于执行〈合作社法〉的暂行规定》。根据这两项法律规定，对合作社的土地和财产产权进行了重组。土地的分配情况是：在农业生产合作社所使用的全部农用土地（包括耕地、果园、草场和森林）中，属于国家所有的土地占 3.2%，属于入社时带地社员（包括退休社员）和社外土地继承者所有的土地占 36.3%，用于执行补偿法即须退还土地原所有者的占 35.2%，产权归属不清、暂时属于合作社集体所有的土地占 25.3%。财产的分配情况是：合作社的建筑物、牲畜、农机和设施等财产，先折价后再分配，分配时参考入社时带进的财产多少、入社时间长短等条件。在职社员和退休社员各分得 40%，其他继承者分得 20%。分配的结果表明，合作社 60% 的财产落入不直接从事农业生产的人员手中，这引起了合作社社员的严重不满。而暂时属于合作社集体所有的 142 万公顷土地，将按社员人均 1.5 公顷、职工人均 1 公顷的标准在无地社员和职工中无偿分配。法律还规定，农业生产合作社所欠的债务和贷款也要按人头分摊；获得的土地必须连续 5 年内用于农业生产，否则国家将予以没收。匈牙利政府 2000 年 11 月颁发了禁止玉米出口的禁令，因为 2000 年单产低于预期。后来使用配额制代替了禁令。由于匈牙利农业部对 2001 年的谷物收获持乐观态度，匈牙利农业部增加另外 10 万吨饲料玉米出口配额，这使得该国玉米允许出口总量达到 35 万吨。

另外，有的东欧国家农业合作社的私有化存在一些其他的状况，如俄罗斯曾规定：要将农业合作社改组为合股公司，把农业合作社的财产分割为若干股，并按工作年限给每个工人分发股份，年底根据盈利情况分红，但后来把彻底改组的方针改为可以让经营好的农业合作社公司继续存在，个体农户经济与农业公司并存、自由发展。

保加利亚合作社私有化的进展缓慢，除明确土地和财产的产权归属外，要解散合作社的主张遇到了很大阻力。保加利亚大部分合作社社员都反对解散合作社、回到个体劳动的道路上。

其他东欧国家，如波兰和前南斯拉夫国家，那里的农业合作社本来就很少，没有出现重大的变化，仍保持着个体农户为主，兼有各种形式的协作、合作经营的农业组织形式。

2. 国营农场的私有化

东欧剧变后,国营农场与国有工业企业一样,面临着私有化的问题。国营农场私有化的问题比农业合作社的私有化要简单得多,因为国营农场所拥有的土地和财产只属于国家。最初,一些东欧国家的新当政者主张取消国营农场,将土地和财产分给新的私人农户。这种主张因遭到强烈反对而未实施。由于国有农业单位的技术和机械化水平较高,劳动生产率及单产均高于其他所有制的农业组织,对稳定农产品市场起到了很好的作用。大多数东欧国家都实行了对国营农场逐步改造的政策,先由国有制转变为混合所有制,最后再实现国营农场的私有化。

罗马尼亚对国营农场的改造办法是,暂时保留其国有性质,转换其经营机制,组成农业股份公司,这种公司可以与私人资本联营,也可引进外资,实行租赁,由此逐步实现私有化。目前,罗马尼亚国营农场的所有制性质成为混合所有制,仅就土地而言,国营农场的职工都分得了土地和财产,并转为股份,国营农场在组织形式上已成为农业股份公司。

捷克、斯洛伐克的国营农场私有化,首先要由国营农场提出私有化的申请,然后参照国有工业企业的私有化程序进行。国营农场在私有化之前先改组成为联合股份公司,其中原国营农场职工有一部分股份,捷克、斯洛伐克公民可用"投资券"换得该类公司的股票,这样原来国营农场的产权就不再是单一的国有制,而是混合所有制,最后发展成为私营农场。

南斯拉夫在解体之前,已经不存在原本意义上的国营农场,而存在着社会所有制的农工联合企业,其土地和财产的所有权既不属于国家也不属于私人,而是属于全社会,产权的归属一直存在着争议,但在实践中产权的不明晰并未影响农工联合企业的运转,总的效益也较好。南斯拉夫解体后,各独立国家都重新明晰产权,农工联合企业的职工在获得土地和财产的份额后作为股份列入企业,实际上农工联合企业虽然仍然存在,但其所有制关系已发生变化,也属于股份公司的形式。①

波兰在1992年1月开始实行农业私有化,原规定立即解散国营农场,转为私人农庄,但遇到很大困难,实际并未立即解散,仍然采取了逐步改造的政策。为实施国营农场的私有化,波兰政府成立了国家农业资产局,该局的负责人表示不准备立即解散国营农场,因为波兰的国营农场占全部

---

① United Nations: World Investment Report 1995.

农用土地的18%，有职工50万人，其资产价值约100万亿兹罗提（当时约合82亿美元），而80%的国营农场均亏损，负债额高达5万亿兹罗提。尽管在国营农场财产值高、效益低、负债多的情况下，一时很难将国营农场解散并出售，① 但是波兰政府还是决定采取出售、出租（由国营农场职工或外来承租人）的政策，由国家管理并承担责任。购买国营农场的人要向国家农业资产局提供拥有资金、技术和管理能力的证明。同时，在国营农场私有化中，国营农场职工可以优先购买属于国营农场的所有房屋等建筑物。

（三）农业管理体制的转型

东欧的农业转轨是在经济体制全面市场化的环境下进行的，农业转轨的进展与经济转轨的进展有着密切的联系，经济自由化、私有化和宏观经济的稳定为农业管理体制的转型提供了必要的制度要求。第一，有必要为农业发展创造一个新的宏观经济环境，包括放开农产品和农业投入的价格和市场。第二，必须为农业创建具有竞争性的市场环境，包括农产品加工、投入供应、服务、贸易和金融制度的私有化和非垄断化。第三，改革方案的设计必须符合本国国情并在市场化的条件下使本国农业的经营体制合理地向私有化过渡。

东欧各国中央政府针对农业的管理问题，不再是简单地以行政命令下达任务，而是从宏观上掌握运转情况，提出有关的政策和法规供议会和政府通过并颁布，并监督法规的实施。各国的地方政府也有管理农业的相应部门，它们的职能同中央政府一样，不直接管理农业经济组织。一些东欧国家的政府为支持农业发展，成立了服务性机构，如波兰的"农业市场委员会"、捷克的"市场调节基金会"等。

经过重新土地改革和对原农业合作社、国营农场进行改造后，东欧各国的农业组织体系发生了根本性的变化。东欧国家的农业经济组织体系是一种有国营和私营的混合经济体系。绝大多数国家的农业经济组织都以股份制公司的形式出现，也有家庭农场形式。除了部分尚待私有化的国营农场外，其他各种形式的农业经济组织都是独立自主的经济实体，它们大多

---

① Katharina Pistor Martin RaiserStanislaw Ctelfer. "Law and Finance in Transition Economies", EBRD from Working Paper, 2000.

具有法人地位。

与农业经济组织变换相适应,东欧国家都出现了非官方的农业联合和协作组织,这些组织类似于民间同业组织,如罗马尼亚的"国营和合作社农工统一委员会",这是国营农业单位与合作社协作的组织,还有合作社的协作组织,其名称为"社际经济协会"。这些协作组织都是在自愿原则基础上组成的,都保留其各自原有的所有制形式。罗马尼亚的个体农户还成立了"私有农民中央联络会"。1992年还成立了全国性的"农业、林业和食品商会",它在全国各地均设有分会,其成员是从事农业、林业和食品生产、销售的自然人或法人,其主要职责是支持其成员的各项业务活动,起草生产和销售规范性文件,组织农副产品市场,推动同外国公司的经济合作等。匈牙利成立了"全国农业合作社和生产者联合会",也属非官方的全国性农业协作组织。

三 东欧农业经济转轨后面临的主要问题

从东欧整个转轨进程来看,转轨之初的"转轨性衰退"不可避免地会影响农业,导致农业产量急剧下降,但农业经营环境的变化对农业有更直接的影响。

第一,价格的自由化在短期内增加了农业企业改造的困难,使东欧国家原来设计的价格自由化的目标,即放开价格以减少或取消国家对农产品和食品的巨额补贴的目标难以实现。所谓"放开价格"就是价格的形成不再由国家规定,而由生产企业根据成本、利润等自定,国家只在宏观上加以控制,在农产品和食品价格放开的初期,都出现了大幅上涨的现象。

第二,宏观经济稳定意味着削减补贴,这对习惯于获得补贴的农业企业非常不利。与此同时,工农业产品的剪刀差不仅一直存在,而且由于工业产品以及农用机械、化肥、能源等价格上涨的幅度和速度远远大于和快于农产品,使剪刀差更加扩大,农业生产的负担比过去更为沉重。

第三,农业的贸易条件都随着价格和贸易的放开而变差,导致产量降低。贸易自由化使欧洲发达国家的农产品大量涌入,导致本国的农产品没有市场,对本国农产品的需求也不断下降,导致了农产品的相对过剩,最终使农业生产率不断下降。

第四,土地私有化后农地抛荒现象较严重(罗马尼亚、俄罗斯除外)。

在中东欧模式的土地私有化中,部分国家的"退赔"政策实施后,由于原大土地所有者中的大部分已定居在城市里,甚至定居在国外,他们获得归还的土地后,有些人只是将土地作为不动产或留给子孙的遗产,自己无力或不愿意管理土地,只愿将土地出租或任其荒芜。农民因租种土地会使产品成本提高,也不愿租种土地,由此造成大片土地的荒芜。

第五,土地市场的发展比较缓慢。独联体模式国家在不同的层次上都有各方势力抵制土地买卖的发生;中东欧各国还有一个极其敏感的问题,就是外国人能否拥有本国的土地,大多数东欧国家一直担心富有的西欧国家会借此控制本国的经济,有的中东欧国家明确规定不允许外国人购买土地,这也直接影响了中东欧模式的农地买卖政策。土地买卖的法规,也许更重要的是迎合行政和社会制度的需要,并不真的有助于实际的土地自由交易,因此,整个东欧国家的土地买卖市场都发育不良。世界银行1997年的调查显示,10%的罗马尼亚农民愿意出售土地,但实际中交易都是不可行的。自从1991年起,在亚美尼亚土地交易就成为合法的,但是调查表明,只有1%的被调查农民真正进行过土地买卖。

第六,有些国家在农业转轨后出现了农业倒退的现象。匈牙利曾经是转轨前农业社会主义改造最成功的国家,农业经济转轨使匈牙利农业出现了持续的衰退。土地等生产资料、现代化的机械等农业生产工具分散了,使得土地的使用效率,农业生产的机械化、现代化水平都受到了影响。强制解散农业生产合作社等政策并没有得到多数农民的支持,匈牙利有90%的农民不支持。农业原本是匈牙利经济改革最成功的部门,却成了经济转轨中受破坏最大的部门。1990～1999年间,农业产值有7年下降,1999年匈牙利农业产值只相当于1989年的66.2%,生产水平下降了10～20年。究其原因,是在体制转轨的过程中破坏了业已形成的农业生产社会化的基础,打乱了集农业科技推广、产供销服务于一体的现代化农业体系;之后才是市场环境、政府扶持等方面的原因。

四 重新加强国家干预与加入欧盟

在东欧国家新执政者看来,国家干预与让自由市场发挥作用之间是矛盾的,但是,在市场经济条件下,农业是弱势产业,表现为:农业生产对自然条件的依赖性强、生产周期长、生产和价格稳定性差、农业劳动生产率提高缓慢、边际收益递减规律显著、农产品需求价格弹性很小。为了维持农业的发展，东欧国家不得不重新采取国家干预的手段。实际上，支持农业发展是一种世界性的潮流。西欧各国均通过财政补贴等手段加强对农业基础地位的支持和保护，欧盟的农业之所以得到快速发展，与欧盟的财政支持是分不开的。

　　东欧各国政府采取干预的目标是增加农业生产，提高农业生产效率，稳定农业市场。当然，这种干预已经不是由国家全盘地、直接地、以行政命令方式管理农业，而更多的是通过政策，通过资金投入的支持等手段间接地管理农业。干预的手段为：对内采取国家支持性财政政策，对外加强贸易壁垒。具体表现为：国家拨款以通过维持农产品价格来支持农业；提供低息农业贷款，并对贷款利息进行补贴，通过干预性的购买过剩农产品、征收进口农产品和食品关税及对出口农产品进行补贴等政策来维持农产品的价格，并根据市场行情制定最低限价，以此整顿和调整本国农产品市场，以该价格为基准保证收购定量的农产品；由国家制定农产品的保护价格和指导价格，确保农产品收购价格在标准内变动。应该说，国家的干预政策使各国的农业情况有了一定的好转，例如，捷克政府设立市场调节基金来保持农产品市场的平衡，1993~1994年市场调节基金在平抑谷物市场价格行动中发挥了积极的作用，该基金以保护价收购了全国小麦产量的12%~15%，并于次年春夏季节在收购价的基础上加收损耗和储藏费用后，向面粉加工企业出售所收购的小麦。波兰在对农业加工企业取消补贴之后，全国有40%的农业加工企业亏损，为了保护农产品市场的稳定，波兰政府采取积极干预的措施，成立了农产品市场代理公司，专门从事农产品市场中余粮的收购和销售活动等。

　　但是，由于转轨初期的混乱，这种国家支持性政策的执行仍有许多困难和限制，大多数国家缺乏执行这种支持性政策的资金，只能削减财政支农政策的相应预算。这样，国家支持性政策的实施仍不能维持农产品的合理价格水平。例如，匈牙利1991年就通过国家干预购买了95万吨谷物，并对130万吨谷物提供了出口补贴，1992年需用于支持农业和食品工业的资金近10亿美元，但实际上国家只能拿出约4亿美元。匈牙利有时不得不采取破坏性的措施，为了减少过量生产，政府政策规定，奶牛场每屠宰1头奶牛奖励143美元，迫使农民在1991年屠宰了15万头奶牛，牛奶产量下降了近30%。①

以上的现象表明：财政支农政策的实施一定要与国家宏观经济环境相适应，特别是要与国家的金融政策相匹配。虽然国家希望约束农产品价格来减少加重的农业财政支出，但由于经济转轨期间通货膨胀、货币贬值，政府对农业干预的目标未取得理想的效果。

五 东欧农业转轨带来的思考及对中国的启示

东欧农业转轨的经验表明，转轨比最初预想得困难，转轨的时期比最初预想得要长，并不是只要实行市场机制，就会使福利得到普遍的改善。农业结构调整后的一些不良现象最终引发的是东欧执政者和学术界对东欧经济转轨的深刻思考和总结。

美国加利福尼亚大学圣迭戈分校的罗纳－塔斯（Akos Rona-Tas）将整个改革过程分为社会主义经济的侵蚀与向市场经济的转型两个阶段。在罗纳－塔斯看来，侵蚀阶段基本上是自下开始的，推动这个过程的就是那些追逐个人利益的人们；转型阶段则是自上启动的，它主要是通过以建立市场经济为目标的关键立法行动实现的。如果这样一种阶段性区分是可以成立的，那么可以认为，在经过了十几年的初期改革阶段之后，自90年代起东欧各国也包括俄罗斯与中国在内的改革正在从侵蚀阶段进入转型阶段。虽然从理论上来说改革与革命的最大区别在于改革是由政府自上而下推动的，但对于国家在改革中的作用而言，在转型阶段无疑比在侵蚀阶段更需要国家积极而主动的介入和作为。这种介入和作为的直接意义是通过政府的作用，来做出新的制度安排，建立市场经济的新秩序。而国家的这种作用，必须以一定的国家控制社会的能力为基础。一般来说，秩序形成的方式有两种，一种是依靠某一活动领域中平等的行动者自发地通过协商来形成规则和秩序，另一种则是由权威的机构来制定和实施规则，以建立秩序。虽然前一种建立规则的方式也是不可缺少的，但比较而言，在两种方式都可以运用的情况下，后一种方式无疑要更为经济。因此，在一个国家处于非革命性的根本社会变革时期时，政府在确立新秩序方面的作用是

---

① 参见中国日报网，http://www.chinadaily.com.cn/cityguide/2008-08/07/content_6913798.htm。

不容低估的。

东欧的布达佩斯学派用自上而下的视角研究转型的东欧社会，研究表明：国家市场转型伴随着政体的断裂，在这种转型的过程中，促成了不同类型资本的相对独立性的形成，产生了不同的利益集团。由于市场转型是与政权的更替同时进行的，这样就大大削弱了过去的权力资本操纵其他类型资本的能力。从这种意义上说，政治资本的相对弱化，是东欧国家转轨初期的特征之一。政治资本的弱化，导致中央权利削弱、司法监督体系运行效能低下，这实际表现为：政策法令的实施与现实的差距很大，有人称之为"纸上的法律"，这在农业转轨土地买卖的政策实施中可见一斑；这也说明：在转轨时期，国家在执法能力上不仅弱于自身的社会主义时期，而且也弱于有成熟的公民社会和良好的制度的市场经济国家；虽然转型在很短时间内对社会中基本的制度安排进行了根本的改造，但是，非正式的规则如习惯和传统不可能在短期内改变，还存在一些利益集团的抵制，建立适当的制度应当是成功实现转轨的先决条件，仅仅模仿西方发达国家的制度是不够的，需要根据转轨国家的国情进行制度创新，需要充分认识到在经济转轨的框架中市场调节的局限性，重新界定经济转轨中国家的职能。

市场经济确实带来了巨大的经济效益和社会繁荣，但市场并非万能的。市场的作用是通过市场机制实现的，而市场机制的功能和作用具有局限性。局限性是指在具备理想条件并应充分发挥作用的情况下，市场对某些经济活动仍然无能为力。市场的局限性是市场本身固有的特征。在经济转轨中，它的局限性决定了必须发挥国家的力量，增强国家在经济转轨中的作用。

首先，价格机制是达到需求和供给之间平衡的重要手段，但不是唯一的手段。在市场经济条件下价格不可能占有调节生产和交换手段的全部领域。由于"价格如何决定的问题，实质上是产权应如何界定以及交换采取怎样的形式的问题"（Alchian，1967），因此实现价格自由化并不是简单地放开价格，而是要实现财产所有权的分散，让每个经济主体真正拥有财产所有权。但大多数东欧国家在转轨期间政局动荡、权力更替频繁，导致对各种生产要素的所有权制度改革不彻底，造成要素市场发育不完全，进而难以真正同国际市场价格趋于一致，而且竞争不利。所以在经济转轨过程中，国家应该履行对价格和市场的立法和监督职能。

其次，市场机制本身不能最大限度地保证消费者的利益。在市场经济条件下私有制占相当比重，生产什么、生产过程和销售价格在某种程度上由个人或小集团决定，他们可以为追求最大利润而损害消费者利益。所以在经济转轨过程中，国家必须通过制定法规和政策对消费者履行保护职能。

最后，市场调节会带来社会收入分配不公平，造成社会分化。所以在经济转轨过程中，应保证最低收入者、退休人员、失业人员、多子女家庭、残疾人员等社会弱者的基本生活费用由国家"公共财政"承担。国家有社会保障的职能。俄罗斯的社会保障体系和中欧相比要逊色一些，这也是劳动力滞留在农业和前集体农场的原因，因为这样做可以获得食物和社会保障方面的好处。

商业贸易与财政金融

清代前期山西粮价研究（1699～1737年）*

马国英 **

摘要：清代康熙、雍正两朝地方官员已经开始对粮价进行密报，其中不少是以满文进行奏报，目前利用这部分材料进行研究的成果较少。虽然乾隆元年五月确立了基本的粮价奏报制度，但是各地并未同时确立固定的奏报格式，山西粮价奏报制度在乾隆三年才开始规范，之前的两年粮价奏报形式一直在调整。本文收集、整理山西粮价奏报制度规范之前的粮食价格资料，由于来源于中央政府的粮价资料可能会有所偏颇，同时整理了散见于山西各地方志中的粮价资料，将这两部分的资料结合起来，对山西粮价奏报制度的形成过程及粮价变化特征进行研究。

关键词：清代前期　山西　粮价　粮价奏报制度

一　引言

清代留下了大量的粮价资料，其中既有官方的报告，又有私人笔记、地方志、账簿、贸易统计及报纸等。[①] 来自官方的报告是时间跨度较长，且较为连续的数据，这些每月（阴历月份）奏报的价格数据在乾隆年间开始规范（公元1736年左右），并得以在全国范围内推行，基本延

---

*　本文是中国社会科学院创新工程"中国传统经济再研究——以制度转型为视角"的阶段性成果，得到了首席专家魏明孔教授及课题团队老师的精心指导，特表谢意。

**　马国英，中国社会科学院经济研究所博士后，研究方向为农业经济史。

① 岸本美绪：《清代中国的物价与经济波动》，刘迪瑞译，社会科学文献出版社，2010，第4～8页。

续到清朝末年,这是学术界目前较为一致的认识,也是目前受到关注较多的材料。① 但是在正式的粮价奏报制度形成之前,粮食价格作为帝王了解民情民生的重要资料得到了关注,一些地方官员在密折中就粮食时价进行奏报。除了江南李煦等人以汉文进行奏报且目前被研究者所熟知外,康熙、雍正两朝以满文奏报的粮价尚未引起学界足够的重视。②

山西粮价奏报出现得比较早,康熙三十八年(1699年)开始奏报,到乾隆三年(1738年)形成了较为固定的格式,其间经历了约四十年的时间,而在这段时间内,不仅粮价奏报中粮食种类、奏报区域发生了一定的变化,粮食价格也在变化,政府对于粮价奏报不实情况的惩处也值得关注。另外,这一时期"熟荒"也为经济带来了诸多不利的影响,政府积极介入,但是成效不大。本文收集、整理山西粮价奏报格式规范前朱批奏折中的粮价资料,对山西粮价奏报形式、价格变动特征进行研究。本文所搜集的粮价资料主要涉及康熙、雍正两朝已经编译出版的满文朱批奏折,部分汉文朱批奏折,以及第一历史档案馆中乾隆三年(1738年)之前奏折中的粮价资料。

值得注意的是,由于朱批奏折中有一些年份的数据不够全面,本文也收集整理了地方志中的粮价资料。来自于中央政府的朱批奏折以及来自于地方的资料中所记载的粮价数据侧重点不同,各自都能够体现出一定的问题,把二者相结合,对粮价变化趋势的说服力可能会有所增强。

二 粮价奏报制度的变化

山西粮价奏报出现在康熙中后期,起先是奏报单一品种——小米(也称粟米)全省或省城大体的价格水平,之后发展为奏报小米、小麦两种粮食的价格,并对不同的州府分别进行奏报。目前收集到的雍正朝有粮价奏报的奏折不多,除了前期德音、诺敏先后以满文进行奏报外,

---

① 陈金陵:《清朝的粮价奏报与其盛衰》,《中国社会经济史研究》1985年第3期;刘嵬:《清代粮价折奏制度浅议》,《清史研究通讯》1984年第3期;王道瑞:《清代粮价奏报制度的确立及其作用》,《历史档案》1987年第4期。
② 当时各地粮食价格奏报较为简略,奏报的品种不多,且只是大概说明粮食价格水平,见中国第一历史档案馆编《康熙朝满文朱批奏折全译》,中国社会科学出版社,1996;中国第一历史档案馆编《雍正朝满文朱批奏折全译》,黄山书社,1998。

其余的为汉文奏折,且前期粮价的奏报相对较多。乾隆初年（1736 年）要求各省督抚按月奏报粮价,使粮价奏报由从前的密折密报变为各督抚的日常事务,但是山西直至乾隆三年（1738 年）才形成较为固定的奏报格式,一直延续到清末。

（一）康熙、雍正两朝粮价奏报制度的发端

清代粮价奏报的兴起与康熙朝的密折制度有很大的关联。为加强对地方的控制,康熙帝要求亲信向其奏报地方事务,康熙三十二年（1693 年）七月李煦的一封请安折里向皇帝提起了苏州府的粮价,因为之前粮食歉收,康熙帝恐引起当地的不满,因而他在接到李煦的密折时深为宽慰,批复日后继续奏来。① 遗留下来的奏折中,此后几年中粮价奏报并不是连续的,大多是趁奏事之便提及地方粮价。

山西第一封涉及粮食价格的奏折出现在康熙三十八年（1699 年）九月十一日,此封奏折之内提到"本年山西仰赖皇上之福,年景甚丰,夏麦秋粮皆有八、九分收成。目下省城小米价每仓斗值银仅八分,较前减大半,各属地方米价亦减,故军民安居乐业"。② 康熙帝对山西粮价较为关注,这一点从他对苏克济四十八年两次请安折的批复中可以体现出来。"……再者,将田禾生长、价值贵贱等情形,亲手写折奏来。"③ "……凡有奏折,必报田禾、粮价情形。"④

目前搜集到的康熙朝关于山西省粮食价格的密折有一百四十余封,前后经历了三任巡抚。从山西存在粮食价格奏报年份的情况来看,山西巡抚在每年阴历青黄不接的四五月份、七月份、九月份及年末的十二月份对粮食价格情况进行奏报的情况较多。在有些情况下,针对皇帝的询问进行回复。而就奏报的价格数据来看,其中有的说明山西省整体粮食价格为几两银,有的只是简略地提及价格高低情况,或者与上月相比价格的增减情况。而除了六十一年（1722 年）外,康熙朝奏报的大多只有

---

① 中国第一历史档案馆编《康熙朝汉文朱批奏折汇编》第 1 册,档案出版社,1984,第 6 页。
② 中国第一历史档案馆编《康熙朝满文朱批奏折全译》,第 193 页。这一年噶礼初任山西巡抚。
③ 中国第一历史档案馆编《康熙朝满文朱批奏折全译》,第 631 页。
④ 中国第一历史档案馆编《康熙朝满文朱批奏折全译》,第 635 页。

小米价格，较少对其他粮食品种的价格进行奏报。在这类奏折中也多提到降水情况以及收成等。

目前见到的雍正年间山西粮食价格奏报不多，德音、诺敏等以满文进行奏报。雍正三年（1725年）二月至四年（1726年）十一月伊都立主要以汉文进行奏报，之后的巡抚德明、觉罗石麟均以汉文进行奏报。从编译出来的满文朱批奏折和出版的汉文朱批谕旨来看，整体上雍正年间山西巡抚奏报粮价的奏折比较少，当时其他省份也存在这样的情况。

（二）乾隆初期粮价奏报开始形成较为完善的制度

乾隆元年（1736年）五月皇帝谕令各省督抚不必专门差人奏报粮价，在奏事之时顺带奏报价格，同时要求在奏报单内指明价格的贵贱情况，以及与上月对照的涨落情形。[①] 自此，明确了粮价要按月奏报，并要求与上月粮价进行比较，从而确立了基本的粮价奏报制度。[②] 当时山西主要奏报小米、小麦两种粮食的价格，要求地方上每十日汇报一次，再由巡抚汇总后以州府为单位上报，同时提及价格的平贵情况，并与之前月份的价格进行比较。[③] 但是，各府价格只是简单地将各州县奏报的价格数据进行罗列，并不能识别出某一价格数据属于哪一州县。以乾隆二年四月为例，当时"太原府属十二州县内，阳曲、榆次、太谷、太原、祁县、徐沟、交城、文水等九县小米每仓石价银一两七、八、九钱不等，系中价，与上月有每石增价银一、二钱不等。麦子……；岚县、兴县小米……，小麦……；岢岚州小米……，小麦……"[④]

乾隆三年（1738年）二月，湖广总督德沛奏报的粮价单"甚属明晰"，于是乾隆帝要求各地督抚"著照此式奏报"，[⑤] 山西在乾隆三年

[①] 湖南巡抚钟保：《奏为遵旨谨将湖南省乾隆元年五月份粮价开单呈览事》，乾隆元年六月初一日，第一历史档案馆档号04-01-24-0001-041；山西巡抚石麟：《奏报晋省各属本年米麦时价事》，乾隆元年六月十三日，第一历史档案馆档号04-01-24-0001-067（以下文中档案均出自"第一历史档案馆"，不再一一说明）。

[②] 王砚峰：《清代道光至宣统间粮价资料概述——以中国社科院经济所图书馆馆藏为中心》，《中国经济史研究》2007年第2期。

[③] 山西巡抚石麟：《奏报晋省各属本年米麦时价事》，乾隆元年六月十三日，档号04-01-24-0001-067。

[④] 山西巡抚石麟：《呈晋省各州县乾隆二年四月份米麦时价单》，奏报日期不详，档号04-01-24-0004-072。

[⑤] 转引自王道瑞：《清代粮价奏报制度的确立及其作用》，《历史档案》1987年第4期。

(1738年)四月仿照新式米麦时价单奏呈本省米麦等时价清单,山西巡抚石麟的奏折中提到,山西省"所产小米、麦子、荞麦、高粱、豌豆等项皆为民间日用所需,臣谨仿照奉发之式另缮清单奉呈"。① 自此,山西粮价单的格式及所奏报粮食的种类基本固定下来,并一直延续到宣统年间,但是格式等方面又有微小的变动。

三 粮价整体变化特征

从康熙三十八年(1699年)起,除了五十九(1720年)、六十年(1721年)外,其他年份每年山西巡抚均对粮食价格进行奏报。雍正朝初期也对粮食价格给予了较多的关注,对于北部粮食丰收之后少人贩卖进而造成"熟荒"的现象比较重视,采取了一系列的措施。乾隆朝粮价奏报制度逐渐明晰,价格水平较之前两个朝代有所上升。

(一)康熙朝粮食价格变化情况

从满文朱批奏折中的记载看,康熙三十八年九月"目下省城小米价每仓斗值银八分,较前减大半,各属米价亦减",②之后小米价格基本上处于下降的趋势,到四十年下降到每仓斗不足六分。四十二、四十三年有所上升,最高达到每仓斗银九分五六厘、一钱一分四五厘。四十四年又开始下降,四十七年上升幅度较小,之后粮价下跌,且基本保持在较为低廉的水平上,最低时价格区间在每仓斗银四分余至五分余。五十三年四月粟米价格为每仓斗银五六分左右,年末由于直隶、河南等地来采买山西米谷,价格上升到六七分。

康熙五十四年(1715年),除了大同府价格较高,每仓斗卖银九分,右卫一钱五厘外,其他地方价格均不高。③ 该年二月在山西巡抚的奏折中,康熙帝朱批中提及"闻得大同府米价腾贵,何轻易如此?"④ 四月的奏折中就这一问题进行了奏报,"惟大同府、右卫地方,兵民杂居者多,价值较别

---

① 山西巡抚石麟:《奏为仿照奉发新式米麦时价单式另缮呈本省米麦等时价清单事》,乾隆三年四月初四日,档号04-01-01-0026-005。
② 中国第一历史档案馆编《康熙朝满文朱批奏折全译》,第193页。
③ 中国第一历史档案馆编《康熙朝满文朱批奏折全译》,第1001页。
④ 中国第一历史档案馆编《康熙朝满文朱批奏折全译》,第999页。

处昂贵"。

康熙五十六年（1717年）价格开始上涨，由之前五分余的水平上升到六分，五十七年（1718年）上升到七分以上，六月，朱批"视此二年所奏，粮、麦之价较前稍昂，此因若何？"① 七月回复"查得山西省此二年皆因春季雨水不足，又逢青黄不接之际，故粮价较前稍昂"。② 从朱批奏折来看，康熙五十八年（1719年）小米价格已上涨至每仓斗银七分至八分不等。

虽然六十一年（1722年）朱批奏折中记载八月至十二月山西粮价超过了每石一两银的水平，有的品种甚至已经超过每石二两银，较前已大涨，但是与雍正朝的奏折及地方志的相关记录相对照，当时粮价水平远高于此。康熙五十九至六十一年间，山西有旱灾发生，粮食价格较高，地方志中记载不少州县达到斗米八、九钱银子，山西巡抚德音在雍正元年三月也承认他并未切实奏报粮食实际的价格，他奏称，"奴才昔日因恐有烦先帝，曾将粮价降低奏报"。③

（二）雍正朝、乾隆初粮食价格情况

雍正元年（1723年）山西粮价有所回落，但是价格水平依旧较高。山西巡抚诺敏在三月十六日奏报，太原府、辽州小米每石二两二钱，麦子每石二两六钱，黄豆、高粱每石一两四钱。平阳府、汾州府、沁州小米每石二两八钱，麦子每两二两二钱，黄豆、高粱每石一两七钱。潞安府、泽州小米每石二两六钱，麦子每石二两九钱，黄豆每石二两二钱，高粱每石一两六钱。大同府小米每石一两五钱，麦子每石二两三钱，黄豆每石一两四钱，高粱每石一两。由于在康熙六十一年奏报粮价不实被雍正知晓，他认识到"兹若再不如实具奏，于地方民生则不利矣"，④ 由于受到的关注较大，该封奏折中价格数据较为可信。

雍正元年五月山西巡抚诺敏路经代州、忻州等地，询问米价后得知大县每石三至五两银不等，⑤ 价格有所上升。到该年八月粮价仍然比较高，但是相对有所下降，"平阳府时价每斛四两余，汾州府时价每斛三两

---

① 中国第一历史档案馆编《康熙朝满文朱批奏折全译》，第1305页。
② 中国第一历史档案馆编《康熙朝满文朱批奏折全译》，第1312页。
③ 中国第一历史档案馆编《雍正朝满文朱批奏折全译》，第49页。
④ 中国第一历史档案馆编《雍正朝满文朱批奏折全译》，第49页。
⑤ 中国第一历史档案馆编《雍正朝满文朱批奏折全译》，第132页。

余,……太原府时价每斛二两七钱,蒲州时价每斛二两六钱,大同时价每斛一千八百钱,……右卫、杀虎口时价每斛一千二十五钱"。①

到雍正二年(1724年)四月,小米每仓石价银八钱,小麦每仓石价银一两一钱,黑豆每仓石价银四钱九分,高粱每仓石价银四钱四分,② 价格已经回落到正常水平。雍正三年(1725年)二月阳曲县小米每石价银八钱六分九厘,小麦每石价银一两二钱六分五厘,三月"各属报到粮价俱约略相同。其太原府以北忻、代等州至大同府一带米价尤贱"。③山西及邻近省份陕西雍正二年粮食丰收,使得归化城粮价雍正二年末、三年初出现了谷价下跌甚贱,且买粮之人亦罕见的情况。据奏报,雍正三年六月归化城"小米每仓石价银三钱,黄米每石价银二钱,麦子每石价银一两二钱,……边内粮价亦贱,……如此贱价亦罕有人买。"④

雍正三年末,山西米粮原本较为充足,但是粮食贩运至直隶省使得平定一带米粮价格稍涨,小米每石九钱九分。山西巡抚于雍正四年六月初十日自京启程回署,途径宣化及大同等府,一路经由留心查看,地方粮价平减。⑤ 四年十二月二十八日山西巡抚德明奏"……省城米价现今仙迷每仓石银九钱六分二厘,麦子九钱九分,黑豆六钱三分二厘,高粱六钱五厘,米粮价值甚属平减"。⑥

雍正七年(1729年)五月初九日,德禄奏报经河北、山西等地赴西安途经地区雨水粮食价格情况,"获鹿、井陉……小米每斗制钱二百文,小麦一百六十文,高粱、豆一百文。问之先年粮价,告之每年如此,青黄不接之际之粮价亦如此,本年粮价不甚太贵。徐沟、祁县……每斗小麦制钱二百四十五文,小米二百文,豆一百三十文,高粱九十文。此斗为围斛三石桶斗,比直隶斗大三四升"。⑦ 由于缺少雍正朝后期的粮价奏报材料,地方志中相关的记载也不多,所以未能深入了解当时山西的价格水平。

乾隆朝头三年粮食价格已经较康熙朝、雍正朝整体水平有了一定程度的上涨,除了个别的县份外,全省小米、小麦的价格已经超过1两/石,有

---

① 中国第一历史档案馆编《雍正朝满文朱批奏折全译》,第260页。
② 中国第一历史档案馆编《雍正朝满文朱批奏折全译》,第776页。
③ 鄂尔泰等编《雍正朱批谕旨》第2册,北京图书馆出版社,2008,第57页。
④ 中国第一历史档案馆编《雍正朝满文朱批奏折全译》,第1144页。
⑤ 鄂尔泰等编《雍正朱批谕旨》第2册,第67~69页。
⑥ 鄂尔泰等编《雍正朱批谕旨》第47册,第24页。
⑦ 中国第一历史档案馆编《雍正朝满文朱批奏折全译》,第1741页。

的月份甚至超过了 2 两/石。

(三) 结合地方志资料看粮价整体变化特征

地方志中的粮价记录在时间上缺少连贯性，只是间或有一些年份的记载，同时地域的分布上也不存在规律性。大多数情况下，粮价的骤然涨落引起了地方上的注意，但却缺少对粮价问题长期的关注。地方志中康熙朝粮食价格多集中在三十八年之前及康熙五十九年至六十年，朱批奏折中康熙年间的粮价奏报出现在康熙三十八年之后，分析粮价奏报之前粮价的变化趋势及存在的问题有助于了解粮价的长期走向和对民生的影响。

表1列出了从县志、府志中查询到的粮价数据。一般地方志中的相关记载侧重于有灾年份的粮价情况，但由于康熙前期"熟荒"问题比较严重，这一情况在地方上也得到了关注，如康熙三年徐沟、康熙十年太原、康熙五年至十七年保德州、康熙二十一年榆社、康熙三十三年太原，粮价低廉，人苦谷贱，这种情况不独山西存在，其他地区也出现了类似的问题。①

但同时也可看到，局部偏灾及部分年份粮食歉收也使得粮食价格上升。例如，康熙三年中部徐沟县粮食丰收，粮价低廉，而同一时期保德州"三年荒旱，四年涝，斗米一钱七分，民多逃亡"，这是局部发生的灾害带来的负面影响。在前期价格普遍较低的情况下，康熙十八、十九年、康熙三十五、三十六年受到了灾害的影响，粮食价格有所升高。

康熙五十九年至六十一年间，山西有旱灾发生，粮食价格较高。朱批奏折中仅有六十一年的数据，粮价虽然比之前有所上升，但仅有一石二两银左右的水平。康熙六十年有15州县粮价均记载上涨到了很高的水平，有的地方达到斗米一两八九钱银，可见康熙末年粮价瞒报的情况十分严重。

雍正初期价格较康熙朝后期有所下降，但是"熟荒"的问题在地方志中也有所体现，雍正六年（1728年），县志中记载临县"斗米制钱一百二三十文，杂豆六七十文"，② 而粮价奏报中也提及当时的粮价水平较低，且两者的价格水平基本一致。

---

① 岸本美绪：《清代中国的物价与经济波动》，第 115~120 页。
② 胡宗虞：《临县志》卷3《大事谱》，民国六年版。

表 1　县志中记载的粮价数据

时间	地区	粮价	其他相关情况
康熙三年	徐沟	五谷市价较常倍廉	禾稼丰登
康熙三年、四年	保德州	斗米一钱七分	民多逃亡
康熙十年	太原	斗米百文	大稔
康熙五年至十七年	保德州	斗米值银四五分，豆不及三分，麦价不过五六分	年虽丰而人苦谷贱
康熙十八年、十九年	保德州	斗米三钱三分	民多逃亡，鬻男女者有之
康熙十九年	忻州	斗米四钱	蠲免本年地丁钱粮，遣官散赈
康熙二十一年	榆社县	斗米四十钱	大有年
康熙二十八年	保德州	斗米二钱八分	荒
康熙三十年	介休县	诸粟翔贵	岁大饥
康熙三十三年	太原	斗米百余文	大稔
康熙三十五年	辽州	斗米钱五百	严霜杀稼
康熙三十六年	榆次县	斗米值钱五百六十	
	孟县	斗米五百	春饥
	平遥县	斗米五钱，斗麦四钱	
	临县	斗米七钱余	大旱，民饥相食
康熙三十五、三十六年	沁源县	斗价腾贵	民大饥
康熙三十三年至三十七年	保德州	斗米至四钱，黑豆三钱	夏旱秋霜
康熙五十九年	岳阳县	米价每石腾贵七两	
康熙六十年	长治县	米价每斗四钱	旱
	长子县	斗米银四钱	旱，民大饥
	临县	斗米、斗麦八九钱	大旱，赈恤免粮
	介休县	斗米至八九钱	旱，无麦
	潞安府	米价每斗银四钱	民大饥
	襄垣县	斗米银四钱	旱
	沁源县	斗米半千（钱）	晋省荒旱
	平阳府	斗米至八九钱	平阳等属大旱无麦
	翼城县	斗米八钱	是岁大饥
	曲沃县	斗米银八九钱	是岁大旱，无麦，民大饥

续表

时间	地区	粮价	其他相关情况
康熙六十年	永和县	米麦石至十金	晋省连遭大旱,永邑更甚
	浮山县	市斗米五钱,府大斗米八钱	大旱,自春至夏无雨,赤地数千里
	直隶绛州	斗米银一两	天鼓鸣,岁大旱,民饥
	垣曲县	斗米九钱	旱,无麦,发帑散赈,仍蠲免钱粮
康熙六十一年	沁州	斗米价银九钱有零	大旱风霾民大饥
	平遥县	斗米价值九钱有零	秋旱
雍正元年	偏关	斗米三百钱	六月,大水,城内水深二丈
雍正六年	临县	斗米制钱一百二三十文,杂豆六七十文	嘉禾一茎六穗

资料来源：窦容邃：《忻州志》卷4《灾祥》,乾隆十二年版；恩端：《平遥县志》卷12《杂录志》,光绪九年版；韩瑛：《沁源县志》卷9《别录》,光绪七年版；胡宗虞：《临县志》卷2《谱》,民国六年版；李焕扬：《直隶绛州志》卷20《杂志》,光绪五年版；李廷芳：《重修襄垣县志》卷8《艺文下》,光绪六年版；李桢：《长治县志》卷8《大事记》,光绪二十年版；李钟珩：《新修岳阳县志》卷14《祥异》,民国四年版；马振文：《偏关志》卷下《志余》,民国四年排印本；庆钟：《浮山县志》卷34《祥异》,同治十三年版；王家坊：《榆社县志》卷10《拾遗志》,光绪七年版；王嘉谟：《徐沟县志》卷3《祥异》,康熙五十一年版；王克昌：《保德州志》卷3《风土》,乾隆五十年刻本；王谋文：《介休县志》卷1《祥异》,乾隆三十五年版；王耀章：《翼城县志》卷26《祥异》,民国五年版；徐三俊：《辽州志》卷5《祥异》,雍正十一年刻本；薛元钊：《垣曲县志》卷14《杂志》,光绪六年版；阎佩礼：《永和县志》卷14《祥异考》,民国二十年版；姚学瑛：《沁州志》卷9《灾异》,乾隆三十六年刻本；俞世铨：《榆次县志》卷16《祥异》,同治二年版；豫谦：《长子县志》卷12《大事记》,光绪八年版；员佩兰：《太原县志》卷15《灾祥》,道光六年版；张坊：《新修曲沃县志》卷37《祥异》,乾隆二十三年版；张岚奇：《盂县志》卷5《天文考》,光绪八年版；章廷珪：《平阳府志》卷34《祥异》,乾隆元年版；朱樟：《泽州府志》卷50《祥异》,雍正十三年版。

四 粮食价格的年内差异及地区间差异

随着粮价由对山西整体或省府进行奏报发展为对各州府进行奏报后,粮食价格地区间的差异在奏折中开始显现。除了粮食价格存在年际变化特征外,还可以看到年内价格也随粮食种植、收获周期等产生变化。

(一) 粮食价格的年内差异

从康熙朝三十九年（1700年）至五十七年（1718年）间的每月价格

相对于上月价格的增减情况来看，不考虑相邻月份粮价持平的情况，一般而言山西粮食价格在上半年基本处于上升态势，五月之后开始有所下降，一直持续到十一月份（见表2）。五月份的价格有时候比上个月高，有时候比上个月低，十二月亦是如此，这一趋势与山西粮食种植、收获周期存在较大的关联。

表2　康熙三十九至五十七年间每月粮食价格增减情况

时间	39年	40年	41年	42年	43年	44年	45年	46年	47年	48年	49年	50年	51年	52年	53年	54年	55年	56年	57年
1月					—						—	—	—	—	—		—		
2月				↑													↓	↑	
3月		↑		↑						↓	↑						—①		
4月		↑		↑	—②	↑	↑	↑		↑					↑				↑
5月	↑	↑		↑	↑	↑				↓									↓
6月					↓							—	—	—	—			—	
7月		—						↑		—③									
8月		↓																	↓④
9月	↓	↓				↓	↓		↓							↓		↓	
10月		↓		↓		↓		↑		↑	↑							↓	
11月		↓														↑	↓⑤		
12月	↑	—		—	—					↓									

注：①价格增减情况是满文朱批奏折中某月与其最近的一个月的价格进行比较得到，如某年奏报的是四月的价格，而与它距离最近的是上一年九月的价格，则比较这两个月价格的增减情况得出，"↑"表示增，"—"表示价格未变，"↓"表示价格下降。②为节省空间，表中年、月以阿拉伯数字表示。

资料来源：中国第一历史档案馆编《康熙朝满文朱批奏折全译》，第193~1515页；山西巡抚德音：《呈康熙年间十二月份太原府米粮价值单》，康熙六十一年十二月初六日，档号04-01-39-0248-085；山西巡抚德音：《呈太原府康熙年间十二月份米粮价值单》，康熙六十一年十二月初三日，档号04-01-39-0248-086；山西巡抚德音：《呈康熙年间十二月份太原府米粮价值单》，康熙六十一年十二月十九日，档号04-01-39-0248-087。

---

① 为闰三月。
② 为闰四月的情况。
③ 闰七月比七月的价格稍降，闰七月之后有一个月的价格稍降，但十月的价格比这个月份缺失的数据稍涨。
④ 为闰八月。
⑤ 十一月二十二日上升到九月二十二日的水平，故该月先减后增。

上述是对价格变化特征的纵向分析，而对乾隆二年三至九月不同地区价格的变化做横向的分析（见表3）可以发现，基本上大多数地区粮食价格一年在六月上升到最高，与上面的分析结论一致。由于缺乏乾隆二年全年的数据，所以对这种年内变化特征的分析还不够全面。

表3 乾隆二年各月山西粮食价格情况（粮价奏报格式未规范前）

		小米						小麦					
		三月	四月	五月	六月	七月	九月	三月	四月	五月	六月	七月	九月
太原府	地区1	1.5~1.7	1.7~1.9	1.8~2.1	2.5~2.7	2~2.6	1.8~2.4	1.4~1.7	1.5~2	1.8~2.3	1.9~2.4	1.8~2.2	1.8~2.2
	地区2	1.1~1.3	1.2~1.3	1.4~1.5	1.3~2.2	1.3~1.9	1.5~1.9	0.9~1.2	1.1~1.3	1.4~1.6	1.4~1.8	1.2~1.8	1.2~1.8
	地区3	0.8	0.8	1.1				1	1	1.3			
平阳府		1.3~1.7	1.4~1.8	1.5~2	1.6~2.5	1.6~2.4	1.5~2.3	0.9~1.3	1~1.6	1.3~1.9	1.4~2	1.3~1.9	1.3~1.9
潞安府	地区1	1.1~1.4	1.2~1.5	1.3~1.6	1.3~1.8	1.3~1.6	1.2~1.6	1.1~1.3	1.2~1.4	1.2~1.6	1.2~1.6	1.1~1.6	1.1~1.6
	地区2	1.2	1.2					0.9	1				
汾州	地区1	1.1~1.7	1.2~1.8	1.5~2.1	1.7~2.3	1.7~2.3	1.8~2.3	1~1.4	1.1~1.6	1.4~2	1.5~2.1	1.4~2.1	1.5~2
	地区2			2.2	2.4~2.7	2.3~2.5	2.2~2.4			2~2.1	2.1~2.2	1.8~2	1.8~2
大同府		0.8~0.9	0.9~1	1~1.2	1~1.2	1~1.2	1~1.3	0.9~1.2	1~1.4	1.3~1.8	1.3~1.8	1.2~1.6	1.2~1.6
朔平府			0.8~1	0.8~1.4	0.9~1.6	1~1.6	1~1.7	1~1.4	1.2~1.7	1.5~1.9	1.3~1.6	1.3~1.8	
宁武府	地区1		0.9~1	1.1~1.2	1.1~1.4	1.1~1.4	1.2~1.4	1~1.1	1.3~1.4	1.5	1.2~1.5	1.2~1.5	
	地区2		0.8	0.8~1	0.8~1.1	1~1.3	1.1~1.5	0.9	1.1~1.3	1.2~1.4	1.2~1.4	1.2~1.4	
泽州府		1.3~1.5	1.5~1.8	1.6~2	1.6~2	1.5~1.8		1.1~1.4	1.3~1.5	1.3~1.5	1.3~1.5	1.3~1.5	

续表

	小米						小麦				
	三月	四月	五月	六月	七月	九月	三月	四月	五月	六月	七月	九月
蒲州府		1.1~1.6	1.4~1.8	1.7~2.3	1.7~2.4	1.6~2.3		0.9~1.1	1~1.3	1~1.8	1~1.8	1~1.7
辽州		1.2~1.4	1.3~1.5	1.5~2	1.5~1.9	1.3~1.6		1~1.2	1.4~1.5	1.4~1.5	1.3~1.4	1.3~1.4
沁州		1.1~1.5	1.4~1.6	1.7	1.7	1.5~1.9		0.9~1.3	1.3~1.5	1.3~1.5	1.3~1.5	2.2~2.5
平定州		1.5~1.8	1.6~1.9	1.6~2.2	1.6~2.2	1.4~1.7		1.4~1.8	1.6~2	1.6~2.2	1.6~2.2	1.6~2.2
忻州		1.2~1.5	1.4~1.8	1.9~2.2	1.8~2	1.7~2		1.2~1.7	1.4~2	1.9~2.2	1.8~2.2	1.8~1.9
代州		1.1~1.3	1.2~1.5	1.2~1.6	1.2~1.4	1.2~1.4		1.3~1.4	1.6~2	1.5~1.6	1.5~1.6	1.5~1.6
保德州		0.8~0.9	1~1.2	1.2~1.6	1.5~1.9	1.5~2		1~1.2	1.4~1.5	1.6	1.6~1.8	1.6~1.8
解州		1.2~1.5	1.4~1.5	1.6~1.8	1.6~1.8	1.5~1.7		0.9~1.1	1.1~1.5	1.5~1.7	1.4~1.8	1.2~1.7
绛州		1.3~1.5	1.3~1.8	1.4~2.1	1.4~2.1	1.4~2.1		0.9~1.1	1~1.3	1.2~1.7	1.1~1.7	1.1~1.5
吉州		1~1.2	1~1.3	1.1~1.5	1.4~1.5	1.4		0.9~1	0.9~1.1	0.9~1.2	1.1~1.2	1.1~1.2
隰州		1~1.2	1.2~1.5	1.4~2	1.4~2.2	1.4~1.8		0.7~0.9	0.9~1.2	1.1~1.5	1.1~1.5	1.1~1.4

注：太原府下的地区1指阳曲、榆次、太谷、太原、祁县、徐沟、交城、文水等九县，地区2为岚县、兴县，地区3为岢岚州；潞安府地区1为长治、长子、屯留、襄垣、潞城、壶关、平顺，地区2为黎城；汾州地区1为汾阳、临县、宁乡、石楼，地区2为永宁、平遥、介休、孝义。乾隆二年三月朔平府、宁武府等相关记载原奏折中缺失。

资料来源：山西巡抚石麟：《呈晋省各州县乾隆二年三月份米麦时价单》，档号04-01-24-0004-071；山西巡抚石麟：《呈晋省各州县乾隆二年四月份米麦时价单》，档号04-01-24-0004-072；山西巡抚石麟：《呈晋省各州府属乾隆二年五月份米麦时价单》，档号04-01-24-0004-070；山西巡抚石麟：《呈晋省各州县乾隆二年六月份米麦时价清单》，档号04-01-25-0001-007；山西巡抚石麟：《呈晋省各州县本年七月份米麦时价单》，档号04-01-24-0005-029；山西巡抚石麟：《呈晋省各州县本年九月份米麦时价单》，档号04-01-24-0005-030，上述几份奏折中均未提及奏报时间。

（二）粮食价格的地区间差异

小米、小麦价格体现出较强的区域性差异，而这种差异在康熙朝即已开始显现。在康熙六十一年的奏折中,汾州府、平阳府、沁州粮价水平类似,处于全省最高水平,太原府、潞安府、泽州、辽州粮价近似,大同府粮价最低。进一步分析可以发现,在同一地区小麦的价格并不一定高于小米的价格,太原府、潞安府、泽州、辽州、大同小麦价格与小米价格水平相差不大,而汾州府、平阳府、沁州小米价格远高于小麦价格。

雍正元年三月,山西巡抚奏报太原府、辽州粮价相似,平阳府、汾州府、沁州粮价类似,潞安府与泽州粮价相差不大,大同府价格最低。① 而就这一封奏折中粮食价格存在的差异而言,小麦的主要产区(平阳府、汾州、沁州)小米价格较高,同样在小米的主要产区(太原府、辽州、潞安府、泽州、大同府)小麦价格较高,太原府、辽州府与潞安府、泽州府价格存在较大的差异(见表4),粮食地区性差异有所增大。大同府小米价格远远低于其他地区。

表4　雍正元年三月山西粮食价格

单位:两/石

地　区	小米	小麦	黄豆	高粱
太原府、辽州	2.2	2.6	1.4	1.4
平阳府、汾州、沁州	2.8	2.2	1.7	1.7
潞安府、泽州	2.6	2.9	2.2	1.6
大同府	1.5	2.3	1.4	1

从乾隆二年的情况来看,山西粮食价格的地区间差异进一步扩大。首先是两个粮食品种的价格存在南北差异,南部以种植小麦为主,小麦的价格较低,北部以种植小米为主,小米的价格较低,这是山西小米、小麦价格整体上的格局。

对不同州府间价格水平进行比较,可见当时山西粮价最高的地区为汾州府的汾阳、临县、宁乡、石楼,太原府的阳曲、榆次、太谷、太原、祁县、徐沟、交城、文水等九县,其价格不仅超过其他州府的价格,而且比同一府其他州县的价格高。西南部粮食价格水平并不算太高,而后期西南部粮食价格远远高于其他地区,造成这一问题的原因也可能在于选取的数据不够全面,仅集中于一年。

---

① 中国第一历史档案馆编《雍正朝满文朱批奏折全译》,第49页。

粮价奏单中把各州县的价格进行列示,所以表3中的数值为某一州府的价格区间,即这一地区下辖州县的最低价和最高价,但可以看到地区内部粮价存在较大的差异。在原始的朱批奏折中,虽然一个州府内部各州县价格均存在一定的差异,但是由于没有指出各个县价格对应哪个数值,只是按照高低列出价格,所以并不能清楚地描绘出各州府内部区域的高价区与低价区。

五 结论

从正式粮价奏报之前存在的粮价数据来看,山西粮食价格当时存在的主要问题是丰收年景的"熟荒"以及灾害发生之时粮价的骤然上涨。粮食价格是一把"双刃剑",过高的价格与过低的价格对社会带来的影响均是不利的,与清朝后期人们感觉到粮食价格上涨而无钱购买的窘境不同,从康熙朝到雍正朝几十年的时间内,粮食的丰收并不能使得"农"与"民"各获其利,反倒使得"年虽丰而人苦谷贱"。

雍正朝为了有效解决粮食大量积压的问题政府也进行了干预,实施了鼓励粮食调运,建立粮食仓储等措施,但是对于促进粮食流通起到的作用有限。而遇到灾害的侵袭,各地粮食价格会忽然上涨,平时粮食生产水平不高,加上储粮不多,应对自然灾害的能力较差。

另外,山西粮食价格地区差异较为明显,北部小麦价格稍高,南部小米价格稍高,在一些北部州县小麦的价格超过小米的价格,一些南部州县小米的价格超过小麦的价格。从这一点来看,粮食价格与区域粮食生产存在较大的关系。

不仅粮食价格在北部、中部、西南部、东南部之间存在差异,同一范围内州府之间的价格也存在差异,如西南部的蒲州府价格高于隰州府,平阳府高于解州、绛州。同时,同一州府内部不同州县间价格也存在差异,而这种差异有时候比不同州府之间价格的差异还要大,体现出受地形、地貌等影响的粮食贸易路线对于价格所产生的影响。

粮食价格也存在年内的差异,年内在粮食收获之后价格开始下降,而在年末直至第二年五月之前粮食基本上处于上升态势,粮食价格在收获后能维持低价的时间范围比较短,在一定程度上说明山西粮食市场存在较大的刚性。

近代中国的政府债务与盐税抵押[*]

马金华　郐　莹[**]

摘要：盐税在近代是中国国家财政收入的主要来源之一，也是政府筹措债务收入的重要保障，盐税充当了近代中央与地方政府债务的主要抵押品。本文分析了盐税与政府债务如何从开始建立联系，到构建千丝万缕的密切联系，最后到割断联系的整个复杂过程，说明近代中国政府债务对盐税的高度依赖，盐税对政府债务的举借偿还起了重要的作用，也充分说明其各届政权经济基础的落后性。

关键词：近代中国　政府债务　盐税

盐税担保外债，始于公元1895年瑞记借款。其后清政府有多次借款，均以盐税作为部分担保，由此盐税与外债的联系开始建立，但此时盐税的征收和债款的偿付仍属中国政府的权限。1913年，袁世凯北洋政府与英、德、法、日、俄5个帝国主义国家的银行集团订立善后大借款合同，规定以盐税作为偿还本息的担保，直接控制了中国的盐税征收与管理，牢牢绑定了盐税与债务的联系，靠借债度日的北洋政府又常以盐余向银行抵借款项或作为发行内债的担保，进一步强化了这种联系。直到国民政府整顿盐税和整理债务，才解开了盐税与债务半个世纪以来千丝万缕的联系。

一　关系肇始：晚清时期以盐税为抵押的外债

近代外债，主要指近代中国中央政府和地方政府向外国政府和民间举借

---

[*] 本文为作者主持的国家社科基金一般项目：《近代中国地方政府债务研究及启示》（批准号：13BJY163）的阶段性成果，同时受到中财-鹏元地方投融资研究所的资助。

[**] 马金华，中央财经大学财政学院教授、博士生导师，研究方向为中国财政史；郐莹，中央财经大学财政学院硕士生。

的债务和赔款。近代外债的举借缘于鸦片战争以后,清王朝统治日趋衰落,政治腐败,财政面临危机。清王朝为巩固封建统治,一方面在国内大举镇压人民起义,为筹措军饷而不惜与帝国主义列强勾结,以乞求贷款;另一方面在对外战争中,几乎每次战败都被迫进行赔款,为了偿付赔款,亦不能不借外债,战争、赔款、外债,三者连成一体。随着西方列强对中国政治经济侵略的加深,外债充当了侵略的急先锋,国家财政的主要收入如海关税、部分常关税和厘金等的征税权都充当了外债的抵押品而被列强窃夺。甲午中日战争后,清政府财政濒临破产,在关税厘金不敷抵押之际,连盐税和田赋都开始用作外债的担保。盐税乃历代封建政府的重要税源。20世纪初,清朝政府每年岁入白银在8000万两左右,而中央政府每年集中的盐税收入约有1300万两,占全部盐税收入的30%,加上地方政府所收留的盐税,全国盐税收入应在4300万两左右。"光绪末,合课厘计共二千四百万(两)有奇。宣统三年,度支部预算,盐课岁入约四千五百万(两)有奇。"[①] 晚清政府的财政收支结构发生重大变化,带有近代工商税色彩的关税成为仅次于田赋的第二大税源,盐税成为清末政府收入中仅次于关税的重要财源。盐税和关税收入在晚清整个国家财政收入中约占半数,直接关联着国家财政经济命脉(见表1)。列强为使其贷款的偿付确有保证,当关税不敷债务抵押时,列强就觊觎中国盐税这块肥肉,力图将中国盐政控制在手中,其主要手段,就是强制以盐税作为外债的抵押品,借盐税这一跳板来进一步有效地操纵中国的财政命脉,从而最大限度地确保国际金融资本在中国的各项特权和利益。

表1 晚清财政收入结构比较

年份	田赋		盐税		厘金		关税	
	岁入(两)	比重(%)	岁入(两)	比重(%)	岁入(两)	比重(%)	岁入(两)	比重(%)
1842	29575722	76	4981845	13	—	—	4130455	11
1885	32356768	48	7394228	11	12811708	19	14472766	22
1888	33243347	42	7507128	10	13600733	18	23167892	30
1894	32669086	43	6737469	9	13286816	18	22523605	30
1903	37187788	38	13050000	13	16252692	17	30530699	32
1911	48101346	27	46312355	26	43187097	24	43139287	23

资料来源:邓绍辉:《晚清赋税结构的演变》,《四川师范大学学报》1997年第4期。

---

① 赵尔巽等撰:《清史稿》卷一二三,《食货四·盐法》,中华书局,1976。

近代中国以盐税作为抵押或担保的外债始于 1895 年。甲午战争失败后，中国政府被迫于 1895 年 4 月与日本签订了《马关条约》。清政府向日本赔款 2 万万两，分 8 批付清。又因日本侵占辽东半岛，中国另需增加赔款 3000 万两。两项合计赔款 2.3 亿两。清政府面对如此巨额重负，财政濒于破产，为解困难，清政府从 1895 年只得以盐税收入作为担保，举借"瑞记洋款"，开列强攫夺我国盐税主权之肇始。从 1895 年至 1911 年清朝灭亡止，共有以盐税作抵押的外债和赔款 10 笔（见表 2）。另外，1909 年的湖北公债和 1910 年的直隶公债虽名为国内公债，但实际上大部分被外国银行购买，因此上述两项国内公债也由盐务稽核所负责偿还，到 1917 年还清为止，盐税偿还湖北公债 449472.16 元，直隶公债 2915649.69 元（见表 3）。

表 2　清政府以盐税收入作抵押的外债与赔款（1895—1911）

债　名	借债年份	债权者	债额	年息	期限（年）
克萨洋行借款	1895	英国克萨洋行	100 万英镑	6 厘	20
瑞记洋行借款	1895	奥国瑞记洋行	100 万英镑	6 厘	20
英德续借款	1898	汇丰银行、德华银行	1600 万英镑	4.5 厘	45
庚子赔款	1901	英德俄法日等十三国	45000 万两	4 厘	39
湖广总督借款	1907	日本横滨正金银行	200 万两	8 厘	10
英法借款	1908	汇丰、东方汇理银行	500 万两	5 厘	30
湖北汇丰银行借款	1909	汇丰银行	50 万两	7 厘	6
两江总督借款	1910	汇丰、东方汇理、德华银行	300 万两	7 厘	6
湖广铁路借款	1911	汇丰、德华、东方汇理、美国银行团	600 万两	5 厘	40
湖北省银元借款	1911	汇丰银行	200 万两	7 厘	10

资料来源：本表系根据 1912 年六国银行团善后借款合同英文草案附件 5《盐税负债表》及《盐政杂志》第 10 期所刊"调查外省盐税担保之确数"一文内数字编制。转引自丁长清、唐仁粤《中国盐业史》，人民出版社，1998，第 36 页。

表 3　盐税偿还 1909 年湖北公债和 1910 年直隶公债情况

单位：元

年　份	1914	1915	1916	1917	总　计
1909 年湖北公债	99561.15	149343.22	150509.78	50058.01	449472.16
1910 年直隶公债	725973.90	737728.00	725973.90	725973.89	2915649.69

列强为了达到长期控制我国盐政的目的，故意延长外债偿还期限，并要求贷款的优先权。1898年，为偿付甲午战争到期赔款而举借的英德续借款，规定以盐税为抵押。李鸿章在筹划这次借款时，原打算要摆脱列强政府的要挟而直接向外商借款，经过盛宣怀与英美商人商洽，结果由英商呼利詹悟生公司承揽这笔贷款，但英国政府认为该公司与中国政府所签订的贷款合同草案并没有充分反映英国利用这次贷款所要索取的政治权益，因而在英国官方阻止下，该贷款合同草案即被迫取消。合同取消不久，沙俄与英国政府就这一次贷款展开激烈争夺，并分别向中国提出苛刻条件，由于第三期甲午战争赔款期限已到，清政府被迫与汇丰银行、德华银行两家银行签订借款合同，借款金额为1600万英镑，以盐税抵押，年息4.5%，折扣83%，偿还期延长为45年，按合同规定，中国政府不得提前或一次还清，并自卖票之期起十二个月内不得由他银行另借他款。

需要说明的是，在辛亥革命前，外债和赔款主要以关税为抵押，盐税只起补充作用，盐税虽充当外债的抵押品，但盐税的征收和管理大权仍握在中国政府手里，中国盐政主权尚未丧失，封建统治者通过对盐税的搜刮，将其中一部分以偿付债款的方式交给帝国主义各国垄断资产阶级，使封建盐务成为帝国主义列强掠夺中国人民的工具，并为列强控制中国盐政准备了前提。

二 千丝万缕联系之建立：北洋政府举债泛滥与盐税主权的丧失

北洋政府时期，政府债务与盐税建立起了千丝万缕的联系，这种联系的建立，主要是通过两步来实现的。一是1913年善后大借款的签订，使得列强对中国的债务牢牢绑定了中国的盐税，由此列强也攫取了中国盐税的主权；二是随着北洋政府对关税主权的丧失，盐税成为政府债务的主要抵押品来源，借债度日的北洋政府又通过债务的泛滥举借进一步强化了债务与盐税之间盘根错节的联系。

（一）善后大借款：债务牢牢绑定盐税

受辛亥革命爆发的影响，关税收入减少，外债偿还受到影响。因此，列强千方百计于关税主权外谋求我盐税主权。1912年六国（英、法、德、俄、日、美）银行团驻北京的代表，对20世纪最初十余年中国盐税收入估算后认为,清政府中央和地方的盐税总收入当在 4000 万两以上。正是垂涎于这一稳定的财政收入,外国银行团争相以盐税作抵押向北洋政府提供大量借款,并以此控制中国盐政主权,操纵中国金融市场。1912 年 1 月英国公使朱尔典向英国政府报告说:"北京外交团正在采取步骤,以便为偿还赔款而取偿于《辛丑条约》中所规定的第三项而且是最重要的一项担保物,即盐税收入。"① 袁世凯上台后,急于诛除异己,复辟帝制,而当时中国的财政又极困穷,于是他不得不依赖外债。1912~1916 年,袁世凯政府共举借外债 47870 万元,重要的就有十余种。② 这些借款,往往附带许多苛刻的条件。首推 1913 年的善后大借款,因为它是中国盐政由辛亥之前的中国政府自办到北洋时期国际银行团控制中国盐税主权的转折点。

善后大借款的签订,使列强以盐税收入作借款之抵押为条件,夺取了我国盐税主权,使得中国政府的债务与盐税建立起了千丝万缕的联系。《中国政府善后借款合同》(以下简称"合同")对以盐税收入作"善后大借款"之担保、盐税的征收和存储、盐务管理体创的改革等一系列问题做了详细的规定,从这些规定中,不难看出帝国主义列强通过债务牢牢绑定盐税以实现其对我国盐政主权的攫夺。如"合同"第四款规定:"此项借款总额及关系此项借款之垫款及本利,除盐务收入按照本合同附单所开,业已指定为从前借款债务之担任未经清还者外,即以中国盐务收入之全数,作为担保,此项借款或其一部分未清还前,其所有本利,应较将来他项借款或他种抵押之债务,用以上所指盐务收入者,独占优先权。凡他项借款或他种抵押之债务,比此次借款更占优先权或与之平等者,或减少或损害盐务收入用以担保此项借款每年应有款项之利权者,均不得举行或创办,又将来他项借款或他种抵押之债务,用以上所指盐务收入者,须本借款占优先权,并须于将来他项借款或他种抵押之债务之契约内载明。"③ 此规定有三个方面的含义:第一,中国盐税收入之全部作为善后借款和关系此项借款之垫款及本利的担保。如此,则全部的盐税收入都落入列强的掌握之中。第二,偿还优先权。"善后大借款"和关系此款的垫款及本利未

---

① 胡滨泽:《英国蓝皮书有关辛亥革命资料选译》,中华书局,1984,第 842 页。
② 杨荫溥:《民国财政史》,中国财政经济出版社,1985,第 15~16 页。
③ 《中国政府善后借款合同》,载林振翰编《川盐纪要》,商务印书馆,1919,第 529~530 页。

全数还清前，中国政府如欲举办用盐税收入作抵押的他项借款或他种抵押之债务，必须首先偿还善后借款和关系此款的垫款及本利，然后才能偿付他项借款或他种债务。第三，盐税抵押的垄断权，将来他项借款或他种抵押之债务，如果条件较此次借款优惠，或有可能影响作为此次借款担保的盐税收入，有损于此次借款利益的，则一律不得举办。即为了保证全国盐税收入具有偿还外债的能力，全国各地的盐税收入达到5万元以后，就应全部解往善后大借款五国银行团指定的银行，最初为中国银行、交通银行，后改为英国汇丰银行、德国德华银行、法国东方汇理银行、俄国道胜银行和日本横滨正金银行。上述5家银行账号中盐款必须经盐务稽核总所洋会办签字同意，才可动用。盐税抵押的权力被牢牢地控制在五国银行团手中，因为以后用盐税收入作抵的借款或债务或多或少必然会影响作为"善后大借款"担保的那部分盐税收入。"合同"第十七款规定："倘若将来中国政府欲以盐务收入为担保再行借款或欲继续借款，以办理本合同第二款所详性质相同之事（即偿还约期应还之外债、革命造成的赔偿费、军队遣散费、急需之行政费用等——引者注），则中国政府允银行……按债票面虚数提经手费百分之六为依据，自行酌量承办。"① 银行团企图依凭以盐税收入为担保的垄断权，在将来中国与别国签订的借款中不劳而获，或从中国继续向五国银行团借贷的债款中谋取高额利润。

关于盐税之征收和存储办法，"合同"规定："各产盐地方盐斤纳税后，须有该处华洋经协理会同签字，方准放行。须有征收之款项，应存于银行或存于银行以后所认可之存款处，应归入中国政府盐务收入帐内，并应报告稽核总所，以备与稽核总所所存之表册核封。以上所有盐务进款帐内之款，非有总会办会同签字之凭据，则不能提用。"② 银行团通过详细的盐税征收、存储办法，牢固地把持了中国全部盐税收入，使得善后借款的还本付息有了充足的保证。盐税收入全部存储于外国银行，提用必得洋会办之同意，列强即凭借这笔资金操纵和左右我国金融市场，拿中国人民的血汗作为外国在华投资，攫取巨额利润。

对于盐余的放还问题，全国的盐税收入，首先要保证偿还列强债款

---

① 《中国政府善后借款合同》，载林振翰编《川盐纪要》，商务印书馆，1919，第530~536页。
② 《中国政府善后借款合同》，载林振翰编《川盐纪要》，商务印书馆，1919，第530~531页。

的本息,剩余部分才归中国政府支配,称为"盐余"。"合同"第四款规定:盐务收入除偿还借款本利以外,"所有盈余之款,应如数拨归中国政府,用以办理他项事宜"。① 虽然理论上盐余是中国政府的收入,善后大借款五国银行团和盐务稽核总所无权过问,但西方列强为了控制北洋政府却强行规定:盐余必须由善后大借款五国银行团核准,盐务稽核总所签字确认后才可归还国民政府。中国盐税收入经过整顿、改良,年收入皆能达六千万元,而且会逐年递增。盐税收入除偿付外债赔款本息外,历年尚有较多结余,银行团也估计到这一趋势,因而做出了这个规定。但在实际执行时,银行团常常寻找各种口实一再延宕、拒付盐余或者干脆扣押,从而加剧了中国政府的财政贫窘状况,直接控制我国财政局势,进而影响中国政府的施政方针。"善后大借款"的订立给中国盐政造成的影响是空前的。以前虽然也有用"盐税供担保品之用,但祸国殃民,尤不如善后借款合同之烈"。②

(二) 北洋政府举债泛滥:强化了债务与盐税的联系

"善后大借款合同"不仅因盐税的规定直接影响了我国财政,而且由于盐务行政方面的条文,严重侵犯了我国财政主权。与此同时,西方列强的介入给了地方政府很大的震慑,推动北洋政府对盐税制度进行了一系列的整顿和改革。1913 年 2 月,北洋政府颁布《盐税条例》,1913 年 6 月,英国人丁恩被聘为盐务顾问,稽核总所会办。丁恩上任后,为保证盐款能够按时偿还其所保证的债务的本金和利息,向财政部提出盐税改革的建议,他倡导用"就场征税、自由贸易"的原则来整顿中国混乱不堪的盐税制度。1918 年 3 月 2 日,盐务署又颁布了《修正盐税条例》。改变了原有的征税方式,统一了税率,通过盐税均税政策来逐步取消引岸制,在北京设立盐务稽核总所,各产盐区设立分所,外国人任总所会办,分所协理,共同管理中国盐政。在列强的干预下,北洋政府的盐税改革得以部分实行,盐税收入递增。改革后的第一年(1914)盐税就达 6800 多万元,比清末最高年份增长 5000 万元。据统计,从 1913 年 5 月 21 日至 1927 年 12 月 31 日中央盐税收入达 12 亿多元,每年约有

---

① 《中国政府善后借款合同》,载林振翰编《川盐纪要》,商务印书馆,1919,第 530 页。
② 刘秉麟编著:《近代中国外债史稿》,三联书店,1962,第 107 页。

1200 万元的增长额。扣除了征收费用后，中央政府的盐税纯收入为 700627000 元。这些收入由盐务稽核总所偿还债务 173476000 元，归还北京中央政府 527151000 元。① 1913～1927 年北洋政府的盐税收入见表 4。

表 4 1913～1927 年北洋政府的盐税收入情况

单位：千元

年 份	1913	1914	1915	1916	1917	1918	1919	1920
收入额	19044	68483	80503	81065	82246	88394	87823	90052
年 份	1921	1922	1923	1924	1925	1926	1927	合 计
收入额	94883	98107	91047	97909	91932	86317	59573	1217378

资料来源：陆仰渊、方庆秋主编《民国社会经济史》，中国经济出版社，1991，第 91 页。

由表 4 可知，1922 年以前，盐税收入呈缓慢递增之势。盐税收入的递增使其在北洋政府中央财政收入中所占比重增加，1914 年，盐税占中央各项收入的 24%，1915 年，盐税占中央国库实际收入的 33%。相比于其他税收，盐税成为北洋政府中后期所能掌握的唯一的一项大宗收入。名义上，北洋政府财政收入有：田赋、关税、盐税、印花税、契约税、烟酒税、厘金、常关税等。但袁世凯死后，中央政府缺乏控制全国的能力，地方军阀经常截留原属于中央的重要税款。只有盐税和关税作为外债担保，涉及西方列强的利益，地方军阀不敢贸然截留。关税数目虽然很大，但早在清朝末年就已全部成为外债担保和赔款抵押，它的征收管理支出全由代表西方列强利益的海关总税务司越俎代庖，清政府只能得到偿还完外债后的剩余部分。1917 年前，关税偿还外债尚不足，还需要盐税偿还一部分。1921 年海关总税务司司长安格联答应用剩余关税偿还部分国内公债，但他要求中国政府接受"中央政府不再以不与海关关政直接或间接有关系政费，请求以关税抵拨"② 这一苛刻条件。从此，海关税的剩余部分也被总税务司控制，北洋政府完全丧失了对关税的控制。而善后大借款后，盐税税款存于外国银行团，税款首先被用于偿付巨额的外债和利息，再减去每年 20% 的盐务经费，每月盐务稽核所会同善后

---

① 南开大学经济研究所经济史室：《中国近代盐务史资料选辑》第一辑，南开大学出版社，1985，第 447～449 页。
② 龚心湛：《胪陈财政困难酌订整理财政办法暨程大总统令》，中国第二历史档案馆编《中华民国档案史料汇编（财政卷）》，江苏古籍出版社，1991，第 107 页。

大借款债权国将剩余部分划拨到北洋政府的账户内，即"盐余"。盐余成为北洋政府实际得到的最重要的一笔收入。1913~1915年，盐税中央收入16803万元，同期缴纳银行团的外债本息合计14115.9万元，已占84%，剩余的"盐余"并不多。但这为数不多的盐余就是政府能控制的唯一的一笔大宗收入。比如1919年每月归中央支配的收入有：各省解款15万元，印花税收入5万元，专款15万元，官产收入15万元，津浦路货捐10万元，烟酒公买收入10万元，盐款350万元，共计420万元。其中盐税占总数的83%，出现了"所恃以付者，仅盐余一项，平均每月得三四百万元"[1]的情况。

借债度日是北洋政府中央财政的最大特点。"民国三年前，恃长短期外债，民国五年前，恃国内公债，民国九年前，恃日本债"，这些债务的举借都与盐税相关联。在海关税抵押殆尽的情况下，整顿之后的盐税"由盐务稽核总、分所经营，由内外银行经汇、征收、汇发极为便利"[2]。因此，中外银行愿意接受盐税作为债务担保。据统计，北洋政府中央部分及派出机构以盐税担保及和其他收入共同担保举借外债共50项，总额达3.7亿多元，[3] 约占同期外债总额的1/3。其中数额较大的借款有：1912年克利斯浦借款500万英镑、1913年善后大借款2500万英镑、1917~1918年善后借款续借款3000万英镑，1917~1918年善后借款续借款3000万日元，1923年青岛公产及盐业偿价借款1400万元等，余者皆为小额短期外债，均以盐余作抵押（见表5）。袁世凯死后，无论是皖系还是直系，仍旧靠借债度日，均以盐余作担保，期限短，利息高，举债的背后与帝国主义国家的支持密切相关（见表6）。

表5 1924年2月~1925年12月北洋政府举借的短期外债

订借日期	债权人	借款金额（万银元）	利率（月息）	还款办法
1924.2.14	道胜银行	50	1分5厘	3月份起，分5个月从盐余中拨还
1924.2.14	道胜银行	10	1分3厘	从三四月盐余中扣还
1924.2.14	道胜银行	10	1分5厘	3月份起，分4个月从盐余中扣还
1924.2.15	道胜银行	50	1分	7月份起，每月从盐余中扣还5万元

---

[1] 陈志让：《军绅政权》，生活·读书·新知三联书店香港分店，1979，第177页。
[2] 徐义生：《中国近代外债史统计资料》，中华书局，1962，第113页。
[3] 千家驹：《旧中国公债史》，中华书局，1984，第148~197页。

续表

订借日期	债权人	借款金额(万银元)	利率(月息)	还款办法
1924.6.2	道胜银行	40	1分4厘	7月份起,每月从盐余中扣还10万元
1924.6.4	道胜银行	40	1分2厘	7月份起至1925年4月从盐余中每月扣还4万元
1924.7.14	道胜银行	5	1分2厘	
1924.10.17	道胜银行	40	1分2厘	1925年5月~1926年2月从盐余中扣还
1924.12.20	道胜银行	12	1分3厘	1925年1~3月从盐余中扣还
1925.1.9	道胜银行	15	1分	1925年1~5月从盐余中每月扣还3万元
1925.3.7	道胜银行	5	1分3厘	下月盐余扣还
1925.3.7	道胜银行	5	1分3厘	从每月盐余拨付该行72000元款内扣还
1925.3.11	道胜银行	2	1分3厘	下月盐余或其他项收入归还
1925.3.11	道胜银行	5	1分3厘	从每月72000元盐余中扣还
1925.4.7	道胜银行	15	1分3厘	5月份起,从3个月盐余中扣还
1925.4.10	道胜银行	2		下月盐余中扣还
1925.5.21	道胜银行	15	1分3厘	下月起分3个月从盐余中扣还
1925.5.27	道胜银行	30	1分	1925年7月~1926年4月从盐余中扣还
1925.7.18	道胜银行	5	1分3厘	从下月盐余中扣还
1925.7.31	道胜银行	20		分30个月拨还或从盐余中拨还
1925.9.14	道胜银行	4	1分3厘	从下月盐余中拨还
1925.10.14	道胜银行	7	1分3厘	11月起从盐余中拨还
1924.11	中华懋业银行	5		从道胜、汇理两行12月盐余中各自扣还
1925.3.24	中华懋业银行	15	1分5厘	于5月15日应交1925年公债款内拨还
1925.4.15	中华懋业银行	13.5	1分2厘	于5月15日该行应交1925年8厘公债款内扣还
1925.4.24	中华懋业银行	50	1分3厘	俟5月10日,总税务司将金佛郎案内第一批交回法国赔款拨还本部时归还
1925.5.15	中华懋业银行	20	1分3厘	自当月起分6个月归还

资料来源:《财政部部分短期借款情况登记表》。

表6 直系短期外债情况

借款名称	债权人	借款金额	借款日期	借款期限	借款担保	借款利息
财政部保商银行代借大仓洋行借款	保商银行	200万日元	1920.10.2	8个月	盐余	月息1分1厘
财政部北京道胜银行第一笔借款	道胜银行	30万银元	1921.2.1	7个月	盐余	月息1分4厘
财政部北京道胜银行第二笔借款	道胜银行	30万银元	1921.4.1	5个月	盐余	月息1分2厘
财政部北京道胜银行第三笔借款	道胜银行	50万法郎	1921.4.1	4个月	盐余	月息1分2厘
财政部北京道胜银行第四笔借款	道胜银行	30万银元	1921.4中旬	半个月	盐余	月息1分2厘
财政部北京道胜银行第五笔借款	道胜银行	500万马克	1921.5.4	4个月	盐余	月息1分2厘
财政部北京道胜银行第六笔借款	道胜银行	10万银元	1921.11.2	1个月	盐余	月息1分2厘
财政部北京道胜银行第七笔借款	道胜银行	25万银元	1921.11.20		盐余	月息1分2厘
财政部北京道胜银行第八笔借款	道胜银行	12万银元	1922.2.1	6个月	盐余	月息1分2厘
财政部华比银行借款	华比银行	31万银元	1923.2.13	13个月	善后借款应付德国息票款之一年利息4.1万英镑	月息1分8厘
财政部正金银行借款	正金银行	2万银元	1923.7.9	20天	—	年息1分
财政部正金银行借款	正金银行	1.5万银元	1923.7.28	3天	—	年息1分
财政部华比银行借款	华比银行	200万银元	1923.9.24	20个月	盐余	不详
财政部道胜银行借款	道胜银行	50万银元	1924.2.14	7个半月	盐余	月息1分5厘
财政部道胜银行借款	道胜银行	10万银元	1924.2.14	1个半月	盐余	月息1分3厘

续表

借款名称	债权人	借款金额	借款日期	借款期限	借款担保	借款利息
财政部道胜银行借款	道胜银行	10万银元	1924.2.14	5个半月	盐余	月息1分5厘
财政部道胜银行借款	道胜银行	50万银元	1924.5.15	1个半月	盐余	月息1分
财政部道胜银行借款	道胜银行	40万银元	1924.6.2	12个月	盐余	月息1分4厘
财政部道胜银行借款	道胜银行	40万银元	1924.6.4	11个月	盐余	月息1分2厘
财政部道胜银行借款	道胜银行	5万银元	1924.7.14	—	盐余	月息1分2厘
财政部道胜银行借款	道胜银行	40万银元	1924.10.17	16个月	盐余	月息1分2厘
财政部华比银行借款	华比银行	240万银元	1924.5	21个月	盐余	月息1分3厘
财政部正金银行借款	正金银行	1.2万银元	1924.7.10	20天	8厘债券基金	年息1分
财政部正金银行借款	正金银行	1.2万日元	1924.7	1个月	8厘债券基金	年息1分

资料来源：许毅主编《从百年屈辱到民族复兴——北洋外债与辛亥革命的成败》，经济科学出版社，2003，第229~230页。

北洋政府的盐税收入，除作为外债的抵押品外，还与内债有着千丝万缕的联系。北洋政府的内债形式多样，主要有正式公债、国库券、流通券、代金券以及国内银行借款、垫款。盐余支出用于偿还公债的有：

（1）1918年的七年六厘公债。财政部规定"每年由盐余项下拨款备付，11月、12月、1月每月提30万元，20万存中国银行，10万存交通银行，其余9个月每月提20万元，全年共计270万元"。[①]

（2）整理内债基金。到1921年，北洋政府已发行3亿多元的公债，而多数公债的本息偿还金还没有着落，市价低迷，信誉扫地。为了扭转这

---

① 徐沧水：《内国公债史》，商务印书馆，民国15年，第67页。

种局面，财政总长周自齐设立整理内债基金，每年从盐余中拨款1400万元，1月、2月75万元，3月80万元，4月、5月150万元，6月220万元，7月、8月100万元，9月、10月、11月150万元，12月100万元。①

（3）96公债。1923年3月，北洋政府将短期债务转为长期，发行9600万元公债，偿还办法如下："盐余款下，除应拨付整理内债、造币厂借款及十一年已阅所发特种库券基金外，应照本债券基金拨付，第一年1200万元，第二年到七年每年2000万元"②。96公债中的日元部分，由正金银行在盐余发放之前扣除。1920~1923年，北洋政府共发行盐余库券9次，筹集资金3620万元。③ 具体情况见表7。

表7　1920~1923年北洋政府发行的盐余库券

发行日期	发行额（万元）	利息（分/月）	用途
1920.6.3	350	1.5	财政部用款
1920.9.7	350	1.5	财政部用款
1920.12.17	480	1.5	财政部用款
1921.1.24	350	1.5	旧历年关需款
1921.1.24	250	1.5	上海造币厂借款
1922.1.11	1400	1.5	旧历年关需款
1922.1.24	60	1.5	旧历年关需款
1922.5.22	60	1.5	发放警饷
1923.6.6	700	1.5	端午节经费

1922年以来，北洋政府先后发行各种名目流通券1150万元，这些流通券也由盐余偿还。截至1924年，有确实担保的国库券共计4120万元，由盐余偿还的为2500万元，其中已偿还的为1356.75万元。④ 政府短期借款也由盐余指拨偿还。到1922年1月，盐余指拨短期内外债共计104061582.92元，用盐余已偿还银元8771686.6元，规银35万元，法郎

---

① 田斌：《中国盐税与盐政》，商务印书馆，1929，第90页。
② 千家驹：《旧中国公正史料》，中华书局，1984，第81页。
③ 财政部发行有利库券呈暨大总统令，中国第二历史档案馆编《中华民国史档案资料选编》，江苏古籍出版社，1991，第968~976页。
④ 杨汝梅：《民国财政论》，商务印书馆，1931，第196页。

9990182元，日元7765829.92元。① 起初，盐余还具有偿还债务的能力，后来因债款激增且各省截留盐税日多，盐余收入开始入不敷出。1926年，盐余收入为800万元，而担保的公债却高达7924万元。② 另外，北洋政府还常常将盐余挪作他用来保障中央机关的日常开支，使盐余偿还债务的规定往往不能兑现，这使得依靠债务维持正常用度的"北洋中央财政遭到重创"③，充分反映了北洋政府对盐税的依赖程度。尽管1927年8月，北洋政府成立了关盐两税抵借外债审核委员会，对关盐两税抵借之各项外债合同或契约进行审查，对外债还本付息情形进行调查，对关盐两税抵借各种外债、保护持票人利益及维持政府信用问题进行研究。但随着1928年北洋政府面临的政治危机和财政危机更为严重，审核委员会无法继续进行研究与讨论，最终未能与列强达成全局性的具有普遍意义的理债方案。整理外债工作随着北洋政府的垮台而停止。

三 割断联系：南京国民政府整顿盐税与整理债务

1927年，以蒋介石为首的国民党右翼，在帝国主义和买办资产阶级的支持下，发动武装政变，成立了南京国民政府。南京国民政府成立后，一方面，在财政上接手的是北洋政府遗留下来的支离破碎的财政局面；另一方面，为巩固自身统治，抗衡各地军阀和共产党势力，其自身的军费支出需求庞大。而新成立的南京国民政府在组织财政收入方面的能力较差，财政收入分散于地方，集中度较低，各省大量截留中央的财政收入；财政支出的主要部分为军事支出和债务支出，二者之和约占财政支出总量的70%，而且债务支出与军费支出具有一定的相关性，由于军费开支的剧增，国民政府财政收入短缺，入不敷出，只得大量举借内外债筹资，从而进一步加剧了国民政府的财政压力。1928~1932年期间，南京国民政府一直处于财政赤字连年递增状态，1929年赤字1亿元，1930年赤字1.01亿元，1931年赤字2.17亿元。从税收结构上看，1927~1936年，国民政府财政收入的90%左右来自税收，而税收收入主要来自关税、盐税、统税三

---

① 林增平、周秋光：《熊希龄集》，湖南人民出版社，1985。
② 陈翰笙：《中国农民担负的赋税》，《东方杂志》25卷19号，第11页。
③ 张殿清：《北京国民政府时期地方截留中央盐税浅析》，《河北大学学报》2005年第1期，第16页。

大税源，约占税收收入总量的95%。这种严重的财政困境迫使国民政府必须寻求一种稳定而又潜力的财源，由此决定税制改革成为南京国民政府增财扩收的关键举措，除实行关税和统税改革外，针对盐税的整顿改革也提上日程。

(一) 整顿盐税

盐税整顿面临的问题之一就是各地截留盐税用于各地地方政府债务的抵押，而中央能够收上来的盐税很少。据统计，1927年的中国盐税收入达6000万元，但上缴中央仅300万元，[①] 这源于20世纪20年代以后，地方势力迅猛发展，北洋政府时期，各派系军阀公开分裂，各省截留盐税越来越多（详见表8），中央政府的盐税收入受到严重的影响；同时，在北洋政府晚期，各地盐务机构如盐运使、运副等用人权均由各省把持，成为地方与中央争夺盐税利益的主要筹码。这些地方截留的盐税款，还往往被用作地方政府举债的抵押品（见表9），对中央财政和盐税征管的统一造成很大干扰。可见，南京国民政府所面临的盐税征收形势非常严峻，危机感也是南京国民政府下决定整顿盐税的主要动因。

表8 北洋政府时期历年各省截留盐税情况

单位：元

年份	截留省份	截留数		
		奉准截留	自行截留	合计
1915		—	—	498804.00
1916	广东、云南、四川	10500896.05	1366632.69	11876528.74
1917	广东、云南、四川、湖南、福建	4448447.27	3048495.39	7496942.66
1918	广东、云南、四川、湖南、湖北	11444671.49	4191192.60	15635864.09
1919	广东、云南、四川、湖南、湖北	15523732.27	10817476.01	26341208.28
1920	广东、云南、四川、湖南	10559550.59	13352260.47	23911811.06
1921	广东、云南、四川、湖南、江西、福建	6589993.66	11824100.90	18414094.56
1922	广东、云南、四川、湖南、湖北、江西、福建、山西、奉天、甘肃	11542729.88	20125720.40	31668.450.28

---

① 〔美〕阿瑟·恩·杨格：《1927～1937年中国的财政经济状况》，陈泽宪、陈霞飞译，中国社会科学出版社，1981，第21页。

续表

年 份	截留省份	截留数 奉准截留	截留数 自行截留	截留数 合计
1923	广东、云南、四川、湖南、江西、福建、奉天	3749952.40	26457297.33	30207249.73
1924	广东、云南、四川、湖南、江西、福建、奉天、安徽、江苏、浙江、山西	4093448.68	29373126.80	33466575.48
1925	广东、云南、四川、湖南、江西、福建、奉天、安徽、江苏、浙江、察哈尔、甘肃、吉林、黑龙江	3265989.29	29763671.67	33029660.96
1926	各省均实行截留，唯山东、直隶尚以税收的一部分解交银行团	10283165.34	37388616.34	47671781.68
1927(1～10月)	同上		46450467.00	46450467.00

资料来源：1915 年数据来自 S. A. M. Adshead, *The Modernization of the Chinese Salt Administration*, 1900～1920; (Harvard University Press Cambrige, Massachusells, 1970), p.100。1916～1927 年截留数据来自《中国近代盐务史资料选辑》第一卷, 第 375 页"北京军阀政府时期历年各省截留盐税情况表"。"奉准截留"数，系经使团抗议无效，由盐务稽核总所与各省当局协议，将扣除盐务经费以外税款净数的全部或一部分任由各省提用之数；"自行截留"数，系各省当局以武力强行提用之数。

表 9 以盐税作抵押的地方政府举债情况

债务名称	举债主体	发行年月	债务规模（万银元）	抵押品	实际用途	利率	偿债条件	偿债时间	备注
直隶四次公债	河北省	1921.1	300	盐税		周息一分	分六年还清		
特种库券	河北省	1929	240	盐税、食户捐、开滦矿务	清理银行欠款	年息八点四厘	十年还清		
整理山西金融公债	山西省	1930.1	2400	印花税、烟酒税、卷烟特税、盐税	军费紧张，通货膨胀	年息六厘	八年还清	1937	
江西省有利流通券	江西省	1925年2月、3月、4月	160	统税二成附捐、盐捐、大米出口捐	弥补财政，充军政费用	年息八厘	原定当年年底收回	1925	以地方公债清偿

续表

债务名称	举债主体	发行年月	债务规模（万银元）	抵押品	实际用途	利率	偿债条件	偿债时间	备注
江西省整理金融库券	江西省	1928.1	800	盐税附加	整理多发纸币及"民国"十年、十四年地方公债未清偿部分	年息五厘	原定1930年10月还清	1935	
江西有利短期流通券续发	江西省	1931.9	40	中央协款及盐税附加				1932	
盐务库券一期	四川省	1932.6	150	盐正税	军政费	年息一分二厘	原定1933年6月还清	偿清	
盐务库券二期	四川省	1932.7	500	盐票	军政费	年息八厘	原定1937年8月还清	未偿清	
盐务库券三期	四川省	1933.6	300	盐税	军政费		原定1934年10月还清	未偿清	
盐务库券四期	四川省	1934.6	600	盐税	军政费		原定1934年10月还清	未偿清	
剿赤公债	四川省	1934.6	1000	印花税、烟酒税、卷烟税、盐税附加1/10剿赤捐	筹集剿赤军费	月息八厘	原定1935年1月至1939年2月还清	未偿清	
爱国公债	浙江省	1912	500	浙西盐课厘金收入	补充财政	年息七厘	原定4年还清，每年还一次	1914年才开始抽签还债5万元，以后每6个月还一次，至1919年还清	
善后公债	浙江省	1924	300	浙西盐斤加价、屠宰税收入	缓解财政困难、战事善后	年息七分	原定6年还清，半年还一次	至1931年2月，全部还清，共付息97.5万元，采用抽签方式偿还	

南京国民政府整顿盐税的手段首先就是斩断盐税与政府债务的联系，其次就是阻止和治理地方截留盐税，最终目的是提高盐税收入，具体如下。

第一，割断盐务稽核所对偿还外债的直接责任，中国政府夺回盐政主权。

1928年宋子文继任财政部长后，改组盐务稽核所，宣布恢复盐务稽核所的收税职权，割断盐务稽核所对偿还外债的直接责任，将这一责任归中国政府或财政部管辖。[①] 11月，宋子文又代表国民政府发表"盐税宣言"，声明对以前所订的盐税章则予以修订，此后"稽核总所按照新规章，虽然继续征收一切盐税，但除由财政部长拨付偿还应需之款外，不再负保管与任何款项之责任，至此项拨付之款事实上虽系由各盐区之税收项下完成拨付，然对于借款偿还本息之充分准备，财政部长仍然负完全责任"。[②] 1929年，财政部公布修订的《财政部盐务稽核总所章程》。新章程规定盐务稽核总所直属于财政部，为中国政府行政机关。总所专管征收盐税、发给放盐准单、汇编盐税报告表册及清偿盐务外债等事项；彻底执行将原来各种与盐税有关的外债都完全转由财政部负责的方针，盐务稽核机关不再负决定盐税支款次序之责，也不再对外国债权人负责，使盐务稽核机关不再受债权束缚，成为中国政府机关，实现中国盐政主权的独立完整。新章程的颁布，将与盐税有关的人事权、保管权、支配权和监督权大大收归财政部手中，主要表现在以下几个方面：首先，新章程规定，稽核总分所洋员的聘用由中国政府自行决定，洋员系属中国政府雇员性质，无论债权国籍、非债权国籍皆可聘用，秉承财政部长命令办事，不再处于特殊地位享有特权，这就使财政部掌握了与盐税相关的人事任命权；其次，按照新章程的规定，盐税款须存入财政部指定的银行，收入财政部账，用盐税担保的外债，由财政部确定各区的分摊额，由各区按照分摊额数目汇解中央银行，以备到期偿还，这就使得盐税税款的保管和支配权收归于中国政府；最后，按新章程规定由中国政府设立盐务稽核总所，隶属于财政部，这就使盐务管理和盐务征收不再受外人的监督，为盐税的整理改革创造了条件。

---

① 《宋财政长关于盐务稽核所政见》，《申报》1928年2月21日，1982年影印本，第243册，第491页。
② 宋子文盐税宣言原文，中国第二历史档案馆档案，二六六/9562。

第二，治理地方截留盐税，割断盐税与地方公债的联系。

1928年7月，在第一次全国财政会议上，讨论通过了《统一全国盐税收入案》和《统一各省盐务机关征收人员任命权案》，把统一盐税作为重要任务提上议事日程。1929年6月17日，国民政府即向各省政府及各军事机关发出训令，要求各地盐税应由中央核办不得就地截留。① 此后，南京国民政府逐步展开统一盐税征管权的计划。1927年和1928年初，国民政府征收盐税之权还限于苏浙皖三省，其余各省各自为政。1929年，已控制四川、云南、贵州、陕西、山西、甘肃、宁夏、热河、察哈尔、绥远、东三省等地的盐税。1929年9月，国民政府控制下的各地盐税已有60%解交中央。1935年前后，甘、宁、青三省以每年中央补助数十万元为条件将盐税征收权交还中央；1936年，贵州省盐税由国民政府中央收回，山西省（河东及晋北地区）的盐税，除外债摊款及镑亏附加解交中央外，其余均拨归山西省作为军费。从每年的财政收支表中也可以看出，1923年被各省截留的盐税占中央盐税总收入的30%，1933年为24%，1934年为13%，到1935年和1936年的账目上已经没有这项数据。② 国民政府成功地治理了各省截留盐税的情况。

第三，统一税率，征收外债镑亏附加。

针对国民政府成立初期全国盐税税率参差繁杂的现状，统一税率成为南京国民政府必趋之务。1932年财政部召开盐务会议，议定"凡轻税区域一律提高，重税区域暂不变动，相邻之区务使渐平衡，以防冲销，并使负担稍见均平，不使过于参差"。会后由盐务总局统筹拟定整理长芦、山东、淮北、淮南、两浙、松江及河东等7个产盐区税率的方案。1933年，盐务总局又对山东、河南、淮北、扬州、松江、两浙、晋北及皖、赣、鄂、湘扬子四岸等区的盐税税率进行整理，对各盐区内税率悬殊，以及相邻盐区相差较多的税负分别予以增减。1936年，盐务总局又将扬子四岸各边岸的税率予以减低，对税率较轻的两浙盐区予以提高，并将两淮、松江、四川、山东、河南、西北等地区的税率陆续进行改定。1937年，盐务总局又将四川、广东、松江、两浙、鄂岸、湘岸及西北等盐区的税率先后进行了

---

① 江凤兰编《国民政府时期的盐政史料》，台北"国史馆"，1993，第329~330页。
② 〔美〕阿瑟·恩·杨格：《1927~1937年中国的财政经济状况》，陈泽宪、陈霞飞译，中国社会科学出版社，1981，第60页。

删繁就简、化零为整的调整。

1931年后，国民政府以镑亏、改秤、建设费等名义多次加征盐税（见表10）。镑亏附加是1931年国民政府为弥补偿还外债时所发生的镑亏而加征的场税。20世纪二三十年代，世界银价下跌。1929年10月所定各区外债摊额是按1英镑折合当时的国币12元核算，到1930年春，由于银价下跌，1英镑已折合中国国币15元，致使国民政府再按原来各区外债摊额还款已不敷支配。1930年4月起，国民政府曾下令各区以原定摊额一律增加三成汇解摊款，但到1931年3月，1英镑已涨至23~24元，致使前定还债摊额短亏1000万元之多。财政部向行政院递呈："为维持国信起见，拟请准将产盐各区食盐场税每担一律加征附税三角，自民国二十年四月一日起实行"，预计全年可增收1000万元，专门用来补助偿还外债。① 从1931年4月1日起，除山东东岸、广东惠来、琼崖等处因种种情况给予或免或减的优惠外，其他全国大部分地区所有食用盐斤都按每担3角的标准征收场附加税。这项外债镑亏附加一征数年，虽所征不多，但负担遍及百姓。

南京国民政府成立初期进行盐税改革的根本目的在于增加中央的财政收入，以满足其不断扩张的财政支出需求，而从其成立初期所推行的盐税改革的效果来看，确实起到了增加中央财政收入的作用（见表10）。一方面，通过将盐税的保管、支配权收归中央政府，增加了中央可支配的盐税收入；另一方面，通过对地方截留盐款和地方盐税附加的整治，将盐税税收权限集中于中央，最终使得盐税收入较改革之前有较大幅度的增加，满足了国民政府改革盐税的最初目的。

表10 1929~1936年南京国民政府盐税收入

单位：百万元

年份	1929	1930	1931	1932	1933	1934	1935	1936
盐税收入	122	151	144	158	177	207	185	247

资料来源：杨荫溥：《中国财政史》，中国财政经济出版社，1985。

（二）整理债务

财政问题仍然是当时南京国民政府最棘手的难题之一。南京国民政府

---

① 《财政部呈行政院将各区食盐加征附税弥补外债》（1931年3月13日），中国第二历史档案馆档案，二（2）/967。

为了弥补亏空，采取了种种办法增加国库收入，其中主要的有两条，一是增加各种税收；二是大举借款。前一种办法因不少地区为大小军阀所割据，实行起来困难较大。因此国民政府寄希望于对外借款，于是四处活动，希望得到西方国家的支持。然而，实际情况恰恰相反：国民政府拼命想借外债，却借不到多少数额。宽裕算来，1927～1937年国民政府所借外债的数额不超过四亿美元，远不及1945～1949年五十四亿美元国外贷款的规模。究其原因，主要在于北洋政府遗留下来的外债问题，当时上百笔的外债中除以关税和盐税等担保的以外，大多数都拖欠未还，且债务关系十分混乱。故继承和解决前政权遗留下来的外债问题，成了国民政府获得国外贷款的先决条件。为此，国民政府聘请1929年来华的甘莫尔财政设计委员会及随团来华充任南京政府财政部顾问的美国人杨格教授为顾问，接受他们"中国急需恢复信用"的意见，开始整理清偿北洋政府遗留外债。1931～1941年中央政府盐税收入趋势见图1。

图1　1910～1941年中央政府盐税收入趋势

资料来源：根据财政部统计处编《战时财政金融统计》（中华民国三十五年编）统计而成

如何整理这批旧外债？在外国顾问的建议下，国民政府做出三项决定：一是将需要整理之外债分为两类，一类为债约中明确规定由中国关盐两税来偿还的，称为"有确定担保债款"，另一类为"无确定担保债款"。二是成立内外债整理委员会，由行政院、监察院两院院长及财政、交通、铁道、外交等部部长充之，并聘外国专家为顾问。三是由关税和盐税中拨出款项充作还债基金，自1929年2月起，由关税中每年出基金五百万元，专款存储，以备整理外债（包括内债）之用，盐税中拨出的基金主要用于整理外债。

在有确实担保的外债中，以关税为担保的借款，其还本付息一般能如期进行。以盐税作担保的外债的还本付息，则出现过波折。1929年，南京国民政府原本打算偿付英法借款及克利斯浦借款的全部本金和利息，湖广铁路借款则只清偿一部分利息。办法是自1923年至1929年每月由盐税项下拨付90万~100万元作为基金。但实际上自1924年起，北洋政府盐税实收数连年下降，因而自1925年以后，以盐税为担保的英法借款和湖广铁路借款本息每有延付，1929年克利斯浦借款本息也无法偿付了。尤其是九一八事件的爆发和内战的加剧，迫使国民党人不得不把有限资金的绝大部分用在军费上，财政更趋困难。故南京政府无力按期执行原定方案。一些大国则借此施加压力，要求恢复被南京国民政府废除了的由盐务稽核总所（内设洋会办）直接支配盐税收入的制度。南京国民政府一方面坚持由财政部而不是由盐务稽核总所来负责盐税拨付外债本息；另一方面采取措施增加盐税实收数，陆续恢复偿付有关借款本息和补付递延本息。从实际情况看，自1934年起，蒋介石国民党政权趋于稳固，财政状况略有好转后，即将1929年至1931年到期应付而未付的英法借款本金，于1934年10月付清，1935年以后按照原定还本付息表，偿还本息；到期应付而未付的克利浦斯借款，经核定自1935年至1940年，分六年补还，自1941年起，按照原定还本付息表偿还本息；至于湖广铁路借款等外债，到1937年3月才整理。通过整理外债，南京国民政府的债务信用有了很大的提高，为国民党政府尔后获得大量贷款创造了有利条件。

　　内战爆发后，为弥补财政赤字，支撑反共内战，国民政府一面继续战前的整理外债政策，一面大量举借内外债。1946年4月，财政部曾向行政院提议，自当年7月1日起恢复偿付关盐税担保各债。但由于国力不敷支付，关盐税实际收入也远未达到战前水平，偿债能力甚低。① 因此，财政部拟将停付各项外债一律延付8年，以后各年顺序递延，直至清偿为止；凡递延偿付之债款，一律不计延期利息；递延偿付的债款基金，均于到期前一个月由国库拨各经理银行备付。② 这是抗战结束后，财政部对关盐税担保外债所提出的第一个"再整理方案"。此后几番周折，直至1948年12

---

① 据杨荫溥《民国财政史》第176页载，1946年关盐税收入为5489亿元。按1947年1月的官方汇价，仅合0.8亿美元。而1936年关盐税总收入8.8亿余元国币（同书第47页），按当时汇价，约合2.6亿美元。

② 《财政部拟具战前各债恢复偿付办法致行政院密呈》（1946年4月20日），《民国外债档案史料》（二），档案出版社，1991，第480~484页。

月 29 日，行政院第 32 次会议决定采用财政部所推荐方案，只恢复关盐担保八债（即英德续借款、善后借款、英法借款、克里斯浦借款、湖广铁路借款、马可尼费克斯公司借款、芝加哥大陆商业银行借款、太平洋拓业公司借款）利息的一半，第一年需付 2593334.6 美元，① 从 1949 年起实施。但是，这个最"廉价"的方案旋即"因局势关系"而被迫暂缓付诸实施。1949 年 6 月，避退广州的国民党当局还在发出"俟将来国内经济情况稍形稳定时，再行抉择施行"偿付外债本息方案的诺言。② 但不到半年，国民党统治便在中国大陆完全崩溃，其整理外债政策也彻底失败了，近代历史上政府债务与盐税的复杂关系就此结束。

---

① 财政部筹拟恢复偿付外债利息办法致行政院呈（1948 年 12 月 17 日）《民国外债档案史料》（二），第 563～565 页。
② 《民国外债档案史料》（二），第 541 页。

试论清末民初中日民间经济外交之始端
——以1908年抵制日货运动为例

于文浩*

摘要：1908年因"二辰丸事件"而发生的抵制日货运动是中国近代史上第一次抵制日货运动。关于这一论题，学界已经做了大量研究，但从民间经济外交的角度出发进行的专题研究却很少。因此，本文在对民间经济外交概念进行诠释的基础之上，通过对1908年抵制日货运动中以商人组织为主体的民间经济外交活动的历史考察，试论在开拓民间经济外交过程中，中国的新式商人组织在推动民间经济外交新理念方面所发挥的作用。

关键词：民间经济外交　商人组织　二辰丸事件　抵制日货

在20世纪初至辛亥革命爆发的十数年时间内，一方面，中国没有一个强有力的中央政府，且没有足够的力量限制列强对华经济政治侵略的步步加深，中国的民族危机日益严重，不少有识之士提出了众多的救国方案。由于政府不能有效地保护人民，人民开始自己探寻同外国列强打交道的方式，其中，抵货运动就是民间组织较常采用的方式之一。另一方面，日本的在华政治利益伴随其在华经济投资的增加而日益扩大，对中国的经济侵略也日益增多，在这种内外社会动荡变乱的情况下，抵制日货运动不仅是中国近代民间反抗日本侵略的重要手段，而且是近代民间经济外交的主要形式之一。1908年因"二辰丸事件"而发生的抵制日货运动，学界已经做了详细分析以及评价，但是以往的研究成果，大多在商会史、反帝爱国运动史和中外关系事件的研究中有所涉及，或注重考察抵货运动的演变过

---

* 于文浩，中国社会科学院经济研究所，副研究员，研究方向为区域经济，中国近现代经济史。

程，或着力强调各团体在运动中的言论作用，而以民间经济外交的视角来进行专题研究的却很少。因此，本文通过对1908年抵制日货运动中以商人组织为主体的民间经济外交活动的历史考察，丰富和深化此研究领域的研究成果。

一　文献回顾

关于近代民间经济外交的研究，起步较晚，虽在商会史、反帝爱国运动史和中外关系事件的研究中已有所涉及，但对于民间经济外交的理论框架与概念研究以及将其作为专题来进行研究的却很少，可以说仍然处于初步研究的状态。

1. 与民间经济外交相关的文献

徐鼎新、钱小明的《上海总商会史（1902~1929）》（上海社会科学院出版社，1991年）中，在论述上海总商会的政治参与史的过程中，涉及了总商会的外交活动，但没有单独对总商会所的民间经济外交进行论述。虞和平的《论清末民初中美商会的互访和合作》（《近代史研究》1988年第3期）中虽然没有对民间经济外交展开详细的论述，但描述了中美商会的出访过程及背景，可将其视作民间经济外交研究的一种表现形式。此外，在《商会与中国早期现代化》（上海人民出版社，1993年）中，他较为具体地描述了商人外交观念的萌发，论述了商会的经济外交活动。值得关注的是，在《五四运动与商人外交》（《近代史研究》2000年第2期）中，他首次对商人外交的概念进行了定义，对商人外交的表现、形态以及特点等综合性的问题进行了开创性的论述，且明确表明"从外交活动的内涵来说，商人外交是民间经济外交的主体"。随后虞和平、贾中福在《中国商会代表团参加太平洋商务会议述论》（《史学月刊》2004年第7期）一文中，从商人参与外交的具体个案研究出发，反映了商人在国际外交舞台上为争取国家主权和民族利益所进行的斗争和取得的成果，阐明了商人在外交上的重要性。朱英在《清末商会与抵制美货运动》（《华中师范大学学报》1985年第6期）、《五四运动期间的天津总商会》（《华中师范大学学报》1997年第6期）、《评清末民初有关政治改良与商业发展关系的论说》（《史学月刊》2000年第5期）、《近代中国商人思想观念的发展演变》（《理论月刊》2001年第5期）等文章中，虽没有使用民间经济外交这样的说法，但谈到了商人外交意识的觉醒。胡光明在《论早期天津商会的性质与作用》（《近代史研究》1986 年第 4 期）、《论国民党政权覆亡前的天津商会与工业会》（《天津社会科学》1999 年第 1 期）中，或多或少地提及了商会在国内的一些外交活动。冯筱才在《罢市与抵货运动中的江浙商人：以"五四"、"五卅"为中心》（《近代史研究》2003 年第 1 期）、《沪案交涉、五卅运动与一九二五年的执政府》（《历史研究》2004 年第 1 期），围绕反帝爱国运动的重大历史事件，论述了商会在国内政治外交问题上的表现。另外，郭太风在《虞洽卿与商会变异（1924~1930）》（《档案与史学》1996 年第 5 期）、顾莹惠在《中国实业代表团的赴日外交》（《民国春秋》1994 年第 6 期）中，对 1926 年中国实业代表团的赴日考察进行了描述，虽没有正式说明民间经济外交的概念、特点等，但论述了中国代表团赴日考察过程中争取国家主权、坚决要求取消日本强加于中国的不平等条约等活动，可以说这些论述是民间经济外交在国际舞台上表现的一个重要组成部分。贾中福在《中美商人组织与近代国民外交（1905~1927）》（中国社会科学出版社，2008 年）一书中，从中美商人的外交活动入手研究近代国民外交，丰富和深化了国民外交研究的内容，但对于中国商人在美国的外交活动，以及美国商人在其本国进行的对华外交活动没有深入地论及。

在中国台湾学者中，李达嘉在《五四前后的上海商界》（《中央研究院近代史研究所集刊》1992 年第 21 期）、《商人与政治：以上海为中心的探讨（1895~1914）》（台湾大学历史学研究所博士论文，1995 年）、《袁世凯政府与商人（1914~1916）》（《中央研究院近代史研究所集刊》1997 年第 27 期）中，就上海总商会的政治参与和职能转变，从不同的侧面提及了商会参与外交的情况，但缺少具体详细且独立的分析。此外，张恒忠在《上海总商会研究》（台北知书房，1996 年）一书中，对上海总商会作为政治团体参与的活动事项进行了详细的分析，其中提到了总商会的外交参与，但没有从民间经济外交的分析角度进行论述。

在日本学者中，野沢豊在《辛亥革命と産業問題——1910 年の南洋勧業会と日・米両実業団の中国訪問》（《人文学報》東京都立大学人文学部，1982 年第 154 号）一文中，以辛亥革命前中国实业界的动向为分析背景，对日、美两国实业团访华的形成及过程做了论述。金子肇在

《一九二〇代前半中国の政治情勢とブルジョアジー》(《広島大学東洋史研究室報告》1983年第5号)中,对1920年代上海商会参与政治外交活动的情况做了分析。大石嘉一郎在《戦間期日本の対外経済関係》(日本経済評論社,1992年)中,提到了20世纪20年代至20世纪30年代日本的对华经济政策、日本商人组织在中国市场上为争夺经济权益同其他列强国家的商人组织之间的争斗。波形昭一在《近代アジアの日本人経済団体》(同文館,1997年)中,以日本最大的商人组织——商工会所在中国大连、天津以及奉天的支店为主要研究对象,对其在中国所从事的民间经济活动、同中国政府以及日本政府的关系进行了分析。片桐庸夫在《渋谷栄一と国民外交》(《渋谷研究》平成2年創刊号)、《渋谷栄一と中国—その対中姿勢と中心として—(一)》(《渋谷研究》平成14年15号)、《渋谷栄一と中国—その対中姿勢と中心として—(二)》(《渋谷研究》平成16年17号)中,以日本实业界头领、商工会所会头涩泽荣一为重要人物,从民间经济外交的角度出发,就日本商人组织的对华经济参与做了详尽的论述,但关于民间经济外交的理论分析方面没有涉及。此外,飯島渉《華僑華人研究の現在》(汲古書院,1999年)、神戸華僑華人研究会編《神戸と華僑—この150年の歩み》(神戸新聞総合出版センター,2004年)等论著,对在日华侨参与外交的愿望、行动,以及同中日两国政府的关系等做了论述。上述已有研究从观察商人参与外交的角度来讲,或多或少地蕴含了民间经济外交的某一部分内容。

在西方,自70年代起在G. William Skinner的倡导下,出现了多篇以地方商会为研究对象的论文。此后,阐释商人与政府的关系及其政治参与长久以来都是他们讨论的焦点。例如,Joseph Fewsmith, *Party, State, and Local Elites in Republican: Merchant Organizations and Politics in Shanghai, 1890~1930* (University of Hawaii Press, 1985); Susan Mann Jones, *Local Merchants and the Chinese Bureaucracy, 1750~1950* (The Board of Trustees of the Leland Stanford Junior University, 1987); Marie - Claire Berère, *The Golden Age of the Chinese Bourgeoisie, 1911~1937* (Cambridge University Press, 1989); 等等。其中,Joseph Fewsmith的著作主要把上海的商会作为切入点,分析了晚清至国民党上台期间商人与政治关系的演化过程。Susan Mann Jones认为民间力量的成长隐含着对国家的反抗。

Marie‐Claire Berère 在其著作中将 1911~1927 年视为中国资产阶级发展的黄金时代，对政治参与要求也日益觉悟。这些文章有的从具体运动研究方面分析了商人对外交的参与，有的从侧面反映了商人在外交上发挥的对政府监督的作用。

2. 民间经济外交专题研究的文献

将民间经济外交作为专题来研究的文献较少，1989 年日本学者木村昌仁在著作《日米民間経済外交（1905~1911）》（慶應通信出版，平成元年）中，首次提出了民间经济外交的概念，认为是"通过各种经济团体对实业团（经济使节团）的派遣和接待，外国政界人士、实业家的接待，企业研修生的相互交换，国际经济会议的召开等方式，与外国展开的经济交流活动"。对于近代特定时期的民间经济外交概念则未进行严格的定义，主要是"商会等民间的经济团体，以贸易、投资等方面的经济问题为对象，进行的各种形式的亲善外交活动"。①但对民间经济外交的广义和狭义区分范围，以及民间经济外交的对象、主体等没有进行严格的定义，这表明在理论上关于民间经济外交的概念还需要进一步完善和精确。第一次将近代中日商人的民间经济外交纳入研究视野的是虞和平的《吴锦堂与民国初年的中日商人外交——以日支实业协会为中心》。该文论述了神户华侨商人成立的日支实业协会在开展民间经济外交活动时，为谋求中日关系的改善，力图影响日本政府采用友好的对华政策所做出的努力，肯定了民间经济外交的历史意义和影响。虞和平还指出商人外交"是民间经济外交的主体，也就是一种把经济利益作为主要目标，或作为主要手段以达到其他目标的国民外交"。②李恩民在《中日民间经济外交（1945~1972）》（人民出版社，1997 年）中，力图再次界定民间经济外交的概念和形态，强调了"无邦交时期的民间经济外交"的特色，评述了民间经济外交的政治意义与经济效益的关系，认为"是民间经济界人士、民间经济团体或非正式交涉者之间所进行的正式或非正式的国际经济交流活动"，是相对于正式外交与政治外交、军事外交等而言的。③李恩民的定义虽然对民间经济外

---

① 〔日〕木村昌仁：《日米民間経済外交（1905~1911）》，慶応通信出版，平成元年，第 31 页。
② 转引自《近代中国与世界：第二届近代中国与世界学术讨论会文集》，社会科学文献出版社，2005。
③ 李恩民：《中日民间经济外交（1945~1972）》，人民出版社，1997，第 8 页。

交的对象、主体及目标有了更进一步的概括和归纳,但对于民间经济外交与通常所说的"外交"和"国民外交"之间的区别与联系没有提及,从内涵方面看有欠妥当。

二 民间经济外交的概念

对于"外交"的含义,各国学者做出了不同的阐述,其观点虽有差异,但对于外交的主体是政府这一点,大家都一致认同。① 但是笔者认为在涉及民族利益和民众的生命财产安全方面,民众通过舆论、运动、出访等方式,也是广泛地参与到了外交活动中,因此,不能将民众参与外交活动这一行为完全隔离于外交行为主体之外。中国自清末以来就已萌芽的"人民主权"思想指出,外交不仅是宫廷、少数官僚所专有,"外交本体实在国民",解决外交问题要以"民气"为后盾。② 在中国,国民参与外交的要求始于19世纪末。甲午战争后,人们开始对中国不断加深的民族危机进行反思,认为国家的外交应该以人民为主体,因此多使用"国民外交"一词来表达参与外交的愿望,亦可称之为"民间外交",③ 是指"各国民间人士或民间机构之间有利于各自国家实现其对外政策目标的、具有非官方性质的国际交往"。④

"经济外交"一词的含义颇为丰富。它既可指外交活动中与经济有关的问题,也可指以经济问题为对象的外交活动,或是指以经济问题为手段的外交活动。一般的国际关系理论认为,经济外交与民间外交均不是正式的外交。一般来说,在人们的理解中,经济外交就是关于国家间经济关系、经济问题交涉的外交活动;⑤ 也有人将其定义为"政府和民间进行的

---

① 对于"外交"的定义,可参见〔英〕戈尔·布恩主编《萨道义外交实践指南》,上海译文出版社,1984;周启明编《国外外交学》,公安大学出版社,1990;鲁毅等编《外交学概论》,世界知识出版社,1997;金正昆:《现代外交学概论》,中国人民大学出版社,1999;〔日〕有贺长雄:《外交秘密论》,《外交时报》第2号,明治31年3月。
② 《论民气之关系于外交》,《外交报》第130期,1905年12月。
③ 关于"国民外交"或"民间外交"的概念,可参见泷川《中国外交之前途》,《政法学报》第3期,1909年9月13日;峙冰:《国际联盟与国民》,《民心周报》第1卷第11期,1920年2月14日;陈耀东:《国民外交常识》,新月书店,1928;外交学会:《外交大辞典》,中华书局,1937。
④ 钱其琛主编《世界外交大辞典》,世界知识出版社,2005,第1463页。
⑤ 李恩民:《中日民间经济外交(1945~1972)》,人民出版社,1997,第6~7页。

关于经济问题的谈判和履行契约的过程"。①

对于"民间经济外交"的概念,需要理清的几个内容分别是"行为主体"、"参与目的"、"活动方式"、"预期目标"和"与政府外交的关系"等。据此,笔者认为"民间经济外交"是指民间的商人团体或组织利用其掌握的经济命脉,为捍卫国家主权和自身权利,通过正式或非正式的对内对外交涉和交流,来影响本国政府或他国政府的外交决策以及国际关系,是相对于政府外交而言的非常广泛的外交活动领域中的一部分。尤其应为注意的是,行为主体是具有非官方身份的商人组织或团体,而不是单个企业的外事活动或商人个人的外事活动,既包括独立的,以及与政府合作的外交活动和外交交涉,又包括直接的外交活动和间接的外交后援活动。②

三 商人组织主导下的 1908 年抵制日货运动

光绪三十四年正月初四日(1908年2月5日),装运军械的日轮二辰丸在澳门附近的九洲洋海面卸货,被中国海军巡逻船抓获。对此事,时任两广总督的张人骏电外务部称:"日商船第二辰丸装有枪二千余只、码四万,初四日巳刻到九洲洋中国海面卸货。经商会拱北关员见证,上船查验,并无中国军火护照。该船主无可置辩,已将船械暂扣,请示办理前来。查洋商私载军火及一切违禁货物,既经拿获,按约应将船货一并带回黄埔,以凭照章程充公按办。谨先电闻,并请照知日使。"③ 日本政府不仅对中国扣留二辰丸提出了抗议,而且还提出释放该船、严惩官员等无理要求,并为二辰丸私运军火进行狡辩。但是中国政府却认为对二辰丸的举动并没有采取不合理的行为,中日之间的交涉陷入困难。后经日本政府再三威逼,清政府接受了日方提出的条件。这一举动引起了中国绅民的激愤,为抗议日本政府的要求,有人提出罢市,有人提出抵制日货之法。随后,"工业公会和商人宣布联合抵制日货,一些商人当中焚毁其库存的日货",

---

① China – Jin Lee, *China and Japan: New Economic Diplomacy* (Hoover Institution Press, 1984), "Introduction".
② 关于民间经济外交的产生背景、发展阶段等内涵与外延的讨论,详见于文浩的博士后工作报告《中日民间经济外交(1919~1928):以商人团体为主体的历史考察》。
③ 王芸生:《六十年来中国与日本》第五卷,三联书店,1981,第146页。

"广州、香港两地的日货无法如期装卸"。① 在广州粤商自治会的组织领导下，中国的第一次抵制日货运动爆发了。

光绪三十四年二月十三日（1908年3月15日），粤商自治会开会集议二辰丸事件，对二辰丸缉获情形做了详细讨论，认为扣捕二辰丸之处纬经度确为我国海面，是中国内海，并非公海，向来洋船在该处落货须经拱北关允许，所以扣船并非是不合理的。而日本用强权恫吓清政府迫使粤督放船属于"违公法弃商约"的行为。但同日却迎来了中国政府接受了日本条件的消息，为此，3月18日，粤商自治会召开大会，派代表到督署要求力争。集结千余人的大会"内多易剪辫者，手持大旗三面，大书挽回国权等字样，并在督署演说，愈聚愈众，道途为塞"。② 为支持会上"与日绝交易"的主张，一些商人马上回店把日货运到会场焚烧，自愿掀起了抵制日货运动。此后，梧州商会、上海及各地也发来通电，表示支持粤商自治会。由此，中国第一次抵制日货运动在以广州为中心的沿海地区掀起。

各洋货店为支持抵制日货运动，多书有"日货欠奉，买日货者勿进"等字样。各街巷也多付诸行动，洋布行老板以前每日商量销售日本货物，从自治会集议后就终止了交易，其先既定的货物也致电不装载。各日本庄也大多暂停办货。其中，广州的抵制日货运动最为激烈，上海的抵货运动也很激烈。除此之外，澳洲华侨、梧州商会等也参与了抵制日货运动。3月21日，梧州致电粤商自治会表示："辰丸案结，咸动公愤，文明对待，极表同情，办法候覆。"③

在商人组织的号召之下而掀起的这场抵制日货运动，引起了清政府的恐慌和日本政府的强烈反对。3月20日，日本公使根据上海日领事的来电，请求压制上海的抵制日货运动。在日本公使的压制之下，外务部于3月21日致电南洋大臣端方，转告上海道台要禁止商民的抵制日货运动，不但称二辰丸所运军械，领有日葡准单，并未实行起卸，粤水师将船捕拿，撤换国旗，办理未免太过于急促；而且称上海广东等地商人不知底细，而登报广告，以图抵制日货，希望将此案原委加以说明，商人明白事理自然不会生事，给人以借口，如果有借此滋事的应严厉禁止。电文中载有对粤

---

① 《抵制日货之历史及其经济影响》，《东方杂志》1929年第26卷第3期，第53页。
② 王芸生：《六十年来中国与日本》第五卷，三联书店，1981，第194页。
③ 王芸生：《六十年来中国与日本》第五卷，三联书店，1981，第157页。

商自治会因为二辰丸事件"决议抵制日货,联络各处,劝诱各众"一事,由外务部告知上海道台弹压。①

抵制日货运动不仅在广州、上海等地进行得风风火火,而且也蔓延至广西等地,为熄灭抵制日货运动风潮,日本公使林权助于4月2日致函外务部,要求外务部电告广西巡抚禁止商民抵制日货。其中,还提到粤商自治会抵制日货运动日益加剧,应令粤省严加弹压,以防意外。对于梧州及南宁发生的抵制日货的举动,侮蔑为这是自治会到各地劝诱的结果,所以应由外务部致电广西巡抚、粤省等严加防范,以顾全中日两国的友谊。因此,外务部电告两广总督张人骏,要其查禁解散抵制日货的活动。张人骏对于外务部来电答复道:对于抵制日货运动已经按要求禁止,但是对于提倡国货,认为没有理由对其禁止,加之南洋华侨及香港、日本各地也有抵制日货的行动,因此,认为一面抵制日货,一面提倡国货是很正确的方法,应当重视而不是压制。外务部再次致函粤督张人骏,称:扣留二辰丸一案,经办理已完结。而商会陈基建等人却借故嚣张,"恣意狂吠,形同化外",并且还于17日起,沿街遍贴不买日货的字条,扬言罢市,以要挟官方,极度地贬低抵制日货运动。还称:由于粤省的匪徒多,恐怕有人借此煽动民心,如任其妄为,对国际交涉和地方治安都会不利。因此希望能够严查究办,并晓谕商民等人,立即解散,不要受到煽惑,"以靖人心,而弭隐患"。②

由于商人组织不畏列强及清政府的压制,继续抵货运动,日本公使不得不多次致电外务部,请求取缔抵制日货运动。4月23日,日本公使林助权致函外务部:近日接到广州领事的来电,两粤人民仍有抵制日货的举动,请"再电咨粤省严禁以邦交"。③ 进入五月,面对声势浩大的抵制日货运动,日代使阿部守太郎再次致电外务部,请求取缔抵制日货运动。电文称:广东地带排斥日货的举动,至今仍然未熄,该省官宪毫无尽力镇压之状,此帝国政府感到最为遗憾的事情。根据可靠的报告,这次举动是粤商自治会会员陈惠普、罗少翔、李戒欺等主谋的,水师李提督及洋务局会办温道台,也有从中煽动与香港等处互通气脉的嫌疑。张总督虽然奉中国政

---

① 《三志辰丸案结后之状况》,《申报》光绪三十四年三月初一。
② 王芸生:《六十年来中国与日本》第五卷,三联书店,1981,第160页。
③ 《十四志辰丸案结后之状况》,《申报》光绪三十四年三月二十三日。

府之严饬,"只于表面施姑息之手段,毫不讲求镇压有效之策"。为让清政府出面压制此次抵制日货运动,还煽风点火,说此次举动的主谋是康有为一派的人,其目的已是显而易见,即欲乘广东有误解二辰丸事件,民众感到非常愤激的时候,煽动人心,以扶植自身的势力。对于对此次运动抱有支持想法的中国地方官员,中伤其不仅不遵照中国政府的严饬,而且有暗中帮助的趋势。因此,对于中国政府的袖手旁观,不采取适当的措施,表示日本政府"实所不解"。所以,"本使承本国政府之训令,就前面所列的事实,请中国政府注意,务必采取迅速确实有效的手段,以顾全两国的邻交"。①

在商人组织的号召下此次抵制日货运动虽然持续时日不多,但使日本的输华商品几乎减少了30%,日本输华货值较1907年减少了2500万日元。② 最突出的是日纱的减少由1907年的5700万海关两降至1908年的4500万海关两,减少了20%以上。③ 最终在中日官府的双重压制之下,抵制日货运动虽然以失败告终,但是它却反映了中国社会格局的一些显著变化。即在20世纪初,中国出现了具有近代意义的民众民族主义,特别是在反对不平等或反对外国侵略的民族主义兴起下,商人组织积极地以抵制日货这一民间经济外交的手段,来反抗日本对中国的压迫。从1908年第一次抵制日货运动可以看出,这一时期运动的组织形式,动员力量,宣传方式,商会组织的作用、与媒体的关系,运动主体以及运动的目的等,都体现了其具有了民间经济外交的"近代性"。

四 商人组织的民间经济外交作用

粤商自治会是在20世纪初随着中国社会的变化而出现的新式商人组织。从本文第一章民间经济外交意识产生的背景,以及发展阶段可知,当时在上海、广州等大城市,开始形成了一些商会和同业公会,在这种背景下,广东商人为了将商界力量联合起来,有所进展,并借组织力量来逐步实现拓财、扩商权,进而参与新政的愿望,于1907年成立了粤商自治会。

---

① 王芸生:《六十年来中国与日本》第五卷,三联书店,1981,第161页。
② 蔡正雅、陈善林等编《中日贸易统计》,中华书局,1933,第56~57页。
③ 张仲礼:《辛亥革命前后中国人民的抵货运动》,《社会科学》1981年第5期,第145页。

作为1908年抵制日货运动主导力量的粤商自治会扮演了极其重要的角色。粤商自治会追求的目的有如下变化：首先是为了"联禀挽救国权"。① 但随着形势的变化，后期他们又提出了"速开国会"和"振兴商务"这样更进步的要求，② 从民间经济外交的角度来看，已经具有了民间外交与经济外交的双重意义。虽然最终遭受失败，但是与1905年的反美抵货运动相比，其目的有着更为进步的一面，因此，它也不像1905年反美抵货运动那样无疾而终。其原因就在于商人组织所发挥的民间经济外交的作用，一方面，将国家兴亡与自身联系在一起；另一方面，也在探寻资产阶级的更高发展，即可以称之为"主体的组织"这一主导作用。③

虽然商人组织具有上述主体组织的作用，但是作为清末民间经济外交之始端而得以呈现的特点，还脱离不了它本身所存在的缺点。也就是说，商人组织虽然是具有民族主义和使命感的自治自立而又团结的组织团体，但是它有一个最大的缺陷，就是还未能完全从国家权利中独立出来。如粤商自治会就在抵制日货期间，散发不暴动传单，他们的抵抗之法是"各尽个人文明自由对待，如有见利忘义甘犯不韪者，我同胞定当互相劝诫，随时激励其国耻之心"。④ 正因商人在某些方面对国家政权存在着一定的依赖性，所以对于政府仍抱有得到其支持与保护的心理，以便于确保自己的社团"法人"地位。上述缺点导致的结果就是虽然能够拿起民间经济外交这一利器，但当与政府发生对抗时，却又不敢与政府完全决裂，于是提倡"先由两粤联名，后联二十二行省要求政府速开民选议院"。⑤ 即他们希望通过参与国家政治取得一席之地，来保证其合法地位，并进而为其本身利益谋取更大的权力。对于这一时期的新兴商人之所以能在很短的时间里发展壮大，并在社会生活的各个领域占有重要地位，有研究认为那是由于他们利用了清政府的劝商政策和清末新政的有利时机，从而取得了政府一定的支持，商人成立的新社团也因而具有合法的社会地位。⑥

由于上述商人组织自身存在不可避免的缺陷，他们无力与统治者公开

---

① 《论地方自治团体之性质及权限》，《申报》光绪三十四年二月二十五日。
② 《五志辰丸案结后之状况》，《申报》光绪三十四年三月初四日。
③ 《十四志辰丸案结后之状况》，《申报》光绪三十四年三月二十三日。
④ 《三志辰丸案结后之状况》，《申报》光绪三十四年三月初一日。
⑤ 《三志辰丸案结后之状况》，《申报》光绪三十四年三月初一日。
⑥ 朱英：《清末新兴商人及民间社团》，《二十一世纪》1990年第3期。

对抗，从自治会多次劝令不许民众暴动这一举动来看，一方面他们无力与统治阶级对抗；另一方面也没有对抗的政治、经济力量，因而，他们无法领导第一次抵制日货运动取得最后胜利。但是，从民间经济外交的意义来看，抵货运动显示了商人组织作为发起者、领导者的作用，如果当时没有商人组织进行广泛宣传、号召以及联络的话，不可能在短时间内得到普及，因为抵制日货运动到后来已经不是纯商人的活动了，运动的主体已推广到普通民众，各个方面各个层次的个人、团体不同程度地参加了这场运动。

1908年由"二辰丸事件"引发的抵制日货运动，虽然没有发展成为全国性的运动，但它是1905年反美爱国运动的继续，推动了中华民族新的觉醒；再次显示了以新兴的民族资产阶级为主体的中国广大民众的力量，由此说明此时的中国人已具有了一种国民意识，同时这种国民意识又是近代国家观念的具体体现。国民充分认识到了国家兴亡、匹夫有责，把抵制日货运动看作一场维护国家主权和利益的活动。"二辰丸事件"发生以后，粤商自治会就集中讨论此事件，发起抵制日货运动。之后又刊登"二辰丸事件"的实情及自治会的抗争情况，扩大了活动的声势，使广大民众能够了解具体的情况，增加对政府的舆论压力。商人组织所主导的清末首次抵制日货运动，已经表现为中日民间经济外交的作用。

从此次运动中近代商人的组织作用来看，它极大地宣传了近代民主思想，启发了民众的"国民意识"。从参与地域来看，不但以广州为中心，还扩大到中国香港、澳门、广西、梧州等地。抵制日货运动是由商人领导的，而且商人积极地参与进来，倡导抵制日货，"相戒不订日货"，即劝诚广大民众不用日货。1908年3月31日，《申报》就刊登了粤商抵制日货的办法。再从抵制日货运动的参与者来看，运动涉及了方方面面的人员，包括妇女在内的普通市民也都参与进来了。1908年4月8日广州女界就开国耻会，并由"某女士创设女工学习会以兴工业"。4月12日，女界又开国耻大会，到会者不下万人。会上言："女界家庭内概以用本国货物为宜，至家常食品一切海味无资养料，有碍卫生，切宜戒食众赞成"。[①] 由此可见，中国近代"国民意识"在增强，即这一时期民众对国民责任、国家主权以及国民与政府的关系，有了更新的认识。

---

① 《九志辰丸案结后之状况》，《申报》光绪三十四年三月十二日。

1908年3月27日,《申报》记载二辰丸释放后的详情,许多人将日货投入火中焚烧,并进行演说等"文明抵制办法"。到会者上十万人,皆"愤激不可名状",但是也没有暴动的行为,所以"不可谓非国民程度日进"。① 从上述抵制日货的手段来看,虽然表现出资产阶级无力反抗统治阶级的一面,但同时也体现了当时的国民在追求权利、责任、自由、平等、独立精神方面,是具有文明意识指引的,并且是具有国家观念的。可以说,1908年的抵制日货运动是具有近代意义的民众运动,体现了一种民众民族主义,充分体现了民间经济外交应具备的国民参政意识和主权意识。例如,在抵制日货运动时期,梧州商会在致广东的函电中就表示支持广东的抵货运动,称"梧州国民义务所为"②。

　　综上所述,第一次抵制日货运动,在广州粤商自治会的领导下,虽然归于失败,但是运动期间中国民众表现出一定的"近代性",即国民在进行民间经济外交过程中的国家观念和国民意识的萌芽开始形成。中国民众的觉醒和力量的增长,也说明了商人组织的政治化。此次运动充分体现了国民参政意识及国家观念的增强,这既是此次运动的深刻意义所在,又是中日民间经济外交的始端,同时也预示了商人组织在民间经济外交方面将担负的责任。

---

① 《纪辰丸案释放后详情》,《申报》光绪三十四年二月二十五日。
② 《三志辰丸案结后之状况》,《申报》光绪三十四年三月初一日。

中日双边贸易四十年的回顾与展望

田中景*

摘要：2012年恰逢中日邦交正常化40周年，近40年来两国之间的经贸关系总体发展势头良好。鉴于中日两国在亚洲乃至整个世界经济中所具有的重要地位，两国的经贸关系不仅直接影响着各自国家的经济发展，而且也影响着亚洲地区乃至整个世界未来的经济发展走势。中日两国应保持政府间政治稳定，加快中日韩之间和中日之间自由贸易谈判的进程，尽早建立中日韩和中日自由贸易区，正确看待双边贸易的不平衡问题，以此保证中日双边贸易长期快速发展。

关键词：中日双边贸易　贸易依存度　自由贸易谈判

一　引言

中日两国分别作为经济总量在亚洲位居第一和第二、在世界位居第二和第三的经济大国，在亚洲乃至整个世界经济中都具有举足轻重的地位。自1972年9月中日两国邦交正常化（1974年签署中日双边贸易协定）以来，特别是进入21世纪后，随着中国加入世界贸易组织（WTO）及经济的高速增长，中日双边贸易总额迅猛增长：1972年首超10亿美元，1981年首超100亿美元，1991年首超200亿美元，1995年首超500亿美元，2002年、2006年和2010年分别首超1000亿美元、2000亿美元和3000亿美元，到2011年接近3500亿美元（见表1），40年间增长了约313倍。

尽管中日双边贸易发展快速，但仍受一些影响因素的制约，因而有进

---

* 田中景：海南师范大学经济与管理学院教授，研究方向为日本经济。

一步发展的余地和空间。

表1 中日两国贸易额的变动（1972～2011年）

单位：亿美元

年份	中方进口	中方出口	进出口总额	备注
1972	6.09	4.91	11.00	首超10亿美元
1981	50.95	52.92	103.87	首超100亿美元
1991	85.93	142.16	228.09	首超200亿美元
1995	219.31	359.22	578.53	首超500亿美元
2002	398.66	616.92	1015.58	首超1000亿美元
2006	928.52	1185.16	2113.68	首超2000亿美元
2010	1490.86	1528.00	3018.86	首超3000亿美元
2011	1614.94	1834.22	3449.16	接近3500亿美元

资料来源：笔者根据日本贸易振兴机构及其前身日本贸易振兴会的有关资料制成。

二 中日双边贸易在两国对外贸易中地位的变化

1. 中日双边贸易在中国对外贸易中的地位

从双边贸易额来看，日本是中国的主要贸易伙伴之一，在1993～2003年间连续11年是中国的第一大贸易伙伴，在中国的对外贸易中占有非常重要的地位。

虽然中日双边贸易从绝对数额来看发展很快（见表1），但在中国对外贸易更为快速发展的情况下，中日双边贸易在中国对外贸易中的地位开始下降。2003年是日本作为中国第一大贸易伙伴的最后一个年份，这一年中日双边贸易额为1335.74亿美元（中方统计，与表1的日方统计有一定出入），占中国对外贸易总额的15.70%，高于美国的14.85%、欧盟的14.71%。自2004年以来，中日双边贸易在中国对外贸易中的地位持续下降。2004年，中日双边贸易额为1678.86亿美元，占中国对外贸易总额的14.54%，低于欧盟的15.36%、美国的14.69%，是中国的第三大贸易伙伴。2011年，中日双边贸易额达到3428.89亿美元（中方统计，与表1的日方统计数有一定的出入），占中国对外贸易总额的9.41%，低于欧盟的

15.57%、美国的 12.26%，东盟的 9.96%，是中国的第四大贸易伙伴。①

2. 日中双边贸易在日本对外贸易中的地位

对日本来说，日中双边贸易的发展速度非常快。在两国邦交正常化的 1972 年，双边贸易总额仅占日本对外贸易总额的 2.1%，1980 年略升至 3.5%，20 世纪 90 年代，虽然日中双边贸易额排在日本对外贸易中的第二位，但与排在第一位的美国相比，还存在很大的差距。以 1995 年为例，日美贸易总额占日本对外贸易总额的 25.2%，远远超过居第 2 至第 5 位的中国（7.4%）、韩国（6.2%）、台湾地区（5.6%）和德国（4.4%）。20 世纪 80 年代，日中贸易总额年均增长 6.8%，90 年代年均增长 16.8%。② 2000 年以后，日中双边贸易快速发展，超过了其他国家和地区与日本双边贸易的发展速度。到 2007 年，日中双边贸易额超过日美双边贸易额，中国成为日本的第一大贸易伙伴。日中双边贸易在日本对外贸易中所占的份额不断提高，2001 年提升至 11.8%，2011 年增加到 20.6%（与最高点 2010 年相比下降了 0.1 个百分点）；而日本与美国的双边贸易额占日本对外贸易总额的比重由 1980 年的 19.5% 提升至 1998 年的 27.8%（同年中国占 8.6%），此后一路下降，直到 2011 年下降到 11.9%（见表 2）。

表 2　对中美两国的贸易额占日本对外贸易总额比重的变化

单位：%

年份	2001	2002	2003	2004	2005	2006	2007	2008	2009	2010	2011
对中	11.8	13.5	15.6	16.5	17.0	17.2	17.7	17.4	20.5	20.7	20.6
对美	24.5	23.4	20.4	18.6	17.9	17.4	16.1	13.9	13.5	12.7	11.9

「出所」日本貿易振興機構（ジェトロ）.2011 年の日中貿易について.2012 年 2 月 16 日.18 頁.

2011 年，在日本进出口总额排在前五位的国家和地区中，中国占比为 20.6%，远远超过第二至第五位的美国（11.9%）、韩国（6.3%）、澳大利亚（4.4%）和台湾地区（4.4%）（见表 3）。

---

① 根据中国商务部《中国对外贸易形势报告（2012 年春季）》计算。
② 今井理之.「様変わりする日中貿易」.『季刊　国際貿易と投資』Autumn 2002 / No.49.37~54 頁.

表3 2011年日本进出口前五位的国家或地区

单位：亿美元、%

出口			进口			进出口		
	金额	占比		金额	占比		金额	占比
总额	8209	100.0	总额	8523	100.0	总额	16732	100.0
中国	1615	19.7	中国	1834	21.5	中国	3449	20.6
美国	1257	15.3	美国	741	8.7	美国	1998	11.9
韩国	659	8.0	澳大利亚	564	6.6	韩国	1055	6.3
中国台湾	507	6.2	沙特阿拉伯	503	5.9	澳大利亚	742	4.4
中国香港	428	5.2	阿联酋	428	5.0	中国台湾	739	4.4

「出所」日本貿易振興機構（ジェトロ）.2011年の日中貿易について.2012年2月16日.17頁.

从对中美两国出口占日本出口总额所占比重的变化来看，1990年，日本对美国出口占日本出口总额的31.5%，远远超过居第2至第5位的德国（6.2%）、韩国（6.1%）、台湾地区（5.4%）和香港地区（4.6%），中国仅排在第12位（2.1%）。在2001~2008年间，中国一直仅次于美国，排在第2位，占比由7.7%提高到16.0%。从2009年开始，中国（18.9%）首超美国（16.1%），2011年中国为19.7%，美国为15.3%（参见表4）。

表4 对中美两国的出口在日本的出口总额中所占比重的变化

单位：亿美元、%

年份	日本的出口总额		其中：对中国出口			其中：对美国出口		
	金额	增长率	金额	增长率	占比	金额	增长率	占比
2001	4052	-15.7	311	2.2	7.7	1217	-14.8	30.0
2002	4159	2.6	399	28.3	9.6	1186	-2.5	28.5
2003	4699	13.0	572	43.4	12.2	1154	-2.7	24.6
2004	5650	20.2	738	29.0	13.1	1268	9.9	22.4
2005	5982	5.9	803	8.8	13.4	1349	6.4	22.6
2006	6473	8.2	929	15.7	14.4	1457	8.0	22.5
2007	7127	10.1	1091	17.4	15.3	1434	-1.6	20.1
2008	7759	8.9	1240	13.7	16.0	1362	-5.0	17.6
2009	5808	-25.1	1096	-11.6	18.9	937	-31.2	16.1
2010	7670	32.1	1491	36.0	19.4	1182	26.1	15.4
2011	8209	7.0	1615	8.3	19.7	1257	6.3	15.3

「出所」日本貿易振興機構（ジェトロ）.2011年の日中貿易について.2012年2月16日.17頁.

从自中美两国进口额占日本进口总额的比重来看，在20世纪90年代，美国所占比重遥遥领先。以1995年为例，美国高达22.4%，远远超过位居第2至第5位的中国（10.7%）、韩国（5.1%）、澳大利亚（4.3%）和台湾地区（4.3%）。自2002年开始，中国就超过了美国，这一状态一直维持到现在，而且中方占比超过美方占比的势头日益明显，中方由2002年的18.3%上升到2011年的21.5%，而同期美方则由17.1%下降到8.7%（见表5）。

表5 自中美两国的进口额在日本进口总额中所占比重的变化

单位：亿美元、%

年份	日本的进口总额		其中：从中国进口			其中：从美国进口		
	金额	增长率	金额	增长率	占比	金额	增长率	占比
2001	3511	-7.9	581	5.1	16.5	635	-12.3	18.1
2002	3368	-4.1	617	6.2	18.3	576	-9.3	17.1
2003	3815	13.3	752	21.9	19.7	587	1.9	15.4
2004	4547	19.0	942	25.3	20.7	624	6.3	13.7
2005	5186	14.1	1091	15.8	21.0	645	3.4	12.4
2006	5793	11.7	1185	8.6	20.5	681	5.6	11.8
2007	6211	7.2	1276	7.7	20.5	708	4.0	11.4
2008	7561	21.7	1423	11.5	18.8	770	8.8	10.2
2009	5523	-27.0	1225	-13.9	22.2	590	-23.4	10.7
2010	6914	25.2	1528	24.7	22.1	672	13.9	9.7
2011	8523	23.3	1834	20.0	21.5	741	10.3	8.7

「出所」日本貿易振興機構（ジェトロ）．2011年の日中貿易について．2012年2月16日．18頁．

尽管2011年日中贸易总额与上年相比增加了14.3%，但低于日本对世界贸易总额的增速（14.7%），所以，日中贸易总额占日本对世界贸易总额的比重由2010年的20.7%略降为2011年的20.6%。从日本对中国出口来看，创下了19.7%的最高纪录，但从日本自中国进口来看，由于日本逐渐摆脱美国金融海啸所造成的消极影响，产自中东等地的石油、天然气等资源型商品进口猛增，导致日本自中国的进口所占份额连续两年下降，由2009年的22.2%下降为2011年的21.5%，但总的来看，在中国经济快速发展的背景下，日中双边贸易得到了快速的发展，中国逐渐成为日本的第一大进口来源国（2002年）、第一大出口国（2009年）、第一大贸易伙伴国（2007年），可以说中国在日本的对外贸易中占据了举足轻重的地位。

三 中日双边贸易中商品结构的变化

在中日邦交正常化之前的1963～1967年间，日方向中方出口的商品主要是化肥、农药、农业机械、钢铁、化纤等，中方向日方出口的商品主要是煤炭、盐、铁矿石、大豆、玉米等。在中日邦交正常化的1972年，中国对日本出口中制成品所占比重仅为30%，到2001年达到61%。[①] 1991年，日方向中方出口商品占前五位的分别是钢铁、丝织和纤维产品、有机化合物、汽车、塑料，中方向日方出口商品占前五位的分别是服装及附属品、石油产品、原油、丝织和纤维产品、水产品。由表6可以看出，与1995年相比，2011年中方对日方出口商品结构明显改善，1995年，中方对日方出口产品完全是劳动密集型产品和初级产品，其中，服装及附属品高达29.4%；而2011年，虽然服装及附属品仍占首位，但占比已经下降到1995年的一半以下（14.2%），而排在第二至第五位的电脑及周边产品、智能手机等通信设备、音响映像仪器、金属产品占比分别为8.2%、6.9%、6.6%和2.9%。水产品、原油、蔬菜等初级产品自2008年开始就已经在中方对日方出口商品前十位中消失了。

表6 中日双边贸易商品结构的变动（1995～2011年）

单位:%

位次	1995年		2001年		2011年	
	中→日	日→中	中→日	日→中	中→日	日→中
1	服装及附属品(29.4)	钢铁(10.7)	服装及附属品(25.4)	半导体等电子产品(8.0)	服装及附属品(14.2)	半导体等电子产品(8.0)
2	水产品(5.6)	丝织纤维产品(8.6)	音响映像仪器(5.8)	丝织纤维产品(8.0)	电脑及周边产品(8.2)	钢铁(5.2)
3	丝织纤维产品(5.2)	有机化合物(3.9)	水产品(3.9)	钢铁(6.7)	通信设备(6.9)	汽车零部件(5.1)

[①] 関谷裕介、保田明子．「対中国貿易投資の変遷」．『日本貿易会月報』2012年7・8月号 No.705，49～55頁．

续表

位次	1995 年		2001 年		2011 年	
	中→日	日→中	中→日	日→中	中→日	日→中
4	原油(4.3)	集成电路等的机器(3.4)	丝织纤维产品(3.7)	有机化合物(5.5)	音响映像仪器(6.6)	塑料(5.0)
5	蔬菜(3.4)	金属加工机械(3.3)	电脑及其周边产品(3.2)	塑料(4.5)	金属产品(2.9)	科学光学仪器(4.8)

资料来源：根据日本财务省公布的贸易统计数据整理得出。

正如日本爱知大学现代中国学部教授今井理之所指出的那样，中日双方互为重要贸易伙伴，双边贸易的商品构成正由 20 世纪 80 年代的垂直型分工向水平型分工转变。[①]

四　中日双边贸易发展的展望

（一）中日双边贸易的影响因素

在中日双边贸易不断向前发展的过程中，从今后来看，既有促进双边贸易发展的有利因素，也有阻碍双边贸易发展的不利因素。

1. 有利因素

（1）中日韩 FTA 谈判即将启动。2010 年 5 月，中日韩 3 国的政界、企业界和学术界围绕缔结自由贸易协定（FTA）开展第一轮会谈。2011 年 11 月，3 国首脑会谈同意尽早启动 FTA 谈判。在 2012 年 5 月的中日韩 3 国首脑会议上，3 国签署了中日韩投资协定，与此同时，也对年内启动中日韩 FTA 谈判达成一致。中日韩投资协定乃 3 国首个在经济领域达成的法律文件。在日韩、中日之间因领土问题而导致政治外交关系紧张的背景下，2012 年 11 月 20 日，在柬埔寨首都金边举行的中日韩商务部长会议决定尽快启动三国自由贸易区建设的谈判。关于 3 国 FTA 谈判的启动，如果能尽快达成合意，早日签署，对于推动 3 国相互贸易乃至经济的发展无疑具有重大意义。

---

① 今井理之.「様変わりする日中貿易」.『季刊　国際貿易と投資』Autumn 2002 / No. 49・37~54頁.

（2）中日货币领域的合作不断加深。2012年6月1日，人民币和日元开始直接交易，这是日本的货币日元首次与美元之外的货币进行的直接交易，这种不需借助第三国货币的直接交易，无疑会降低交易成本、降低金融机构的结算风险。中日两国都期待此举能够促进两国之间贸易和投资的发展，增强两国货币在国际金融市场上的影响力。

2. 不利因素

（1）受中国经济减速的影响。由于2011年下半年以来中国经济发展受国内外多重因素的影响增速减缓，以及受中国对房地产市场调控的影响，日本对中国的出口自2011年下半年开始增速明显下降，2012年上半年与上年同期相比下降了8.6%（略低于对欧盟的出口降幅9.0%），其中，钢铁下降了17.4%，发动机下降了24.2%，建筑和矿山机械下降了49.7%。① 但由于美国经济的好转，日本对美国出口增加了21.0%（上半年对美国顺差2.48万亿日元），这样2012年上半年日本对外出口总额与上年同期相比增加了1.5%；进口总额受日本核电站事故停止运行而大量进口用于火力发电的燃料等的影响，与上年同期相比增加了7.4%，导致上半年日本对外贸易出现了约2.92万亿日元的逆差，从半年期的逆差额来看创下了最糟纪录（以往最糟纪录是1980年上半年的2.62万亿日元），这一数额超过了2011年全年的贸易逆差（2.56万亿日元），也超过了以往全年的最高逆差额（1980年，2.61万亿日元）。② 2012年上半年日本自中国进口额增加了4.2%，这样上半年对中国贸易出现了1.41万亿日元的逆差，接近日本整个对外贸易逆差的1/2。

（2）中日双边政治关系冷暖不定。自21世纪以来，中日政治外交关系忽冷忽热。不容忽视的是，中日政治关系是推动中日贸易不断向前发展的主要因素。然而一些日本政府高级官员不顾国内外的反对，屡次参拜靖国神社；日本一些官员屡屡散布歪曲对华侵略的言论等。2012年恰逢中日邦交正常化40周年，日本东京都知事石原慎太郎又于4月抛出了所谓"由东京都购买钓鱼岛"的怪谈并已经为此采取了行动，这严重影响了双边关系的正常发展。2012年9月，日本政府不顾中国政府的强烈反对，坚持花费20.5亿日元购买钓鱼岛将其国有化，导致中日关系急剧恶化，对双边经

---

① 財務省．平成24年上半期分貿易統計（速報）の概要．平成24年7月25日発表．
② 貿易赤字2兆9158億円、半期ベース過去最大．読売新聞2012年7月25日11時10分．

贸关系的发展造成了不可忽视的消极影响。

（3）两国贸易统计存在较大差异。表7是按中日两国各自的统计方法得出的2003～2011年相应的贸易差额。数据显示，中日双方各自统计的数据差距明显，双边贸易严重不平衡。按中方的统计数据，中国自2002年对日贸易开始出现逆差，而且逆差额不断上升，到2010年时高达556.93亿美元。按日方的统计数据，自1972年日中邦交正常化以来，在1972～1980年间，日方为顺差，1981～1983年间日方为逆差，在1984～1987年间日方为顺差，自1988年至今一直是贸易逆差，2001年逆差额度达到270.14亿美元，此后有所下降，但到2005年逆差额扩大到287.65亿美元，此后到2010年逐年下降，降至37.14亿美元，但2011年又扩大至219.28亿美元。

表7　2003～2011年按中日双方统计的双边贸易差额对比情况

单位：亿美元

年份	2003	2004	2005	2006	2007	2008	2009	2010	2011
中方	-147.28	-208.58	-164.60	-240.58	-319.34	-344.68	-330.47	-556.93	-462.93
日方	-179.74	-204.09	-287.65	-256.65	-185.83	-183.02	-129.15	-37.14	-219.28

「出所」日本貿易振興機構（ジェトロ）．2011年の日中貿易について．2012年2月16日．20頁．

从中国的角度看，一方面中国经济高速增长，国内市场需求巨大，从日本的进口额自然也迅速增加，数据表明，中国经济增长速度越快，对日本的贸易逆差也会迅速扩大；另一方面由于很多中国企业对日本企业有很强的依赖性，生产过程中所需的一些零部件、机械设备、优质原材料、关键技术等都从日本进口，所以中国对日本出现贸易逆差被视为经济发展的必然结果。而从日本的角度来看，认为日本对中国的贸易逆差是不正常的，是对日本经济的侵害。故日本的贸易保护主义频频抬头，各种反倾销调查、紧急限制进口等保护贸易措施相继推行，如2001年日本对中国出口的大葱、灯芯草、鲜香菇三种农产品实行紧急限制进口措施，由此造成中日双边贸易关系紧张。

（二）推进中日双边贸易发展的对策建议

1. 确保政府间政治稳定

中日两国在未来相当长的一段时期内仍可能持续"政冷经热"的状

态，这主要是由于历史问题在短期内还难以消除，但两国在政治、经济领域的交流合作并不能因此而停滞不前。两国政府应正确看待问题，以两国经济发展为主线，积极妥善解决历史问题，以两国宏观经济政策为中心，在金融、投资领域开展合作交流，加强双边贸易的发展，推动多边和区域组织的构建。只要两国政府都能站在战略互信互利的高度正确看待历史问题，加强交流、消除分歧，必然可以确保两国政府间政治稳定，推动两国经贸的长期快速发展。

2. 积极推动中日自由贸易谈判进程

进入21世纪以来，世界各国双边自由贸易得到了迅速发展，在WTO多边贸易体制下，区域经济一体化也进入以双边自由贸易区为主的阶段。顺应这一潮流，中日两国分别已经与多个国家建立了双边自由贸易区，并取得了良好的经济效益，两国都在自由贸易区的建设和发展过程中积累了丰富的经验，尤其是中日两国在生产要素、经济资源以及经贸关系等方面具有很强的互补性，这些对开展中日自由贸易区谈判是非常有利的。尽快启动中日韩或中日双边自由贸易谈判进程，完全符合世界经济一体化、区域化的客观要求，是中日两国积极参与FTA特别是双边自由贸易新潮流的明智之举。

3. 正确看待双边贸易差额

如前所述，按中日双方各自的统计，两国在双边贸易上都是逆差，这一问题的出现主要是由于两国在贸易统计口径上存在差异，如对转口贸易的统计，对进出口价格采用到岸价或离岸价的差别等。一般情况下，一个国家对进口的统计是比较严格准确的，所以中日两国可按各自统计的进口额进行比较，来看待双方的贸易是否平衡。日本贸易振兴机构（JETRO）2012年2月16日发布的研究报告指出，2010年日本对中国贸易逆差大幅缩小，仅为37.14亿美元。其背景是随着中国市场的不断扩大，大量从日本进口零部件、原材料及产成品，而日本伴随着儿童数量的不断缩减、老龄人口的持续增加内需低迷，进口增速远低于出口增速，日本对中国的贸易逆差将不断缩小。如果考虑到日本对香港出口的大部分是经由该地对中国内地的转口，中日贸易从双边各自的进口来看，在2003~2011年间，日方仅有2003年、2005年和2006年为逆差，而其他年份均为顺差，而且日方顺差总额远远超过逆差总额（见表8）。

表8 从中日两国各自统计来看双边贸易差额

单位：亿美元

年份	日方统计自中国进口额	中方统计自日方进口额	日方差额
2003	751.93	741.51	-10.42
2004	942.27	943.72	1.45
2005	1091.05	1004.08	-86.97
2006	1185.16	1156.73	-28.43
2007	1276.44	1339.42	62.98
2008	1423.37	1506.00	82.63
2009	1225.45	1309.15	83.70
2010	1528.01	1767.36	239.35
2011	1834.22	1945.91	111.69

「出所」日本貿易振興機構（ジェトロ）.2011年の日中貿易について.2012年2月16日.20頁.

总之，自1972年中日邦交正常化以后已经过去了40年，在这40年的时间里中日双边贸易从总体看取得了巨大的成就，双边贸易在各自对外贸易中所占的地位大幅度提升，如今中国是日本的第一大贸易伙伴，日本是中国的第二大贸易对象国家。今后，只要双方继续在政治上加强战略互信、在经济上加强战略互惠，尽早建成中日FTA和中日韩FTA，那么中日双边贸易的发展前景将更加辉煌。

第一次世界大战后德国的对外贸易策略

周建明*

摘要： 第一次世界大战后，德国采取了一系列措施发展对外贸易。一方面通过加大食品和原料的进口来满足国内生活和生产的需要；另一方面以易货贸易方式推行贸易互惠政策，以缓解德国经济入不敷出的困境，并为此实施国内付款的外国特别账户政策。为避免战后人们对德国的敌对情绪，德国想方设法通过利用中立国或改头换面，或低调宣传，或出口货物不盖产地印记以及商业交往不用德文等方式来减少人们对德国商品的排斥。

关键词： 第一次世界大战　德国　对外贸易　策略

德国是第一次世界大战（以下简称"一战"）的策源地，德国人发动世界大战，使整个世界陷入战争的旋涡，同时德国经济也被绑上战争的战车，在一切服务于战争的年代，所有的物资首先保证战争的需要，使德国本来十分匮乏的资源更是捉襟见肘，人们的日常生活也受到严重的影响。"1915年初，随着颁发面包卡，开始实行配给制，随后又发行肉食卡，几年以后对食品实行了全面的配给制。"一些地方规定每天每人定量440克土豆，200克面包，50克糖，35克肉和9克脂肪。即便是实行配给制，很多情况下也无法保证供应，一些大城市的居民经常得不到每天规定分配的定额。为满足日常生活所需，德国人挖空心思，推行各种食用代用品，"例如用蜗牛提炼脂肪或者用土豆粉或粗磨的大麦制造新品种面包。此外还有香肠、葡萄酒、啤酒和咖啡的代用品"。战争

---

* 周建明，广西师范大学历史文化与旅游学院教授，研究方向为中外经济关系、中国经济史。

留给德国社会经济的后遗症是严重的,"在四年战争后,德国的粮食产量还没有达到战前水平的一半,工业生产在类似影响下,1919年产量仅为1913年的42%"。① "一战"结束后,如何摆脱战争的阴霾,使社会经济发展回到正常的轨道上,是德国无法回避的问题。发展对外贸易,重回国际大舞台,是德国重要的经济政策之一。为了发展对外贸易,德国人施展了种种手段。

一

通过加大食品和原料进口满足国内生活和生产的需要是战后德国对外贸易的基本策略。

进口在德国经济中占有举足轻重的地位,"德国很大一部分食品依靠进口,而进口的食品则是用出口工业品来抵偿"。② 德国是欧洲人口大国,与英、德、法几个欧洲主要国家相比,第一次世界大战前的1913年,德国人口约6500万,英国人口约4500万,法国人口约4100万,③ 德国人口最多。另一方面,德国的自然资源却相当匮乏,据统计,"在其第一次世界大战以后的疆界内,煤炭是德国能够自给自足的唯一战争原料;85%的石油、80%的铁矿、70%的铜、90%的锡、95%的镍、98%~99%的钨和锑,以及20%的粮食来自国外"。德国在基本原料和粮食方面对外国资源的依赖,被认为是在20世纪战争中唯一致命的弱点。④ 雪上加霜的是《凡尔赛和约》使德国"丧失战前领土13%、人口10%、可耕地15%、铁矿储藏量75%、生铁44%、钢38%、煤产量26%"。⑤一方面是民众生活的急迫需求;另一方面是资源的匮乏,迫使德国人没有更多的选择,只能通过加大进口来满足生活和生产的需要。

表1是德国1924~1928年年进出口平均额所占比重。

---

① 〔德〕卡尔·哈达赫:《二十世纪德国经济史》,扬绪译,商务印书馆,1984,第13~15页。
② 〔美〕平森:《德国近现代史》,范得一译,商务印书馆,1987,第595页。
③ 〔英〕安格斯·麦迪森:《世界经济千年史》,北京大学出版社,2003,第177页。
④ 〔美〕柯伟林:《德国与中华民国》,陈谦平等译,钱乘旦校,江苏人民出版社,2006,第122页。
⑤ 〔意〕卡洛·M.奇波拉:《欧洲经济史》第六卷上册,李子英等译,吴良健总校,商务印书馆,1991,第149页。

表1 1924~1928年德国进出口平均额所占比重

单位:%

品 名	进口	出口
食料与家畜	33.5	5.5
原料与半成品	50.0	21.5
完成物品	16.5	73.0
合 计	100.0	100.0

表1中的数据表明，食料及家畜进口所占比例达到三分之一，反映出德国日常生活用品对国外依赖度较大，而原料与半成品更是占到进口商品的一半，"国内所消费的大麦和小麦超过百分之四十是由外输入的，雀麦马铃薯等之输入也很大宗，劳动阶级所消费者四分之一是消费品。在第二方面，德国是完全倚靠国外原料之供给，才可以维持她的工业。所以德国输入的主要商品，除了煤之外，差不多近代工业生活的一切都是倚靠输入品的，最显著的如棉花，煤油，羊毛，和铁，铜等等是。"① 德国本身自然条件的限制及诸多因素，决定了德国对从国外进口的依赖。"由于德国不论在工业产品还是农产品方面，都未能取得真正的自给自足，因而和外国的经济联系非常重要，广泛的国内经济刺激纲领和随之而造成的收入增加，使得在相对高度进口的趋势下，迅速增加了对外国消费品和原料的需要。"② 德国对进口的依赖已经不仅与百姓的日常生活，而且与生产、社会经济的发展紧密联系在一起，进口额的减少，将直接影响德国的生产和生活。"维持现在的生产额量和生活程度，大部分显而易见是倚赖入口，如果入口额量低减，则生产额量和生活程度亦随着低跌，同时，对于出口方面，生产额量和生活程度也有同样关系。德国出口大部分生产品，都是直接由入口原料制成，因此，入口额量低减而同时出口额量也减低。"③ 为了保证生产和生活的正常运转，德国在对外贸易中采取了加大食品和原料的进口，通过扩大进口来满足国内生活和生产需要的策略。这一策略的实施，对德国"一战"后社会经济的恢复和发展起到了重要的作用，第一次

---

① JAMES W. ANGELL:《德国经济之复兴》，黄菩生译，民智书局，1931，第288页。
② 〔德〕卡尔·哈达赫:《二十世纪德国经济史》，扬绪译，商务印书馆，1984，第35、第73页。
③ JAMES W. ANGELL:《德国经济之复兴》，黄菩生译，民智书局，1931，第289页。

世界大战结束后，经过10年的努力，德国不仅重新成为欧洲实力雄厚的经济实体，至1929年德国外贸已达到平衡，"特别在化学、电子技术、精密机械和光学工业方面德国再度赢回了领导地位"。①

二

以易货贸易方式推行贸易互惠政策，以缓解德国经济入不敷出的困境。

第一次世界大战以德国的失败而告终，作为战败国，德国面临着巨额的赔款，《凡尔赛条约》规定："德国需交纳赔款总额为1320亿金马克，每年交纳6%的利息并逐年减少本金，合计每年需缴付20亿金马克。同时，德国出口总值的26%将被划入设立的一个赔款账户。"②

巨额的赔款使德国经济套上了一副沉重的枷锁，德国陷入严重的入不敷出窘境，"在1919～1923年期间，国库收入平均每年仅仅大约相当于支出的25%"。③一方面国内经济窘迫；另一方面国外债务沉重，而在此情况下还需要扩大进口来满足生活、生产之需，矛盾十分突出。鉴于此，德国推行以易货贸易形式来缓解这一局面的贸易互惠政策，试图通过贸易互惠政策将"德国的贸易从西欧和美国等国际贸易中心转向南欧、南美和近东、远东地区"。④德国通过各种外交途径明确地表达出他们的这种意愿。德国政府驻中国的代表克兰（Hans Klein）在致蒋介石的报告中曾明确提出，"德国趋向于由物品交换途径以抵补其国外生产品之需要，藉以改善金融现状，而扩充其经济建设"。⑤另一位德国政府要员，德国访华经济代表团团长克朴博士也表示，"热切希望与那些可为它提供原材料及需要工业产品的国家发展易货贸易关系"。⑥中国是德国易货贸易的重要对象，在当时的历史条件下，易货贸易符合双方的利益，中国需要进口机械等生产

---

① 〔德〕卡尔·哈达赫：《二十世纪德国经济史》，扬绪译，商务印书馆，1984，第35页。
② 〔加拿大〕马丁·基钦（Martin Kitchen）：《剑桥插图德国史》，赵辉、徐芳译，赵叙校，世界知识出版社，2005，第229页。
③ 〔美〕平森：《德国近现代史》，范得一译，商务印书馆，1987，第596页。
④ 〔美〕柯伟林：《德国与中华民国》，陈谦平等译，钱乘旦校，江苏人民出版社，2006，第124页。
⑤ 马振犊：《中德外交密档》，广西师范大学出版社，1994，第18页。
⑥ 马振犊：《中德外交密档》，广西师范大学出版社，1994，第24～25页。

工具，但苦于缺乏资金，而德国需要输出机械等产品，以购回生产和生活所需的物资，采用易货贸易的方式，对双方均有利，能有效地起到互补的作用。1934年中德双方就易货贸易签订了《中国农产品与德国工业品互换实施合同》，合同中明确指出，"本合同之目的，在于藉中国农矿原料，与德国工业品，及其他各种成品之交换，以促进两国工商业与政治之建设，并以增进两国人民之强盛"。① 随后中德双方签订了《中德易货运输及价目协订办法》和《中德银行易货贸易结算办法》等一系列易货贸易相关协议。在《中德银行易货贸易结算办法》中规定："中国银行得到德国政府的批准，他们的客户可以用易货贸易的形式将中国商品，诸如棉花、桐油、皮革、花生、肠衣、羽毛及其它原料运往德国。因此，只要中国银行掌握足够的进口货源，就允许其客户出口中国商品到德国。"② 通过易货贸易的形式，德国从中国获得了大量其所需的物资，鉴于这一交易方式的重要性，双方最高领导层对此均予以特别的关注，希特勒曾致电蒋介石，"中德两国之货物互换，实给予两国经济进展以莫大裨益，获蒙钧座异数关垂，谨为申谢"。为表示谢意，希特勒甚至还送给蒋介石一把德国国防军的荣誉宝刀，"尚希接受敝国国防军之荣誉宝刀一柄，藉表希个人敬仰钧座及贵国之微意"。③以易货贸易方式推行贸易互惠政策的范围并不仅限于中德贸易之间，在与德国有贸易关系的其他国家也推行了这一政策。"与用德国武器和机器换取中国原料同时出现的易货贸易还有：巴西的咖啡换取德国的火车机车，墨西哥的石油换取德国的输油管道，土耳其的烟草换取德国的汽车等协定。"④

三

设立国内付款的外国特别账户是德国对外贸易的一项特殊政策。

为便于推行易货贸易，德国政府实行了一项较为特殊的政策，设立国内付款的外国特别账户"Ausländer sonder konto für Inlandszahlung"，德语

---

① 马振犊：《中德外交密档》，广西师范大学出版社，1994，第324页。
② 马振犊：《中德外交密档》，广西师范大学出版社，1994，第333页。
③ 马振犊：《中德外交密档》，广西师范大学出版社，1994，第4~5页。
④ 〔美〕柯伟林：《德国与中华民国》，陈谦平等译，钱乘旦校，江苏人民出版社，2006，第124页。

缩写为"ASKI"。在"ASKI"马克贸易中，德国进口商收到同其实际货物相比已大大涨价的货款并将之存入授权银行的"ASKI"账户上，然后他将其ASKI马克减价卖给德国出口商。这样，出口商就可以降低其产品价格，而同时进口商在出口交易的进程中得到补偿。① 这一策略是在德国经济部长沙赫特提出"新经济计划"背景下出台的外贸政策，德国进口商为获取较高的利润，首先设定他们有一笔款项配额（ASKI马克）存于银行，然后他们将其ASKI马克打折出售给德国出口商，用以降低德国出口货之价格，以促进国家的对外贸易，从而获得更多的利益。实施"ASKI"马克账户的政策对促进对外贸易的发展起到了推动作用。

这种结算方式的具体做法是，中国商品的出口商认可他们的产品在德国的售价，允诺支付他们出口货单总价值的10%～20%用来进口德国货物，否则其在中国市场上的价格就会因马克报价及其他因素而显得太高。例如，一个中国商品出口商航运价值400000ASKI马克的棉花来德国，那他将从中国银行得到仅为400000ASKI马克等值减去10%价值的白银，大约值360000美国先令，差额保存在中行特定的账户里，转交给德国货的进口商。德国货物进口商要求中行开具一份A/P，以支付限在返回的10%的总账目数额以内的需要。即他想要从德国进口价值100000ASKI马克的商货时，他只需要支付90000ASKI马克，而另外又能从中行特定账户的积累结算总数1000000ASKI马克中额外获得10000马克，通过这种方法，出口商可以出口比以前更多的货物，更重要的是，两国不必交换现银、黄金或外币。②

四

运用各种心理因素的外贸策略。

"一战"前德国政治经济力量十分强大，"其工业极发达，制出之货物，优美而价廉。中欧诸邦、巴尔干半岛以及土耳其境内，德国政治势力甚大，故其地皆为德人及德之商品所充塞。……自大战之后，海外殖民地

---

① 〔美〕柯伟林：《德国与中华民国》，陈谦平等译，钱乘旦校，江苏人民出版社，2006，第224~225页。
② 马振犊：《中德外交密档》，广西师范大学出版社，1994，第332~334页。

被夺,商业舰队消失,原用德国商品之区,悉有他国货代之"。① 鉴于德国挑起第一次世界大战使其在世界舆论中形成了负面形象,进而影响到德国在对外贸易中的不利地位,德国的海外市场大大萎缩,为扭转这种状况,德国采取多种方式策略来改变其形象或是隐藏其真实面目,以达到促进对外贸易的目的。第一次世界大战以德国的失败而告终,然而战争的结束并不意味着敌对双方的隔阂也随之消失,交战国双方的敌视心理往往会长期存在于人们的心中。战后的德国急需通过发展对外贸易来发展生产和解决生活之需,对于德国来说,它不仅战后有沉重的经济债务,更有短时难以消除的心理债务,"德国之商务,必不能随和议而即恢复,以敌国有仇恨之心也,当设法和缓消除之"。② 经济上的债务是有形的,而心理上的债务则是无形的,"战毕言和,势之当然,事势虽如此,而心理则不然,葢经济力实物力道德力衰弱之邦,必存仇恨之心,此心即商界中最大之竞争力也,既有仇恨敌人之念,必现抵制敌货之事。……葢国际贸易,如用强迫,并非善策,故敌国之仇恨,可认为德国之一种负债,维持出口商务,即所以偿此种负债也"。③ 为消除或者减少心理上的债务,德国采取了一些非常规手段。

改头换面。对于德国的出口货物,用德国的品牌有自傲之嫌,容易引起对方的反感,为避免对方心理上抵触而放弃德国自身的品牌也是一种策略。"德国之商标,本因德货价廉物美,受人欢迎,而今将引起人之反感。故宜废去之,遇有必需之时,当用中立国之商标。"不仅商标要改,商品的外观也要改变人们熟悉的样式,"从前德国式样本为人所欢迎,自今而后,将为人所厌恶,而不愿再购矣,故德货当改一普通新式以代之"。为了能达到更好的效果,"德货不用德式,而物质之优美不变"。④ 经过一番改头换面,出现在人们面前的,便不再是人们过去熟悉的德国货了。

他国政府不得在德国出口货物上随意盖章。德国人对影响商品出口的细节考虑得十分细致。按照惯例,"如各国之税关及铁路,於德货经过时,

---

① 〔美〕鲍曼:《战后新世界》,商务印书馆,1927,第153页。
② 〔德〕黑卓(S. Herzog):《德国商战之策略》,〔美〕胡佛(H. A. Hoover)英译,曹云祥译,上海印书馆,1929,第138页。
③ 〔德〕黑卓(S. Herzog):《德国商战之策略》,〔美〕胡佛(H. A. Hoover)英译,曹云祥译,上海印书馆,1929,第3~4页。
④ 〔德〕黑卓(S. Herzog):《德国商战之策略》,〔美〕胡佛(H. A. Hoover)英译,曹云祥译,上海印书馆,1929,第138~139页。

须盖以来源之戳记,则於德货销路,大有妨碍。……以其国人既明知其来源,则将舍德货而购他国之货矣"。但如果仅是德国货不盖戳,也不妥当,那无非是此地无银三百两,因此只能要求各国的货物均不盖戳,① 这样鱼龙混杂,人们才难以分辨,使德国货不受歧视。

出口宣传低调行事。"一战"前德国对其出口的商品均大肆宣传其优点,战后若不做调整,过度美誉,容易引起反感,"一切无意中启人嫉妒者,概当注意废除之"。对于货物的生产及销售数量,也不大张旗鼓地宣传,"此实夸耀德商之势力,足以引起外人与本国势力比较之注意,而生妒忌之心"。因而德国商品出口宣传的基本原则,是不能引起对方的反感。"德国出口货之宣传,决不可引起国家思想之反感,但就事实上言之足矣。"商品宣传常用的有三种方法,即印刷宣传,函牍宣传和口头宣传。"一战"以后,各国对德国普遍存在仇视心理,以印刷宣传、函牍宣传的方式,容易引起反感,德国采取尽量低调的做法,改变策略,利用中立国来推销德国的产品,以减少人们对德国商品的心理排斥。"最妙之法,令中立国人为德商之间接经理,而使此中立之公司,受领德商一切之指挥。"另外一种做法是在中立国设立一分部或分公司,但增加了中间人或机构,必然使费用增加,成本的增加使商品的价格随之上涨,这不利于销售,对此德商"宁可设法减少制造价,而不增加货价"。② 利用中立国来进行销售,一是由中立国来进行宣传,德商给予一定的报酬。二是广告宣传利用中立国的商报。三是利用中立国的经理部代收原料。此种瞒天过海的做法,反映了德国商人在商战夹缝中的无奈。

避免用德文进行对外贸易交往。商务往来免不了信函,为避免因对德国不满引起对德国商品的抵制,德国人注意到在商务往来中不用德文,而用其他国家的文字,即便对方熟悉德文也是如此。"以防备他人之暗中阻梗也,其他如外国簿记会计,度量权衡,以及配合装箱等,皆不可用德国制度。"③

---

① 〔德〕黑卓(S. Herzog):《德国商战之策略》,〔美〕胡佛(H. A. Hoover)英译,曹云祥译,上海印书馆,1929,第140页。
② 〔德〕黑卓(S. Herzog):《德国商战之策略》,〔美〕胡佛(H. A. Hoover)英译,曹云祥译,上海印书馆,1929,第140~144页。
③ 〔德〕黑卓(S. Herzog):《德国商战之策略》,〔美〕胡佛(H. A. Hoover)英译,曹云祥译,上海印书馆,1929,第27页。

综上所述，第一次世界大战后，为了发展对外贸易，德国一方面通过加大食品和原料的进口来满足国内生活和生产的需要；另一方面以易货贸易方式推行贸易互惠政策，以缓解德国经济入不敷出的困境，并为此实施国内付款的外国特别账户特殊政策。为避免受到战后人们对德国敌对情绪的影响，德国想方设法通过利用中立国或改头换面、或低调宣传、或出口货物不盖产地印记以及商业交往不用德文等方式来减少人们对德国商品的排斥心理，经过数年的发展，德国对外贸易在德国社会经济的恢复和发展中发挥了重要的作用。

经济管理与政府职能

论民国时期证券经纪人信用管理制度多元结构[*]

孙建国[**]

摘要：民国时期证券市场经纪人信用管理是证券市场信用机制建设的关键内容。在经纪人信用管理制度构成方面分为三个层次的管理模式，即政府机构、市场主体、经纪人同业公会。在政府法律规范之外，市场主体交易所机构在制度设定与信用交易机制方面逐渐形成严格的管理体系，近代社会中间组织管理的加强，也为经纪人信用管理制度建设起到了重要的作用。历史制度实证研究证明，经纪人信用管理制度的多元化结构是值得肯定的，对我国当代证券市场信用机制建设仍具有重要的参考意义。

关键词：经纪人制度　证券市场　信用管理

一　研究概况及问题缘起

民国时期法定经纪人概念最早见于1914年颁布的《证券交易所法》规定："中华民国商人，年龄在25岁以上，关于证券买卖或与证券买卖类似之营业，曾有经验者，由其证券交易所禀经农商部核准注册得为其证券交易所之经纪人。"[①] 民国时期交易所分类有股份公司交易所和同业组织会员交易所两种，在上述两种交易所中经纪人均为唯一的买卖当事人。只不

---

[*] 本文为笔者书稿《中国近代证券市场信用机制研究》的一部分。
[**] 孙建国，河南大学经济学院教授，河南大学经济史研究所所长，博士生导师，主要研究方向为近代金融史及信用制度变迁研究。
[①] 转引自孙建国《中国近代证券市场信用机制研究》书稿。1914年12月29日颁布《证券交易所法》之第9条。

过在股份公司交易所被称为"经纪人",在会员交易所则被称为"会员"。① "凡欲为经纪人或会员者,须有相当之资格。"② 中国近代交易所经纪人资格仍具有会员性质,其依据是对同业属性的限制。如上海金业交易所经纪人则以"金业公会所注册之同行各店经理人"为限。宁波棉业交易所经纪人则以"向业棉花之同业华商"为限。③ 但在证券物品交易所内部,经纪人可以兼业集中不同商品的经纪人。专门的证券交易所经纪人则局限于从事证券买卖交易。④ 在上海证券物品交易所设有证券、棉花、棉纱、金银等部,每部都有各自的经纪人。棉花部的经纪人可以兼业证券公债部或其他部经纪人,"一个人不限定只做一部,可以兼做二部或三部"。⑤ 经纪人必须有经纪人或同业两人介绍,或者由理事会决议及经同业公会同意,经纪人提出申请书,包括交易种类、资本数额、商事履历书等,以便交易所逐一调查确实。上述手续完毕再由交易所禀请工商部核准注册,工商部给予经纪人营业执照。与民国时期经纪人概念稍有区别,当前证券经纪人在我国《证券法》中的法定含义是指从事证券经纪业务的证券公司。实际上证券市场所指证券经纪人,指目前在证券经营机构专门从事客户招徕、客户服务、产品销售业务,其薪金所得与其所招徕客户资产额、交易量或产品销售量挂钩的市场开发人员,特指自然人形态的证券经纪人。

在民国时期证券物品交易机构的发展过程中,时人比较重视对证券市场及证券物品交易机构组织的研究,出现了一批有影响力的研究成果。杨荫溥《中国交易所论》主要对国内外交易所组织发展状况、交易所的效用与弊端、经纪人会员委托交易情况、交易所会计制度等进行概括性研究,书中还附录有民国时期颁布的各种关于交易所及证券市场交易法规的文件资料。⑥ 其他

---

① 向井鹿松:《総合取引所論》,日本評論社,昭和7(1932)年9月发行。
② 金融史编委会编《旧中国交易所股票金融市场资料汇编》(上册),书目文献出版社,1995,第138页。
③ 金融史编委会编《旧中国交易所股票金融市场资料汇编》(上册),1995,第139页。
④ 《华北有价证券交易所经纪人暂行办法》第5条规定:"经纪人除经营证券买卖外不得兼营其他业务";《银行公会关于证券交易所经纪人暂行办法及创立会情形等事项与该行来文》(1945年1月1日),北京市档案馆档案J032-01-02138。
⑤ 马寅初:《中国的交易所》,载金融史编委会编《旧中国交易所股票金融市场资料汇编》(上册),第932页。
⑥ 杨荫溥:《中国交易所论》,商务印书馆,1930。

研究交易所成果还包括左宗纶《交易所论》、马寅初《中国的交易所》等。① 《上海华商证券业》还将上海华商证券交易所及上海证券物品交易所的经纪人番号、经纪人、代理人、所在地等信息罗列成表。从上海证券市场与银行的关系看，上海证券市场没有像国外证券市场那样与银行有密切的联系，少有的股票买卖关系主要是通过经纪人维系的。经纪人本来与银行的联系并不多，但当经纪人手头现有资金拮据时，就会将手中股票抵当给银行。② 近年专门研究旧中国交易所的成果主要有朱彤芳《旧中国交易所介绍》，主要内容是介绍各国交易所的历史沿革及旧中国交易所的具体情况。③ 刘志英《近代上海华商证券市场研究》认为证券市场监管规章与实际运作效果是相背离的。对待经纪人买卖过程中的违规行为，证券交易所必须防止证券买卖的过度投机和价格操纵等不规范交易，并对违反证券交易规则的经纪人进行处罚。④ 其他专门研究近代经纪人发展的著作如韩光辉著《经纪人速成》等部分涉及对民国时期经纪人介绍的简单内容，包括民国时期经纪人接受委托的有关规则，民国时期经纪人的任职、权利及义务，民国时期经纪人的交易方法等。⑤ 综上所述，已有研究成果对证券市场信用机制进行综合分析者不多，而对证券经纪人制度进行专门研究者更少，因此对民国时期证券市场经纪人制度发展及经纪人信用管理制度的结构进行系统性研究是非常有必要的。

中国近代股票市场交易行为的投机性太高并非是因为交易所信用交易机制。其实在中国近代证券市场过程中，交易所虽然开展信用交易，但是具体到运用信用交易手段做股票投机的还主要是股票经纪人。以上海证券物品交易所为例，20世纪二三十年代之后，经纪人运用信用交易"做空""做多"机制投机买卖股票获利。1919年9月改组的上海物品证券交易所附设经纪人事务所，在1920年前后股价上涨获利甚丰效应冲击下，常务理事赵林士联络部分理事与经纪人纠合起来，成立了投机集团"多头公司"

---

① 左宗纶《交易所论》、马寅初《中国的交易所》等资料均收于金融史编委会编《旧中国交易所股票金融市场资料汇编》（上册）。
② 日本振兴调查资料第28号《上海华商证券业概况》，中支那振兴株式会社调查课，昭和十六年（1941年）12月出版。
③ 朱彤芳：《旧中国交易所介绍》，中国商业出版社，1989。
④ 刘志英：《近代上海华商证券市场研究》，学林出版社，2004。
⑤ 韩光辉：《经纪人速成》，冶金工业出版社，1993。

"大庆银公司","台面上的档手是物品所经纪人公会会长洪善强"。① 洪善强出面拉抬物品证券交易所股票以"显示"物品证券交易所股票有利可图,同时利用现货交易方法,由经纪人广泛兜揽套利生意,使客户为套利利息所吸引,从事股票买卖。他们自己则贱进贵出,从中图利,同时又以"反套利"方法,吸集客户的套利资金为其所用。利用经纪人进行投机交易活动的背后实际上是理事会的部分理事在资金和谋划方面做后台,这种投机活动最后严重危害了物品证券交易所的信用。看似经纪人失信,但实际上是一个怎样对经纪人进行信用管理制度性安排的问题。在日益完善的民国时期证券市场监管法律体系下,市场主体及非市场组织是怎样进行信用管理制度建设的?政府、交易所、经纪人同业公会三方在经纪人信用管理方面各自所行何法来完善制度?这些都是我们需要通过系统研究民国时期证券市场经纪人信用管理制度层次结构问题来寻求答案的。

经济史研究注重历史上经济环境和社会条件的差异性分析,因此要说明现存制度的生成和演进,则必须从特定的历史环境和社会差异性进行研究,这是经济学研究的一个独特的方法。20世纪末期兴起的制度经济学历史制度分析框架中提出一种"自我实施制度"的概念,即历史制度分析应把研究的重点放在"自我实施制度"上。历史制度分析"对历史上的经济、政治、文化制度和影响制度选择、制度变迁与路径依赖的各种因素,进行了深入严谨的理论分析和具体翔实的经验研究",强调制度路径依赖对经济发展的重要影响。② 这种历史制度分析方法揭示了一个社会内部经济、社会特征之间关系的复杂性,值得我们在近代经济史研究中开阔视野加以利用。有鉴于此,本文研究民国时期经纪人信用管理制度结构着眼于从政府规制、市场组织、同业公会等几个方面进行分析。本文以下就从政府法律规范、市场主体组织管理及经纪人同业公会自律管理三个方面来考察证券市场经纪人信用管理制度结构。

---

① 虽名为公司,实际上并非公司组织。参阅邓华生:《旧上海的证券交易所》,载中国人民政治协商会议上海市委员会文史资料工作委员会编《上海文史资料选辑》第60辑,上海人民出版社,1988,第328~332页。
② 韩毅:《西方制度经济史学的历史演进:评价与思考》,《中国经济史研究》2002年第3期。

二 政府加强对经纪人信用管理

近代证券市场发展过程中政府法规体系表现出对证券市场经纪人信用管理的重视，从经纪人业务范围的厘定、权利和义务、经纪人与交易所及委托人之间的关系、经纪人自身行为规范等方面制定了相关法律规范。政府法规体系的完善是市场管理体系的基础，是同业自律的指导。

民国时期证券市场发展已经完成从茶会时代向同业公会及交易所时代的过渡，证券市场交易方式的变革需要近代法律制度的保障。从1914年起，国民政府先后制定的有关证券市场法规主要有《证券交易所法》（1914年）及其施行细则（1915年）、《交易所法》（1929年）及《交易所法施行细则》（1930年）等。国民政府从证券市场监管角度出发，在各证券交易所法规中都有关于经纪人方面的规定内容。1914年12月29日颁布《证券交易所法》（法律第24号）对"经纪人"的规定内容除第9条内容外，第11、第13条之规定内容如下：经纪人由农商部给予营业执照应缴纳执照规费，前项之执照规费由农商部定之；经纪人对于证券交易所应负由其买卖所生一切之责任。[①]《证券交易所法》还规定了经纪人之权利和义务，规定包括经纪人指定交易地点、交易类型等内容。定期经纪人在交易指定地点设立营业所从事买卖，受人委托时可向委托人收取一定的报酬；在指定地点之外不论何种方式都不得从事定期买卖之营业活动，更不能在交易所市场之外从事定期买卖或类似交易之营业活动。经纪人对于交易所一切公告内容必须熟悉，对经纪人则均按已知论处，交易所有检查经纪人账户之权利。

对证券市场经纪人性质问题，国民政府颁布的有关证券市场法规并未明确规定经纪人的属性及资本金限额。经纪人作为证券买卖交易中间人，应"由农商部给予营业执照应缴纳执照规费"。[②]国民政府虽未具体说明经纪人包括法人和自然人形式的内容，但在1930年《交易所法施行细则》中明确载明经纪人独资、合伙、公司的申请条件："凡欲为经纪人者，应填具愿书连同商事履历书及其证明文件，请由所属之交易所加具意见书转

---

① 转引自上海市档案馆编《旧上海的证券交易所》，上海古籍出版社，1992。
② 1914年12月29日颁布《证券交易所法》之第11条。

呈工商部核办。经纪人系合伙组织时，须填具合伙者姓名及出资数目、组织契约并代表者之履历书。系公司组织时，须填具公司章程、贷借对照表、财产目录、股东名簿及职员履历书。"① 可见，国民政府颁布相关法规主要也是承认这样几种经纪人。1942年的一则经纪人统计资料正好说明了民国时期经纪人的属性，1942年华股日报社统计之《华商股票同业一览表》，收集上海华商证券市场经纪人共126家，其中经纪人属性有独资、股份、合伙三种。经纪人属性以合伙者最多，占66%，股份公司性质经纪人次之，独资经纪人最少。从经纪人资本金情况看，在111家有资本金资料的经纪人中，有7万至15万元资本金者最多，占42.3%，有1万至6万元资本金者占41.4%，有15万至30万元的占11.7%，有资本金30万元以上者仅占4.6%，其中有一家资本金为100万元。② 可见，正式法规虽未规定经纪人资本金数额，但实际上经纪人规模一般还是以中小规模商号为主，经纪人规模偏小也是民国时期证券市场经纪人的一个重要特点。由此说来，不论规模大小，经纪人均须经交易所由国民政府核准，这是政府加强对经纪人监管的重要步骤。

证券市场信用交易制度其实就是一种保证金制度，民国时期信用保证制度已经有所发展并呈现不同的结构，信用保证制度的发展同样需要法律制度的配合。③ 信用保证制度近代化的重要表现之一就是，组织信用保证日益得到重视。从民国时期各项证券市场发展关系法律分析，民国时期经纪人信用保证的发展就是建立在依托交易所加强经纪人信用保证制度建设的过程。民国初期颁布的《交易所法》及《证券交易所法附属规则》等相关法规条文明确规定："经纪人应缴存保证金于证券交易所；证券交易所得照章程所定，令买卖两方各缴证据金及追加证据金；证券交易所于由买卖违约所发生之损害应负赔偿之责。前项赔偿金额及其他相当费用，证券交易所得向违约者追偿；证券交易所对于不履行买卖契约者，得以其证据金追加证据金及保证金充损害赔偿之用。"④ 上述证券法规定内容对经纪人

---

① 1930年3月1日颁布《交易所法施行细则》之第17条。
② 数据是作者根据1942年《华商股票同业一览表》资料统计形成。
③ 关于民国时期金融业信用保证制度变革的研究情况，参考拙著《论民国时期上海银行业防弊与信用保证制度变革》，《中国经济史研究》2007年第1期。
④ 《北京政府农商部颁〈证券交易所法〉及其实施细则（1914年12月～1915年5月）》，载上海市档案馆编《旧上海的证券交易所》，上海古籍出版社，1992，第277页。

及交易过程中的损失赔偿方式都有明确规定。《证券交易所法附属规则》第 2 条规定证券交易所及经纪人营业保证金方面内容："按照本银数三分之一提备银元 416667 元，计现金五成、政府公债票四成。"① "查上海证券物品交易所资本银 500 万已收 50 万元，其营业保证金额按照实收资本额数三分之一计算，应交 833334 元，兹已交存北京劝业银行之上海分行，计元年 6334 元，共计合现银 833334 元。"② 正是因为保证金比率是监管的直接工具，营业保证金的规定是证券市场监管和防范证券经营风险的首要举措。

除了法律规范外，在组织审计监察方面政府也设立机构专门监管经纪人的账目。依据北京政府制定的《证券交易所法》，证券市场实行证券市场检查员制度，政府在证券市场选派临时视察员，其中包括检查经纪人的账目。《证券交易所法》第 29 条明确规定："农商部认为必要时，得派临时视察员检查证券交易所之业务、账簿、财产及其他一切物件，及经纪人之账簿，视察员为前项之检查时，证券交易所有受其检查及答复质问之义务。"③

此外，政府部门还有针对性地对经纪人采取规范市场交易场所、交易行为等措施。上海市政府、财政、经济部等为禁止场外交易、取缔证券黑市交易事等事所做各项努力就得到上海市政府及相关职能部门的积极支持。④

三 市场主体交易机构加强经纪人信用管理

民国时期交易所一般采取信用担保制度以加强信用管理。民国时期华商证券交易所制度与日本相似，多采用股份有限公司之制，"股份公司组

---

① 《为营业细则等事致上海县知事呈（民国 9 年 6 月 1 日）》，载上海市档案馆编《旧上海的证券交易所》，第 12 页。
② 《为营业种类事致农商部呈（1921 年 4 月）》，载上海市档案馆编《旧上海的证券交易所》，上海古籍出版社，1992，第 22 页。
③ 《北京政府农商部颁〈证券交易所法〉及其实施细则（1914 年 12 月~1915 年 5 月）》，载上海市档案馆编《旧上海的证券交易所》，第 277 页。
④ 参考上海市档案馆藏相关档案资料：《上海市政府关于证券市场禁止场外交易的训令》（1948 年 6 月~1949 年 5 月），上海市档案馆档案，档案号 Q006-02-00220；《上海市参议会关于方中刚请禁证券场外交易的文件》（1948 年），上海市档案馆档案，档案号 Q109-01-00190；《上海市政府、财政、经济部、上海交易所监理员办公室等为取缔证券黑市交易事与上海市社会局往来文书》（1946 年 2 月~1947 年 7 月），上海市档案馆档案，档案号 Q006-02-00824。

织仅又见诸中日两国,故谓股份公司组织之交易所,即负担担保责任。"①这种以市场交易主体为核心的市场信用担保制度,主要是通过会员间相互担保的方式进行的,实际上也是市场交易主体担保制度的主要内容。②由此来看,证券市场信用交易保证制度的关键仍然是经纪人信用保证问题。

民国时期证券交易所在经纪人信用担保及交易证据金方面都有严格的制度性设计。缴纳证据金制度是中国近代证券市场最为普遍的信用保证制度,其实也是证券交易顺利进行的免损措施。委托人与经纪人经常发生定期交易而产生的损失就以证据金作为担保。一旦证券交易达成契约但不履行契约时,由此造成的损失就由证据金充抵损失赔偿。所以,按照证券交易规则,委托人应向经纪人缴纳一定数量的证据金,一旦由于委托人不履行契约而造成损失,证据金弥补损失之前不得退还证据金。证据金主要分为本证据金、追加证据金、增加证据金等种类。③"保证金及交易证据金"方面,《上海证券物品交易所股份有限公司营业细则》规定:"凡在本所买卖之经纪人依第 32 条交易物件须缴纳保证金及交易证据金,以履行其担保。"④ 这里已经明确说明,保证金和交易证据金的主要作用,就是由交易经纪人负责物品交易的信用担保,以经纪人保证金和交易证据金强化信用保证制度。《华北有价证券交易所经纪人暂行办法》对成为该所经纪人者规定具体的标准:"须有国币 50 万元以上之资本,有两家以上之殷实公司商号之介绍,填具志愿书及金融机关之验资证明,存单交由本所审查后加具意见书呈请经济总署核准注册发给营业执照。""经纪人应缴纳保证金十万元及相当数额之交易证据金以备履行责任之担保。"⑤

不仅如此,证券交易所在对经纪人保证金和交易证据金的管理方面还会考虑物价上涨及物品价值的变化。"有价证券或银行存单,或其他之货

---

① 左宗纶:《交易所论》,载金融史编委会编《旧中国交易所股票金融市场资料汇编》(上册),第 618 页。
② 担保之制主要分为能担保、任意担保、共通担保三种形式。参见左宗纶《交易所论》,载金融史编委会编《旧中国交易所股票金融市场资料汇编》(上册),第 619 页。
③ 杨荫溥:《中国交易所论》,载金融史编委会编《旧中国交易所股票金融市场资料汇编》(上册),第 147~148 页。
④ 《上海证券物品交易所股份有限公司营业细则》(1920 年),载上海市档案馆编《旧上海的证券交易所》,第 45 页。
⑤ 《华北有价证券交易所经纪人暂行办法》,《银行公会关于证券交易所经纪人暂行办法及创立会情形等事项与该行来文》(1945 年 1 月 1 日),北京市档案馆档案 J032 - 01 - 02138。

币,如果本所令其换纳现金,或代用价格变动致保证金不足,令其补定时,经纪人须于指定期限内,将现金或可以代用之证券如数缴纳。"① 由此可以看出,中国近代证券市场已经开始对证券交易经纪人信用担保的能力进行动态化管理。

民国时期经纪人组成结构中就有钱庄利用经纪人承做证券交易,这种钱庄承做证券交易经纪人的活动,可以在有关钱庄行业管理方面的资料中得到进一步的佐证。1921年10月,上海北市汇划钱庄会馆董事秦润卿邀请南市汇划钱庄全体开会,就当时上海钱庄同业庄伙投资交易所股份失败亏耗巨款以至潜逃之事商议防微杜渐之策。在此次会议上,"经同业讨论,以近来我业中入园各庄,竟有经理庄伙等在某某交易所居经纪人位置,难免我业与之交接"。可以看出,对钱庄参与证券市场经纪人业务其实质性危害,在于将钱庄同业与高度风险的交易所业务"交接"在一起,由此钱业同业不得轻视也。"遂经众决定:自阴历十月份起,凡同业各庄,无论经理伙友,皆不准入交易所作投机生涯,并互相查察,以杜后患。如有查出私做情事,经公众开会筹议处分。"② 时值上海"信交"风潮,上海钱业公会对钱庄参与证券市场经纪人业务的防患意识是可以理解的。

民国时期华商证券市场上海华商证券交易所、上海证券物品交易所、北京华北有价证券交易所等机构逐步完善经纪人制度,加强对经纪人信用监控与信用调查。从中国征信所信用调查资料来看,中国征信所在20世纪30~40年代进行了大量的证券经纪人信用调查。

经纪人信用管理也有赖于征信机构的信用调查。证券市场经纪人信用重要的标准之一就是其资力信用,这里就包括经纪人的资金、资产、组织、经营等信息。从中国征信所对联合证券号调查报告书分析看,"该号经营股票公债金子外币外汇外国股票等,设立于民国27年(1938年),资本金1万元,合伙组织,股东潘炳臣、吴士琴,经理吴仕森"。股东潘炳臣,"年四十开外,向营钱兑业,现为四川路谦泰钱庄及联合花纱号、祥和金号店主,盈丰,三泰、永泰等钱庄股东,近年钱兑业营业发达,年年获利,战事发生以来,盈余甚丰,故现已有资产三、四十万元,信用良

---

① 《上海证券物品交易所股份有限公司营业细则》(1920年),载上海市档案馆编《旧上海的证券交易所》,第46页。
② 中国人民银行上海分行编《上海钱庄史料》,上海人民出版社,1960,第120~121页。

好"。其他还有简史、设备、盈亏和往来行庄资料:"简史,该号开设于'八·一三'战后,并非证券交易所经纪人,股东身家殷实,财力殊厚,其营业亦殊发达云;设备,该号开设于九江路证券大厦七楼,雇有职员颇多,每月开支约须二、三千元;营业及盈亏,该号营业种类颇多,除经营股票公债外,又买卖金子外币外汇外国股票等,多数代客买卖,赚取佣金,间亦有自营交易,其主顾殊为复杂,以零星散户居多,据云每月所得佣金约有三、四千元,除去开支,可有盈余,其自营交易亦能获利云;行庄往来,上海绸业银行及仁昶钱庄。"① 可以看出,这是一份完整的经纪人资力信用调查案例,由此可以对经纪人商号信用状况一目了然。

交易所对经纪人资格的管理还包括经纪人资格的取消事项,主要包括设立代理人、商号的转让、停止营业、经纪人死亡等。经纪人从事证券交易活动一般在交易所设立有交易席位,即经纪人在证券交易所登记的席位号码,如果商号将证券交易所席位转让给他人,不论是否收受转让金,均应于事前向交易所报告,在得到交易所同意之后可以转让。但原经纪人在两年之内不得在同一区域内担任同一交易所的经纪人,以维持受转让人的利益。经纪人在交易所可以设立代理人。

此外,从技术手段而言,民国时期中国证券市场经纪人交易活动可以充分运用做空机制,有利于稳定证券市场波动幅度。民国时期证券市场经纪人交易分为现期交易和定期交易,在定期交易活动中,经纪人可以利用"卖空""买空"手段进行证券买卖。这种做空机制其实就是一种标准的证券市场信用交易机制,当股市下跌时,经纪人运用做空机制,引进资金进入市场,从而可以有效地增加市场的资金供应,防止市场振幅的进一步扩大,最后达到稳定证券价格及稳定证券市场的目的。

为了保障证券交易所对经纪人管理办法的落实,各交易所都制定了不同的科学方法。华北有价证券交易所为保证所颁布的《华北有价证券交易所经纪人暂行办法》落到实处,在实际操作过程中想出了一个办法,就是经纪人加入交易所必须为经纪人缮具志愿书,其中必须明确写明遵守《华北有价证券交易所经纪人暂行办法》。志愿书内容有"(经纪人)公司系股份有限公司组织,今拟加入贵所为经纪人。对于贵所经纪人暂行办法及一

---

① 《中国征信所调查报告书》,上海市档案馆档案 Q320-01-00996。

切章则公告等悉愿遵守"等。① 这样就等于在《华北有价证券交易所经纪人暂行办法》之外还有一个契约，约束经纪人必须遵守该办法所规定的内容。

以上可以看出，民国时期证券经纪人信用管理方面不仅仅靠简单的规章制度约束，证券交易所也注重从组织监督、信用调查、技术手段等方面加强对经纪人信用管理制度的完善。所以，从市场主体交易所层次来说，证券市场经纪人信用管理构筑了一个多元化综合性制度框架。

四 同业公会组织的自律性管理

民国时期经纪人管理除依托政府部门、证券交易所管理之外，为维护同业信用而成立的经纪人同业公会的主要功能就是经纪人的自律性管理。中国近代经纪人信用管理在早期茶会时代以商业惯例约束为主，随着近代经纪人公会、同业公会等自律性行业组织的出现，民国时期经纪人信用管理逐渐过渡到自发组织管理。依当时文献，所谓经纪人公会乃"经纪人增进其营业上共同利益及矫正其弊害，所组织之团体也，凡经纪人者皆当加入公会，而遵守公会之规约"。② 从《上海证券交易所经纪人同业公会章程》有关内容分析看，经纪人同业公会性质是法人代表组织，即"本会对外以理事长为法人代表人"。③

从近代不同时期经纪人公会组织发展情况看，对经纪人信用管理与业务规范影响最大的两类机构是股票商业公会和股票经纪人公会。这一制度变迁是和近代证券市场交易时代相对应的，即中国近代证券市场交易分为茶会时代（主要依靠证券掮客在茶楼口头约定买卖证券）、公会时代（即股票商业公会时代，固定时间、固定交易手续费、公会将买卖情况印刷散发于经纪人会员）、交易所时代（主要以北京证券交易所和上海华商证券交易所两个机构成立及1929年颁布《交易所法》为标志）。④

---

① 《经纪人志愿书（1945年）》，《银行公会关于证券交易所经纪人暂行办法及创立会情形等事项与该行来文》（1945年1月1日），北京市档案馆档案 J032-01-02138。
② 金融史编委会编《旧中国交易所股票金融市场资料汇编》（上册），第141页。
③ 经济部档案，《上海证券交易所呈送所属经纪人同业公会章程》（1947年），（台北）"中央研究院"近代史研究所档案馆，馆藏号 18-23-04-024。
④ 日本振兴调查资料第28号《上海华商证券业概况》，中支那振兴株式会社调查课，昭和十六（1941）年12月出版，第1~3页。

上海股票商业公会是早期华商股票经纪人共同倡议成立的一个股票掮客会员组织。民国初期，股票交易越来越多，早期从事股票交易的掮客也随之不断增加，1914年上海成立了股票商业公会，推举王向梅、何世葆、周韶笙为会长，以此来联合并规范股票掮客会员的业务活动，这是对股票掮客进行自我规范的组织。上海股票商业公会同业规约规定12家会员设立代表，交易品种主要为政府公债、铁路债券、公司股票等，会员间协议信息交流及交易管理规则，"失信或犯规者，公议出会"。① 上海股票商业公会这种会员制经纪人制度和交易方式，比原有传统的茶会时代交易方式显示出一定的优越性，"提高了公会的信用，促进了公会业务的发展"。

这时期的股票掮客大多是兼业经营的，即只把股票买卖作为兼营的副业。会长周韶笙是石路（今福建路）永祥呢绒皮货店老板，其股票业务主要是通过在店中附设永祥股票公司来兼营股票买卖。其他如吴川如是安裕泰茶庄老板，孙铁卿和何世葆是钱庄店员，陈永清是洋行的跑楼兼洋股掮客，② 尹韵笙是洋杂货店小开，陈兰庭是宁波铁路餐车承包商，兼营苏州铁路饭店，嵇馥荪是钱兑店小业主。正是因为这些股票掮客经营股票买卖大都是兼业经营，证券市场掮客代理股票交易信用比较复杂，因此就有必要了解这些兼业股票经营的掮客的信用。随着中国股票市场的逐渐繁荣，商业公会业务亦有所发展，原来茶会时代交易方式已不能适应日益频繁的买卖和供求关系，为提高股票商业公会的信用，公会又制定了一系列规章制度。1918年冬，股票商业公会会员人数已经发展到40多人，年股票商业公会改组为华商证券交易所，范季美被推为理事长，张慰如被推为常务理事。③ 股票掮客一般资金微薄，得不到银行的支持，因此信用状况不是很稳定。

---

① 邓华生：《旧上海的证券交易所》，载中国人民政治协商会议上海市委员会文史资料工作委员会编《上海文史资料选辑》第60辑，上海人民出版社，1988，第320~321页。
② 古有"跑楼儿"一词，即跟随轿子的侍儿。清李斗《扬州画舫录·蜀冈录》："轿夫谓之楼儿，随轿侍儿谓之跑楼儿。""跑楼"，旧时洋行中，某些职员在洋人老板和所雇职工之间做上通下达的工作。亦指跑楼的人。《文明小史》第16回："那个瘦长条子，是在洋行里当跑楼的。"《官场现形记》第33回："正说着，见许多人一哄而出，都向后门出去，也分不出那个是买办，那个是帐房，那个是跑街，那个是跑楼。"茅盾《幻灭》一："像你那样只吃过两年外国饭的，虽然懂得几句外国话，只好到洋行里做个跑楼。"资料来源：《汉典》（http://www.zdic.net/）。
③ 邓华生：《旧上海的证券交易所》，中国人民政治协商会议上海市委员会文史资料工作委员会编《上海文史资料选辑》第60辑，上海人民出版社，1988，第321页。

随着民国时期各证券交易所相继成立，根据证券交易所章程相关规定，各证券交易所经纪人公会先后成立。1933年7月2日通过的《上海华商证券交易所股份有限公司章程》和《上海华商证券交易所营业细则》第16条规定："经纪人基于增进营业上共同利益及矫正一切弊端之目的的组织成立经纪人公会。"①其他如天津证券交易所、青岛物品证券交易所、北京证券交易所等纷纷成立经纪人公会。经纪人公会组织的建立有利于经纪人管理制度的完善，对经纪人信用管理也从政府监管式管理走向社会协同管理机制。从1947年国民政府经济部备案的《上海证券交易所经纪人同业公会章程》可以看到对经纪人的管理规定："本会办理之会务"主要为会员间或会员与非会员间争议之调解事项；上海证券交易所暂行营业细则规定之公断及评议事项；有关证券交易法规及办法之研究改善与建议事项；会员对委托人收取佣金标准之拟订事项；会员业务规约之厘定事项；会员纪律之维持事项。有关经纪人自律及信誉维护事项方面的规定："本会会员有违反有关法令及上海证券交易所各项有关章则公告与一切章则决议之行为者得经本会会员大会或理监事联席会议之决议轻者予以警告重则停止其应享权利。""本会会员为维持业务纪律及同业信誉起见应切实遵守一切法令章则及本会业务规约。"②

从经纪人自身自律管理的情况看，经纪人从事股票交易最为重要的也是信用风险的防范，纷纷依照有关国民政府法规及交易所规章制定相应的信用保证规则。民国时期上海永昌股票公司订《代理买卖华股简章》详细规定股票委托买卖保证金及特种保证金事项："凡委托代买股票，须缴该股票委托日之市价百分之五十保证金。"如果代卖的是外埠股票，则亦应缴特种保证金，保证金数额由股票公司与委托人协商。③不仅如此，永昌股票公司在委托手续、委托期限、成交、交割与过户等方面都有相应的规定，这样就可以基本上保证永昌股票公司在代理股票买卖过程中有一个可依据的章程，这也是一种股票信用交易制度规范的保证。永昌股票公司的

---

① 日本振兴调查资料第28号《上海华商证券业概况》，中支那振兴株式会社调查课，昭和十六（1941）年12月出版，第31页。
② 经济部档案，《上海证券交易所呈送所属经纪人同业公会章程》（1947年），（台北）"中央研究院"近代史研究所档案馆，馆藏号18-23-04-024。
③ 永昌股票公司订：《代理买卖华股简章》（1942年6月15日），载金融史编委会编《旧中国交易所股票金融市场资料汇编》（下册），第1416页。

案例在民国时期证券市场经纪人股票买卖交易自我管理方面具有代表性。

民国时期经纪人同业公会的职能是调解经纪人同业之间的纠纷、制定同业规约、维持同业信用、维护经纪人同业权利等;就专业技术方面而言,经纪人同业公会开展本业各种市场研究、调查统计、书刊编辑等。虽说经纪人同业公会以自律管理为主,但它还是在有些地方协助并执行证券交易所的管理功能。如上海证券交易所经纪人公会章程就明确规定负责上海证券交易所暂行营业细则规定之公断及评议事项、有关证券交易所法规及办法之研究改善与建议事项。[1] 所以说,从经纪人同业公会自律管理到经纪人自身自我管理,民国时期证券市场经纪人信用管理的自律性层面具有积极意义,极大地促进了证券市场经纪人制度的完善。

五 结论

民国时期证券市场经纪人制度在法律法规保障基础上逐步完善,并且形成了政府法规建设、市场主体组织管理体系约束、经纪人同业公会自律管理三个不同的信用管理层次。不同信用管理层次功能虽异,但共同维护证券市场稳定发展的终极目标是一致的。这种多层次的证券市场经纪人信用管理制度结构,为当代中国证券市场信用管理制度建设提供了有益的经验。采用证券经纪人制度服务体系是证券市场成熟的标志之一,但当前中国证券市场发展尚未完全引入成熟的经纪人制度,其主要的顾虑还是对证券交易经纪人的信用管理有不足之处。吸取中国近代证券市场经纪人信用管理的经验,对我国证券市场经纪人制度健康发展有着积极意义。

---

[1] 经济部档案,《上海证券交易所呈送所属经纪人同业公会章程》(1947年),(台北)"中央研究院"近代史研究所档案馆,馆藏号 18 - 23 - 04 - 024。

抗战时期国统区官方急赈的办理过程和特点

——以第六救济区为中心

王日根　徐　鑫*

摘要：抗日战争期间，急赈因便捷有效，是国民政府救济机构最常用的放赈形式。根据战时救济的特点，救济区形成了一套有别于平时救济的战时急赈形式。急赈过程以"非赈不活"为救济原则，事前由地方政府查报灾情，其间由查放员和地方政府会同办理，事后两方协同上报，救济区以各类往来文件监管放赈过程。这一救济体系高度依赖文件传递和地方政府，且尤为重视急赈的宣传作用。但在文件繁冗和地方配合程度有限的影响下，急赈工作中也产生了宣传多于救灾、有序但不高效的问题。

关键词：急赈　第六救济区　抗战时期　国统区

抗日战争时期，为了能够增强抗战力量，加强民众信心，国民政府对于社会救济工作给予了较大的热情。在1938年4月1日发布的《抗战建国纲领》中就明确提到，要救济战区难民及失业民众，施以组织及训练，以加强抗战力量。1938年初，行政院颁布《赈济委员会组织法》，成立赈济委员会，作为抗战时期国民政府进行社会救济的最高领导机构。赈济委员会成立之初，即分别于战地及其附近区域，设立救济区，切实办理战区难民救护、收容、急赈、工赈、调查及勘报灾难等工作，先后计成立十个救济区。[①] 其中第六救济区[②]于1938年成立，所辖地区为绥远、察哈尔全境，晋北、陕北部分地区。该区于1941年并入第五救济区。救济区在救济工作中的重点主要有两项："在战争初起时，着重抢

---

* 王日根，厦门大学历史系教授，人文学院副院长，博士生导师，研究方向为明清社会经济史、海洋史学；徐鑫，厦门大学历史系博士研究生，研究方向为明清社会经济史。

① 秦孝仪主编《革命文献》第96辑，台湾"中央"文物供应社，1983，第50页。

② 以下都简称第六区。

救难民，运赴安全地带；战局定后，则随军推进，施放急赈。"① 抢救难民和施放急赈为救济区的两个工作重心。在抢救难民方面，通过建立难民运送总分站，督导各地建立难民收容所，以及自己兴建难童教养所等方式，抢救运输了大批难民。根据赈济委员会的统计，自1938年6月1日起至1939年9月底止，第六救济区共救济难民564252人。② 在赈济方面，第六区建立了多个难民工厂，兴建了一系列公共工程，进行了较大规模的工赈。除此之外，急赈也是救济的重要手段，第六区几乎每年都有数次大规模的放赈，在各县发放急赈款也成为第六区的重要工作之一。

总体来说，急赈、工赈、难民救济都是救济区的重要工作。难民救济可以使难民"得免冻馁之忧"；③ 工赈可以使灾民得到彻底的救助；④ 急赈可以最快速地给予难民直接救济。但是抗战期间的救济，尤其是救济区的定位，使得急赈的重要性在一定程度上高过其他两项。首先，由于各地天灾频繁，数年以来"各地既遭敌寇肆虐，复时有水旱偏灾，尤以敌人占领区及游击区，灾害更不忍睹"，⑤ 在此急切状态，急赈可以收到立竿见影的效果。其次，第六区所辖之地区大都处于与日寇胶着状态，敌我双方经常来回交战，在同一县区，也是处于"插花盘踞"的状态，工赈难以及时收效，对急赈的需求相当迫切。况且，战区救济中，只有急赈能够活跃在沦陷区和我军收复地区，达成争取民心的作用。因此，急赈在第六区的赈济活动中始终处于重要地位。而其办理的过程，更能反映出国民政府战时救济的政策取向和施放特点。

一 赈济准备阶段

施放急赈的起因有两种：其一是赈济委员会对于重大的灾害拨发给第六区相应款项，由第六区分配放赈。如在1938年赈济委员会发给第六区赈

---

① 秦孝仪主编《革命文献》第96辑，台湾"中央"文物供应社，1983，第52页。
② 秦孝仪主编《革命文献》第97辑，台湾"中央"文物供应社，1983，第409页。
③ 《赈济委员会孔祥熙兼委员长对该会科长以上职员训词——民国二十八年一月十九日》，出自秦孝仪主编《革命文献》第96辑，台湾"中央"文物供应社，1983，第430页。
④ 《抗战历年来之社会工作概述》，出自秦孝仪主编《革命文献》第96辑，台湾"中央"文物供应社，1983，第55页。
⑤ 秦孝仪主编《革命文献》第96辑，台湾"中央"文物供应社，1983，第55页。

款十万元，救济区明确提出对于各县要"按灾情轻重拟支配"。① 另一种是地方受到灾害侵扰，因此主动向第六区求赈，而第六区予以查放之。这种情况普遍存在于第六区下辖各县，甚至周边县区在遭受灾害时也会向第六区求赈。如1938年10月，绥远省政府发电给第六区称："五临等县，秋禾被冻，及包头一带，黄河水口灾情其中，请拨款救济。"② 但是无论是哪种救济形式，在查放赈款之前，第六区都会要求当地政府查报当地灾情，在收到当地政府的灾情报告后，第六区才能针对不同的灾情决定是否发放急赈，以及可分配赈款数目。第六区要求当地政府在查放之前要报送详细的灾况调查表，其中项目包括所属灾别，县名，现在县府驻地，县长姓名，受灾面积，受灾户数以口数等信息。③ 同时还要制作难民花名清册，与灾况调查表不同的是，这一清册要求并不严格，只需要在查放员到达当地后五日之内制作完成即可。

由于灾情报告和难民花名清册对于地方政府的重要性并不相同，两份报告的制作速度有极大的差别。灾情报告是第六区发放赈款的重要依据，其报送主体并没有明确规定，一般来说，自然灾害的灾情勘查与报告是由当地行政机构来进行的。在《修正勘报灾歉规程》中规定，灾害发生之后，各县市政府"应立时派员履勘，至迟不得逾三日"。④ 而在发生敌机轰炸等事件后，则需要"由保甲长于平日所查明户口，详晰查明该保甲内所伤亡之户口确数，报告发赈机关"。⑤ 通常灾情报告在第一时间就会递送至第六区，这是第六区发给赈款的重要依据。而且为了争取更多的赈款，各地甚至会不厌其烦地为同一次受灾情况多次递送报告。如1939年，离石县政府，在数月之内，就先后以离石县县长武尚仁、临离两县旱灾救济会、离石县绅士代表、离石县难民互助团等个人或者机构名义递送灾情报告六次以上。⑥ 甚至在发放赈款之后，还以第六区查放员任建广、离石县县长武尚仁的名义再次递送灾情

---

① 全宗2目录1案卷13，第18页，巴彦淖尔市档案馆藏。
② 全宗2目录1案卷57，第1页，巴彦淖尔市档案馆藏；引文中口辨认不出，意思表示水灾严重。
③ 常见灾别大体有冰灾、雹灾、旱灾、水灾、兵灾、被敌轰炸等；县府驻地常有变化，是因为在战区放赈，常有县府被敌所占，不在原有位置之情况。可见全宗1目录1案卷57，第30~50页，巴彦淖尔市档案馆藏。
④ 陈爱奎编《赈济》，浙江省地方行政干部人员讲习所，1939，第187页。
⑤ 陈凌云：《战时社会救济》，商务印书馆，1942，第8页。
⑥ 全宗2目录1案卷3，巴彦淖尔市档案馆藏。

报告，请求赈济。① 而与此形成鲜明对比的是，直到查放员到达当地一段时间之后，难民花名清册还未做好的情况比比皆是。如在1938年10月，同样在离石县，查放员王子崇十一日到达，直到到了十九日，"各处灾册，督催再四，至今尚未送到"。② 该查放员焦急难耐，只得自己"亲到该区，一面提取灾册，一面按照查户给票，就近兑款"。③ 其中原因，不外乎各县更加重视自己能够配赈到多少款项，等到赈款已经到达当地，效率就开始降低。当然，难民花名清册是由"县政府令知各联保（或区乡镇）"④造送，各联保工作效率并不一致也是造送缓慢的原因之一。

各地在报送灾况调查表和请求赈济的时候，除了制作灾况调查表之外，在正文中都会重点罗列一些要求赈济的理由，这些理由一方面体现了灾情状况；另一方面也体现了救济区对于何种状况的重视。

首先，各地都会强调所受天灾的严重性。在各地的请赈报告中，大多都会提到遭受何种严重天灾。如在1938年11月，绥远省政府称："包头县长秦邦桢续报近查河水泛滥，更为汹涌……一万六千余居民将尽为饿殍。"⑤ 12月，中阳县称："冰雹旱冻田禾欠收，灾情惨重。"⑥ 1939年6月，绥德县称："秋苗悉数被雹雨打坏。"⑦ 灾情惨重，人民都面临死亡的威胁既是各个地方政府要求赈济的重要理由，也是救济区发放赈款的主要标准，第六区一再提出要求，报送的需要赈济的难民必须满足"非赈不活"的要求。

其次，由于在战争时期，各地的报告中都会强调日寇的侵扰。如查放员⑧任建广在报告中就着重指出："离石为国防最前线，全境居民有已沦陷敌区者，亦有被敌占领之区复被我军克复者，人民遭受拉锯式之蹂躏，痛苦不堪言状"，⑨ 因此需要加以大力救济。山西第二区行署求赈报

---

① 全宗2目录1案卷3，第31页，巴彦淖尔市档案馆藏。
② 全宗2目录1案卷29，第96页，巴彦淖尔市档案馆藏。
③ 全宗2目录1案卷29，第96页，巴彦淖尔市档案馆藏。
④ 全宗1目录1案卷43，第20页，巴彦淖尔市档案馆藏。
⑤ 全宗2目录1案卷57，第4页，巴彦淖尔市档案馆藏。
⑥ 全宗2目录1案卷57，第23页，巴彦淖尔市档案馆藏。
⑦ 全宗2目录1案卷72，第40页，巴彦淖尔市档案馆藏。
⑧ 在第六救济区的文件中，负责到各个县或区施放急赈的人员有多重称呼，如视察员、调查员、查放员、助理员等，其中或有上下等级等差别，但其从事工作并无大的分别，因此本文中统一称该项工作人员为查放员。
⑨ 全宗1目录1案卷3，第12页，巴彦淖尔市档案馆藏。

告则明确列出了:"人民死伤,约在数千余名,财物被焚烧掠夺者,估值约计二百余万元。"① 除此之外,国民党军队的索取无度也是民众痛苦的来源和求赈的重要理由。在临城县,就面临如下问题:"自太原失陷后,溃兵过境,到处抢劫。"虽然随后政府就将溃兵改为正规的游击部队,也存在着"其所需给养仍由各村供给"的问题。②

最后,在战线附近的县政府大多强调自己的特殊位置,若不救济,就会使民众投向日寇。如1939年6月,离石县士绅代表呈送报告称受到天灾和日寇的威胁,"若不设法赈济,势迫饥民赴敌为奸,对抗战前途,有莫大损失"。③ 而同时,日寇方面也采取了种种措施对我方施行分化瓦解,"敌伪政权方施具怀柔之毒计",④且"百般威胁利诱我民众",⑤ 伪巴彦塔拉盟甚至发出训令,称"不惜重资,批购粟谷,分拨民间,以救民饥渴"。⑥ 在这样的情况下,为了对抗日寇的怀柔政策,争取民众的认同,对于灾民"予以救济,以免灾民为敌利用",⑦ 也就成为重要的救济理由。

二 施放急赈的过程

由救济区事务所派出查放员前往受灾地区查放赈款是施放急赈的主要形式。在根据各地灾情报告做出各地分配赈款的计划后,救济区会首先要求查放员进行相应的前期准备,然后查放员会被分别派往相应地区,⑧ 与当地党、政、军、社团、士绅方面协调处理查赈、放款事宜,在放赈结束后,由查放员和当地县政府分别向救济区汇报,完成一次急赈。

1. 查放员准备阶段

如果是大规模的配赈查放,则需要在各县报告的基础上分配各个查放员的查放区域。如果是个别地区的查放,则根据救济区的指令,指派特定

---

① 全宗1目录1案卷57,第20页,巴彦淖尔市档案馆藏。
② 全宗1目录1案卷57,第25页,巴彦淖尔市档案馆藏。
③ 全宗1目录1案卷3,第61页,巴彦淖尔市档案馆藏。
④ 全宗1目录1案卷57,第24页,巴彦淖尔市档案馆藏。
⑤ 全宗1目录1案卷57,第22页,巴彦淖尔市档案馆藏。
⑥ 全宗1目录1案卷47,第61页,巴彦淖尔市档案馆藏。
⑦ 全宗1目录1案卷57,第22页,巴彦淖尔市档案馆藏。
⑧ 大范围放赈时,一个查放小组(约5人左右)通常要负责6个左右的县;而指定查放某县时,一般由1~2个查放员单独进行。

人员前往即可。但无论是哪种情况,查放员都要准备大量的文件材料。以1938年放赈为例,按照要求,查放员要熟悉"拟经历各县之驻军番号,长官姓名,往返路线"。① 在此基础上还要准备以下几类东西:第一,应用章则,其中包括分区图表、运输站简则等。第二,文件表册。其中包括赈票、难民路费票、急赈款监放记录、难民路费监放记录、调查表、难民证、告民众书、空白公函、旅费日记簿、工作日记簿、旅费支出报告表。第三,复写纸、硬铅笔、代字戳、发讫戳、笔、麻纸、墨盒、印色、墨汁浆糊、尺、信纸、封铅笔刀、裁纸刀、万金油等。② 以上物品中,文件表册少则几十份,多则数百上千份,数目庞大,但是在放赈之时,就可以形成完备的文件体系。通过这一体系,可以与当地政府形成互动,各负其责、各填其表,不但可以使得查放员和当地政府互相约束,而且可以使第六区事务所快速获得一线救济的详细情况。但是这一高度依赖报告和文件的查放体系没有考虑到查放员的相当一部分活动地区是与敌人占领区互相交错的状况,需要轻装快行,数目巨大的文件就成了困扰。如在1938年10月,查放员骆柏心在查放晋中十二县时,就发现"除中阳、石楼两县,现可到达外,其余各县,均在敌腹,须通过敌之警戒线,若不化装,似难前去,若化敌装即有被敌搜查之虞,赈款册表不能携带",③ 因而只能放弃一部分县的查放工作。

2. 查放阶段

在到达查放之县时,应做好以下工作。

(1) 健全制度。根据第六区的要求,每到一县,"应即将各该县之非常时期难民救济委员会分会、支会及运输所、收容所、慈善团体等,详加检讨,如上述分支会尚未成立,应立促成立,如已成立,须考核其是否健全"。④ 虽然各种支会在1938年初赈济委员会成立时,就已经要求各地随即成立,但在第一次进行查放时,这些机构大多没有建立。因此,每当查放员到达目的地之后,就要开始建立相关组织。如1938年12月在祁县,查放员王子崇12日到达,14日就召集"各机关团体暨地方士绅,在子洪

---

① 全宗1目录1案卷13,第35页,巴彦淖尔市档案馆藏。
② 全宗1目录1案卷13,第33页,巴彦淖尔市档案馆藏。
③ 全宗1目录1案卷29,第87页,巴彦淖尔市档案馆藏。
④ 全宗1目录1案卷13,第35页,巴彦淖尔市档案馆藏。

镇，开联席会议，遵章成立保管委员会……暨难民运输分站"。①

当然，赈款保管委员会和赈济委员会该县支会、难民运输分站为同一班底，不再另设。这一机构是当地赈灾的最高机构，其组成委员也是社会各界人士。一般来说，该会主席为当地的驻军首脑，副主席为该县县长。如上述在祁县查放时，即以"一六九师师长武士敏为正主席，县长任泽膏兼任副主席"。②在确认主席时，优先考虑的就是驻扎在本地的军队，并没有排斥八路军游击队。在1938年12月的太谷县放赈中，即以"八路军游击队队长李荣祥为正主席"。③除此之外，赈款保管委员会要设"委员七至十一人，以县长、县党部常委、商会主席、财政主任等为当然委员，余由县长聘请地方公正士绅担任"。④其用意是在广泛的地方人员监督下，可保证监督赈款安全和办理地方赈务的有效性。如在1939年6月的静乐县放赈中，除了以当地驻军步兵旅旅长李庆祥为主席，县长彭勤学为副主席外，委员中还包括山西主要的社会团体——共产党领导下的牺盟特派员时曙明、当地的商会会长赵贻昌、当地财政局主任赵建功，他们都是"当然委员"，地方士绅李扬庭、武润生也作为委员。⑤

（2）赈款移交。从速召集此项会议的目的最重要的就是成立赈款保管委员会。自赈款保管委员会成立之后，赈款就要移交给该委员会保管。在移交之后，赈款保管委员会需要向查放员递交正副印领，表示已经领取了赈款。要在此文件上明确写出何时领取了多少赈款。⑥在此之后，该查放员如果没有赈款保管委员会的同意，是无法动用赈款的。第六区认为"正副印领系查放员第一重要任务"，在将赈款移交给赈款保管委员会的时候，一定要取得正副印领，不可遗忘。⑦第六区要求查放员一定要按照规章办事，设置了"如不遵照本所规定表册章则办理"的话，"除赔偿赈款外，并追缴一切旅膳等用费"⑧的严厉规定。

---

① 全宗1目录1案卷29，第35页，巴彦淖尔市档案馆藏。
② 全宗1目录1案卷29，第35页，巴彦淖尔市档案馆藏。
③ 全宗1目录1案卷29，第36页，巴彦淖尔市档案馆藏。
④ 全宗1目录1案卷43，第27页，巴彦淖尔市档案馆藏。
⑤ 全宗1目录1案卷29，第68页，巴彦淖尔市档案馆藏。
⑥ 此项详情可见全宗2目录1案卷72，第10~16页，巴彦淖尔市档案馆藏。
⑦ 全宗1目录1案卷43，第26页，巴彦淖尔市档案馆藏。
⑧ 全宗1目录1案卷43，第5页，巴彦淖尔市档案馆藏。

这样的赈款保管制度不可谓不严格,但是其中还是有重大漏洞的。在移交前,赈款全部由查放员保管,移交后,全部由赈款保管委员会保管。在两个阶段中,对方均不能干涉赈款的使用,这就给保管一方极大的自由度,使得赈款被贪污或者挪作他用的可能性大增。1938年10月,查放员王有济在查放至清水河县时,竟然妄图"侵没赈款",幸好护送其出行的晋绥军骑兵队范队长没有听从其蛊惑,将其扣留。对此,绥远省府非常震惊,将王有济扣押,且傅作义先后数次发电报给特派员何绍南解释情况。而第六区采取的办法只能是派出白鸣英作为查放员继续查放。① 除了查放员见财起意外,当地政府也往往在拿到赈款之后挪作他用,而对查放员一再搪塞。如1938年8月在神木县,在即将兑款之时,赈款保管委员会没有立刻拿出赈款,而是以该县有八路军捣乱②等事一再拖延,而查放员也没有办法,只得由第六区再行催促,双方几经来往电报,③ 该县才勉强进行查放。

(3)查灾阶段。在将赈款移交给当地赈款保管委员会之后,查放员就要会同当地赈济人士,一同查看相关地点灾情。如果受灾范围较小,通常不再规划赈款分配。如果受灾范围涉及地区较多,则需要根据不同的受灾情况来确定灾等。如在1939年凤县放赈之时,就根据"敌人来去各村"情况,④ 将各村分为三个等级,⑤ 将赈款一千元"按一、二、三、四等分八:四:二:一"⑥ 的比例分配,分别派人查放。查看灾情的主要范围为灾况调查表所列的地区,入户调查也都是以难民花名清册为准。但战时情况多变,灾区往往会扩大,灾民也有可能加多。甚至有些地区会发生近日被日寇占领,无法前往的情况。在这个时候,查放员就需要根据实际情况,对放赈范围做出调整。如1938年12月在石楼县查放时,查放员骆柏心就决定,除了受敌蹂躏地区外,凡"我军游击之地域,均予查放"。⑦ 1939年6月在绥德县,原先指定在该县柳林一带散放,但是查放员任建广

---

① 全宗1目录1案卷47,第47~57页,巴彦淖尔市档案馆藏。
② 全宗1目录1案卷47,第26页,巴彦淖尔市档案馆藏。
③ 全宗1目录1案卷47,第31~35页,巴彦淖尔市档案馆藏。
④ 全宗2目录1案卷9,第31页,巴彦淖尔市档案馆藏。
⑤ 城关为一等灾,晋明、里彦舍、宗家沟三编村为二等灾,胡琴舍、东土峪、任家庄三编村为三等灾,东村编村为四等灾。见全宗2目录1案卷9,第32页,巴彦淖尔市档案馆藏。
⑥ 全宗2目录1案卷9,第32页,巴彦淖尔市档案馆藏。
⑦ 全宗2目录1案卷2,第74页,巴彦淖尔市档案馆藏。

在亲自查灾之后，发现"该县被灾区域，尚不仅柳林已也"，① 后决定将查放地点扩大至周围三个区。在办理赈济事宜的时候，常常会发生当地的政府人员营私舞弊的事情，陈爱奎就认为某些地方乡保胥吏"视办赈为利薮"，造成在办理相关事务时，"给票则有票钱，造册则有册费，灾民无力出钱，即删减口数"的局面。② 因此，在查灾阶段，第六区强调查放员要和当地救济机关工作人员一起行动，亲自查户给票，须规定适中地点及时间由本人亲来兑款，切忌由他人代领或由地方政府转发。③ 如 1938 年 12 月在石楼县，就"由各机关法团士绅派十人分五组随同外勤人员至各村挨家查户给票"。④ 一套完整的赈票分为两张：赈票和赈票存根。上面标明发赈机关为赈济委员会、非常时期难民救济委员会（第六区），在内容上需要查放员根据查灾情况填写该户家庭地址，该户户主及大小人口数、给款数，以及发放年月日和查放员姓名。⑤ 在有些赈票上还标明了注意事项，要求受票灾民须按时按地领款，并特别说明查放员的各种费用是不需要向灾民收取的，如有违反规定，可任由灾民上告。⑥ 除此以外，在发放赈票之前，还需要"将赈票交县政府加盖县印，以昭慎重"。⑦赈票和赈票存根需要套印填写，在领款的时候，还要检查是否为同一赈票。

（4）兑款阶段。在按户给票之后，要告诉灾民在何时何地领取赈款。时间大多在查灾结束后一到两天内，地点一般在县城或者各区易到达的地点，以便灾民来领取赈款。对于地点的确定，一般认为应该"宜散之于四乡，而不宜集中于城区"，兑款地点最好设在灾民半日可以往返的地方，这样就"可省往返之劳，而免拥挤喧争之弊"。⑧ 因此，大部分的兑款地点都是按照当地多个分区分别定点。如在 1939 年 10 月的定边县放赈中，就"向安边、东滩、堆子梁、白泥井等六处，于十月一二三四日先后分别放款"。⑨ 当然，

---

① 全宗 1 目录 1 案卷 29，第 9 页，巴彦淖尔市档案馆藏。
② 陈爱奎编：《赈济》浙江省地方行政干部人员讲习所出版，1939，第 188 页。
③ 全宗 1 目录 1 案卷 40，第 100 页，巴彦淖尔市档案馆藏。
④ 全宗 2 目录 1 案卷 2，第 74 页，巴彦淖尔市档案馆藏。
⑤ 全宗 2 目录 1 案卷 73，第 87 页，巴彦淖尔市档案馆藏。其中家庭地址要具体到某省某县某区（联保）某村（保）某甲。
⑥ 全宗 2 目录 1 案卷 40，第 63 页，巴彦淖尔市档案馆藏。
⑦ 全宗 1 目录 1 案卷 43，第 20 页，巴彦淖尔市档案馆藏。
⑧ 陈爱奎编：《赈济》浙江省地方行政干部人员讲习所出版，1939，第 189 页。
⑨ 全宗 1 目录 1 案卷 24，第 16 页，巴彦淖尔市档案馆藏。

战争时期，县政府所在地往往是我方控制区域，而其他地方可能都有敌军盘踞。因此，在县政府所在地兑付赈款也是常见的情况。如1938年12月石楼县的查放，就"统限于十二月三四两日在城内验票兑款"。①

在兑放赈款之时，灾民要持在查灾之后发放的赈票，和赈票存根比对后，按赈票上标明的口数领取赈款。在兑款之时，查放员被要求"会同各界监放赈款"。②监放人员主要包括如下人员：首先，必须有当地的监放员；其次，需要该地的行政长官参加③，在有些情况下也会有当地的士绅参加；最后，不可缺少的是该次放赈的查放员。在查放之前，需要宣讲一番，以被灾原因、政府赈济意义等内容为主。④ 其效果在于"宣扬中央德意，印象更深且切"。⑤在兑放赈款时还需要填写监放记录，其中包括该次放赈的散放区域，⑥散放日期、散放地点、散放赈票数目、收回赈票数目这几项。最后，所有监放人员都要在此监放记录上签名。而在兑放赈款完成后，还要填写实放赈款一览表，注明放赈时间、区别、村数、实放户数、口数、赈款数等数据，由查放员和该县县长签名。⑦ 除此之外，兑付赈款完成之后，需要将所有收回的赈票按照顺序，每百张订成一册。⑧

3. 结束后报告情况

在放赈结束之后，需要把各项材料汇集成册。首先，查放员要撰写查放报告，该报告不做停留，直接邮寄到第六区事务所。在此项报告中，主要涉及在该县放赈的具体情况，告知下一步行动目的地。同时，也要根据目前情况，请示相关变通问题。⑨ 大部分的材料是由县政府整理后，统一呈送给第六救济区。如1939年2月，离石县政府呈送的材料有"县甘结二份，区甘结七份，离石县难民花名清册一本，实放赈款清册二本，实放赈款一览表二份，实放赈款监放记录六份，赈票四百张，存根四百张，布告

---

① 全宗2目录1案卷2，第74页，巴彦淖尔市档案馆藏。
② 全宗2目录1案卷2，第74页，巴彦淖尔市档案馆藏。
③ 并无官职方面的要求，可以是县长、区长、科长等。
④ 全宗2目录1案卷9，第46页，巴彦淖尔市档案馆藏。
⑤ 全宗1目录1案卷29，第7页，巴彦淖尔市档案馆藏
⑥ 一般情况下精确到县即可。
⑦ 该项详情可见全宗2目录1案卷72，第1~9页，巴彦淖尔市档案馆藏。
⑧ 全宗1目录1案卷43，第20页，巴彦淖尔市档案馆藏。
⑨ 全宗1目录1案卷29，第35页，巴彦淖尔市档案馆藏。

式样一张。"① 当然，最重要的是当地政府领取赈款的正副印领，需要赈款保管委员会会同查放员将印领挂号邮寄至第六区事务所。②

除了放赈事务的文件以外，查放员还被要求报告更多的当地情况。在1937年第六区的《视察须知》中就提到："本区县（查放地）所受损失，党军政情况，社会风俗，地方各种事业，均与救济工作有密切关系，自应详细考察。"③据此要求，各个查放员在自己的报告中都加入了大量的当地见闻。而其中查放员李滋蕤在出发前的一日，受到救济区秘书的当面叮嘱，要求他多做报告。因此，此人除赈务工作外，"竭力搜求各种情形，以备汇报"，④ 尽过一番努力后"谨将所得之地方军政民及敌情暨敌人之标语、传单、布告、画片、投降证等件一并呈上。"⑤

三 急赈查放的特点

在全面抗战的状态下，一切政府行为都是在为抗战服务，赈济事业也不能例外。救济区的急赈施放主要是在战区从事救济工作，面对的受赈群体主要为受到日寇蹂躏的民众遭遇重大天灾的民众处于沦陷区或交战区的群众，从而形成了寓宣传于救济、救济和宣传合二为一的特点。

首先，第六区认为宣传抗日是查放员的重要任务。第六区在提到查放员的职责时，首当其冲的就是"应以和蔼态度，诚挚情绪，宣扬中央德意，慰抚其创痛，提高其国家思想，民族意识，以坚强其抗战必胜、建国必成的信念"，⑥ 以此作为工作人员的基本信念。在具体进行查放工作的时候，也体现了这一特点。如在兑付赈款时，大多都要进行一番弘扬中央德意的思想教育，把救济款和抗战大业联系起来。1939年6月在绥德县的急赈报告中就指出："惟该县赈款虽微，但经职将中央德意于兑款时对民众广为宣传后，据各界人称，沦陷敌区年余之一般民众，于政府方面，骤兴极深刻之信仰与认识。"⑦

---

① 全宗1目录1案卷3，第28页，巴彦淖尔市档案馆藏。
② 全宗1目录1案卷43，第27页，巴彦淖尔市档案馆藏。
③ 全宗1目录1案卷13，第35页，巴彦淖尔市档案馆藏。
④ 全宗1目录1案卷3，第24页，巴彦淖尔市档案馆藏。
⑤ 全宗1目录1案卷3，第24页，巴彦淖尔市档案馆藏。
⑥ 全宗1目录1案卷13，第35页，巴彦淖尔市档案馆藏。
⑦ 全宗1目录1案卷29，第9页，巴彦淖尔市档案馆藏。

其次，对于受赈灾民的选择，救济区始终都在强调救济那些极度困难的家庭，其主要标准为赈济对象一定要"非赈不活"。第六区一再对查放员强调："以非赈不活之难民为限，须知少给一可有可无之户，即可多救一非赈不活之人。"① 如对绥远省政府求赈报告的回复中就提到"东胜秋禾被冻，自应设法救济，请即转饬该县政府查被灾面积及非赈不活之户数、口数列表具报，以便统筹办理为荷。"② 这一原则广泛使用于施放急赈的活动，根据所见之灾情，如果符合这一标准，即可以追加赈款。如不符合，则不能给予救济，或较少给予。而对于受赈区域的选择，在一定程度上恪守了战区救济的原则。对于战区之外地区的救济，由于宣传抗战的急迫性相对较低，处于可有可无状态，有款则救，无款则作罢。1938年10月府谷县因受雹灾求赈，第六救济区认为"（工作范围）以救济战区难胞为限"，③ 而且因为灾多款少，赈款"属不敷分配，实属无款可用"，④ 拒绝对该县实施急赈。

再次，在放赈之时，以在沦陷区或者其附近放赈为荣。各查放员在查放之时，异常重视收复区域、敌我交战线、敌军插花盘踞之县。查放员大都认为在此地点放赈，费用少而收效大。如1938年3月，即有在山西工作的查放员提出在我军收复凤县之时前往放赈，认为"我军收复城镇，趁此蹂躏残破局面之下，对于被灾难民，施以急赈。于此等时间，配备救济，款少效宏"。⑤ 除此之外，他们还认为此项查放在军政方面，也有实际的效用。在1938年汾阳放赈中，该查放员就提到："自职等冒险查放赈济后，民众对于我方军政等界，又顿生信仰，敌军每次出动，民众即飞速密报我方军政，俾作准备，足见赈济事业有关民众心理之向背也。"⑥ 更有甚者，一些查放员还勇于前往沦陷区发放赈票，在我方区域兑付赈款，如此使得民众归来。如1937年3月在中阳县放赈之时，查放员发现"县城被敌占据"，在县政府商议过后，决定冒险"派员化装至敌区及城内散发赈票与宣传品"，难民都回归至我方区域领款，非但

---

① 全宗1目录1案卷43，第5页，巴彦淖尔市档案馆藏。
② 全宗1目录1案卷57，第3页，巴彦淖尔市档案馆藏。
③ 全宗1目录1案卷10，第45页，巴彦淖尔市档案馆藏。
④ 全宗1目录1案卷10，第45页，巴彦淖尔市档案馆藏。
⑤ 全宗1目录1案卷29，第7页，巴彦淖尔市档案馆藏。
⑥ 全宗1目录1案卷29，第14页，巴彦淖尔市档案馆藏。

如此,"在难民持票领款时,方悉我中央政府,省政府,县政府均存在,莫不感激涕零"。① 如此进行,既有宣传效果,又争取到了民众,对抗了日寇的怀柔政策。

最后,只要能够加强抗日力量,都会给予一定的资助。特别是对于有农业减产风险的灾害发生时,表现得更为明显。1938年10月,靖边县报告称遭受"牛瘟,亢旱,禾冻各灾",② 第六区迅速给予了救济。甚至在1938年7月,安定县报告黄鼠成灾,需要款项收买鼠皮的时候,第六区也认为"黄鼠灾害,异常重大",应当拨给赈款,以便"早日扑灭,俾维农村而增抗战力量"。③

四 结语

在抗日战争期间,由赈济委员会主持的赈济工作成为一项重要的社会任务。而急赈作为最能够及时迅速地缓解难民痛苦的一项措施,也得到了广泛的应用。第六救济区的施放急赈从救济战区民众出发,以救济最需要人群为主要标准,着重于战争波及区域,进行了广泛的查放活动,在查放准备阶段,注重熟悉当地情况,健全文件报告系统;在到达受灾地区后,与当地政府密切联系,积极主导了各项查灾、兑款工作;查放结束后又及时报告,与第六区形成良性互动。最终形成了一套以查放员为主要工作人员,着力和当地政府密切合作,随时报告相关情况的细致有效的查放机制。这一机制处处体现出寓宣传于救济、救济和宣传合二为一的战时急赈特点,在一定程度上达到了宣传抗战主张、争取广大民众、加强抗战力量的效果。

---

① 全宗1目录1案卷29,第5页,巴彦淖尔市档案馆藏。
② 全宗1目录1案卷10,第65页,巴彦淖尔市档案馆藏。
③ 全宗1目录1案卷10,第73页,巴彦淖尔市档案馆藏。

1947年上海黄金风潮中的经济投机与政治博弈[*]

易棉阳　程　英[**]

摘要：1947年发生在上海的黄金风潮，既是民国经济史上的一件大事，又是民国政治史上一颗炸弹，它给国民党在大陆的统治以致命的打击。此次风潮的直接诱因是国民党决策层错误地估计了战后的经济金融形势而采取了错误的措施，给各色投机者有机可乘以致最后酿成万劫不复的历史性错误。以更深层次看，它是国民党腐败政治的必然结果。

关键词：1947年　上海黄金风潮　经济投机　宋子文

1947年发生在上海的黄金风潮，既是民国经济史上的一件大事，又是民国政治史上一颗炸弹。它在经济上耗损了国民政府的黄金储备，造成物价失控，加速了国统区经济的崩溃；它在政治上如同一颗炸弹炸开了国民党最高权力层，从此国民党内部更加分崩离析。对于这个重大事件，就笔者管见所及，专题研究文献不多，汪朝光的《简论1947年的黄金风潮》(《中国经济史研究》1999年第4期) 描述了1947年黄金风潮始末，但没有对引发这个事件的深层次动因和这个事件背后所折射出的政治博弈做深入研究。这就为我们对这个事件进一步研究留下了空间，本文在吸收前人研究成果的基础上，根据当事人的回忆录详细刻画1947年黄金风潮中各色投机者的投机场景，发掘黄金风潮背后隐藏的政治玄机，以就教于方家。

---

[*] 本文系国家社科基金项目"近代中国金融监管研究"(08CJL028)的阶段性成果。
[**] 易棉阳，湖南工业大学商学院，副教授，研究方向为货币金融史；程英，湖南工业大学商学院硕士研究生。

一

　　抗战时期，尽管法币日益贬值，但其对外价值却因政府实行固定汇率制度而长期维持在 20:1，法币内外价值的严重背离导致外汇黑市猖獗，黑市汇率超过官方汇率几近百倍。随着抗战临近胜利，战后重建工作提上日程，客观上要求国民党调整战时金融政策。1945 年 6 月，宋子文出任行政院院长，在宋氏看来，法币对外价值严重高估，使外贸停顿，极不利于经济发展，战后经济重建必须开放金融，这样"对外贸易便可畅通，各项物资尤可随人民的需要而增加，游资之流入投机市场，以助长物价之波动者，亦可纳入商业正轨，国外原料及机构，也可因对外贸易之恢复，源源进口，来配合国内工业之发展，足以使增加生产，并收平定物价的效果，所以开放对外贸易，在国内可以安定人心，在国外可以导引投资，予我国经济建设以重要的助力"。① 1946 年 2 月 25 日，宋子文向国防最高会议提出开放金融市场案，将固定汇率改为随市场供给决定的自由浮动汇率，并由中央银行操控买卖市场。在宋子文看来，实行金融开放政策，必须建立起能吞吐通货的金融市场，几乎与此同时，宋子文又决定以中央银行库存黄金为基础，以官定价格在上海黄金市场公开买卖，回笼市面上流通的过量法币，以稳定物价。以硬通货换回软通货，首先需要政府掌握大量硬通货，这一点，宋子文是有信心的，1945 年底，中央银行的黄金外汇储备达 85805 万美元，其中黄金为 568 万盎司，而 1946 年仅上海一地变卖的接收物资收入即达法币 6698 亿元。② 况且，宋子文开放金融还得到了美国的支持，国民政府美籍经济顾问杨格（Arthur N. Young）承诺向美国国会为国民政府争取 20 亿美元贷款。③

---

① 青年远征军第二零八师政治部编《中国国民党第六届二中全会辑要》，1946，第 21 页。
② Strictly Confidential, January 1, 1946, Arthur Young Collection, Box 116, Hoover Archive, Stanford University, Stanford, U.S.A, Hear after HA. 台北中国国民党中央委员会党史委员会编《中华民国重要史料初编》第 7 编第 1 册，1985，第 339 页。
③ 杨格在其回忆录中，很少提及他与这一政策的关系，杨格同时说，他和宋并不经常见面，只在非常时期提供建议或有所讨论。但实际上杨格对宋的政策有很大影响。（Oral History Interview with Dr. Arthur N. Young by James R. Fuchs. Arthur Young Collection, Box 112, HA）Strictly Confidential, January1, 1946, Arthur Young Collection, Box 116, Hoover Archive, Stanford University, Stanford, U.S.A., Hear after HA.《中华民国重要史料初编》第 7 编第 1 册，第 339 页。

1946年2月26日，宋子文任命贝祖诒为中央银行总裁，主持实施金融开放政策。3月4日，中央银行开放外汇市场，以法币2020元兑1美元的价格买卖美元。与此相配合，中央银行制定了《黄金买卖细则》。3月8日，中央银行开始买卖黄金，每条（10两）售价165万元。黄金买卖之初，吞吐量大体持平，4月卖出3674条，买进3000条，从5月开始，卖出大大超过买进，6月卖出19982条，买进只有402条，净卖出19580条，买卖明显失衡，但因为当时中央银行掌握的黄金美元存量甚大，通过大量抛售，尚可维持黄金价格的基本平稳。[1] 至1946年底时，金价开始大幅度波动，1947年之后，市面金价每天都有波动，2月初中央银行停止黄金抛售的前几天，一天涨价竟达九次，如表1所示（以黄金每条折合法币计算，每条10两）。

表1 1946年1月~1947年2月上海黄金市场黄金价格波动情况

单位：法币千元

时　间	最高价格	最低价格	时　间	最高价格	最低价格
1946年1~3月	1940	795	1947年1月4日	4580	3954
1946年4~6月	2030	1420	1947年1月31日	4630	4190
1946年7~9月	2300	1863	1947年2月4日	4700	4400
1946年10月	2300	1863	1947年2月7日	5330	4840
1946年11月	2240	2150	1947年1月10日	7200	5430
1946年12月	3715	2758	1947年2月13日	7800	6700

资料来源：何汉文：《记上海黄金风潮案》，载《币祸》，中国文史出版社，2004，第301页。

1946年3月到12月，金价平均上涨了150%，同一时期物价上升了200%多，金价低于物价，购买黄金囤积更加有利可图，这就刺激了投机者的神经，官、军、商、企都投身于黄金大投机旋涡中。首先进行投机的是掌握了公共资源的官僚，他们利用国家钱财进行私人投机，如青海军阀马步芳在上海设立的湟中公司，擅自动用甘清、青海两公路工程费10亿元购买黄金。[2] 官僚、豪门除动用自己的钞票购买黄金外，还通过向四行贷款套购黄金，仅在12月初的头几天中，四联总处就发放了560亿元"生产贷款"，事后查明这些贷款都是用于抢购黄金，甚至央行上午发出的"生

---

[1] 汪朝光：《简论1947年的黄金风潮》，《中国经济史研究》1999年第4期。
[2] 李立侠：《回忆中央银行黄金案》，载《币祸》，中国文史出版社，2004，第327页。

产贷款"支票,在当日下午抛售黄金的收款中,支票就回了笼。在前线作战的高级军官把领到的军饷钞票,大批装运上海抢购黄金和美钞,各部队为了争取交通工具运送钞票,经常发生争执以致武装冲突。直接控制黄金买卖的中央银行自己也被暴利冲昏了头脑,居然也参与黄金投机,中央银行由南京开往徐州等地的运送钞票的专车,开到半途,便又调转车头,运回上海购买黄金。

投机者疯狂抢购黄金使金价如脱缰野马,迅速上涨,为平抑金价,央行不得不增加金条抛售,甚至不惜包用中航运输飞机,将重庆的库存厂条也运至上海救急。但相对于近乎天文数字的法币而言,央行所掌握的黄金实在太少,至1947年2月,央行库存之黄金所剩无多,嗅觉灵敏的投机者马上觉察到库存即将告罄,更加疯狂地投机以套购最后一笔黄金。在此情况下,央行不得不于2月8日停止暗售黄金,10日,停止对金号的配售。央行的行为引起市面价格急剧波动,金、汇黑市价格暴涨。在此情况下,蒋介石于2月11日起连续召见宋子文并主持中央常会,讨论经济形势。此时,上海黄金官价730万元,但有价无市,黑市高达940万元,直逼千万大关(广州已达到1100万元)。宋子文虽也意识到形势的严重性,但仍图最后一搏,他要求蒋介石核减预算,节约开支,以稳住金价。在军事决战关头,蒋介石不可能接受宋子文的建议,他要宋速筹对公教人员以实物代货币的紧急方案,以安定人心。然宋子文仍不甘心,2月13日,他请美国顾问杨格向蒋介石提出改变外汇汇率、继续抛售黄金的紧急方案,但蒋认为"决难持久","期期以为不可"。蒋决定孤注一掷,实行停售黄金、管制物价、禁用外币、取缔投机等一系列经济紧急措施。2月15日,中央银行向外公告停售黄金。顿时,上海黄金市场只有黑市而无牌价,金价飞涨,引领物价狂升,物资奇缺,市面十分紊乱。黄金风潮达到高潮。16日,国防最高委员会通过《经济紧急措施方案》,主要内容为:①平衡预算,本年度政府各部门预算,除非迫切需要支出者,均应缓发;严格征收税收,加辟税源;加紧标售敌伪产业和剩余物资;国营生产事业,除属于重工业范围及确须由政府经营者外,应公开出卖或售与民营。②取缔投机买卖安定金融市场,即日起禁止黄金买卖;禁止国外币券在境内流通;加强金融业务管制。③发展贸易,法币与美元比价调为12000:1;废除出口补助与进口附加税办法;推广出口;修正进口许可制度。④严格管制物价;一切日用必需品,按评议物价实施办法，严格议定价格；职工薪金以 1 月为最高指数，不得以任何方式增加底薪，粮、布、燃料亦按 1 月平均零售价，定量配给于职工。⑤政府对食米、面粉、纱布、燃料、食盐、白糖、食油等主要日用必需品以定价供应公教人员，先在京、沪两地试办，并在各重要地区分期推进。① 与此同时，还公布《取缔黄金投机买卖办法》，其要点为：①禁止商民买卖金条金饰。②禁止黄金计价流通。③禁止人民携带黄金条块出国，旅客携带金饰出国不得超过二两。④冻结黄金价格，黄金持有人必须按中央银行公告的黄金价格将黄金兑换成国币。⑤淘采的黄金按央行公告价格兑换国币。⑥工业及医疗所需黄金，经财政部核准由央行售给。⑦除中央银行及其所委托之银行可以收兑黄金外，其他银行一律不得买卖黄金，违者按投机操纵扰乱金融论罪。⑧报刊不得登载央行公告价格之外之黄金行市。② 为实施这些管制措施，宋子文下令在上海成立经济监察团，发动宪警特务进行严查，在当局的高压下，上海市面短期内得到了稳定，但毫无经济基础的行政管制不可能收到长期效果，这些管制措施在实施仅一个月后便完全失效。③

二

黄金风潮中到底抛售了多少黄金，由于当局秘而不宣，从未公布过确切数字，一直众说纷纭，成为一个历史谜团。据黄金案调查者、监察院委员何汉文回忆，宋子文上台时，中央银行库存黄金约 900 万两，在开放黄金市场期间，每月售出黄金约 7 万两左右，12 个月共计抛售黄金应在 850 万两左右。④ 但中央银行高级职员沈日新和李立侠的估计则要少得多，沈日新回忆，自 1946 年 3 月到 1947 年 2 月的一年时间内，耗损外汇、黄金占 1946 年 2 月末存底的 58.41% 强，若只就黄金而言，一年间卖出黄金 3531680 两，这个数目占原来存底的 60%。⑤ 李立侠回忆，抛售黄金数量

---

① 《中央银行月报》新 2 卷第 3 期，1947 年 3 月。
② 洪葭管主编《中央银行史料（1928~1949 年）》下，中国金融出版社，2005，第 1121 页。
③ 张公权：《中国通货膨胀史（1937~1949 年）》，杨志信译，文史资料出版社，1986，第 50 页。
④ 何汉文：《记上海黄金风潮案》，载《币祸》，中国文史出版社，2004，第 308 页。
⑤ 沈日新：《1947 年黄金风潮的内幕》，载《币祸》，中国文史出版社，2004，第 292 页。

应是370余万两。①不管怎样，此次风潮耗损了国民政府的大部分黄金外汇家底，引起了蒋介石和朝野人士的强烈不满，国民党内部各派趁机利用这个机会掀起了倒宋运动，黄金风潮又衍生出一场政治风波。

上海黄金风潮爆发后，舆论哗然，宋子文因而成为众矢之的，各派或从私人立场或从公的立场出发，对宋子文口诛笔伐。以张群为首的政学系因为自从宋子文上台后，把张公权从中央银行副总裁位置上挤走，对宋子文极端不满，趁机利用黄金风潮倒宋，以攫取财政金融大权和行政院院长职位。以二陈为首的CC派，在财政金融领域只控制了中国农民银行，中国银行、中央信托局尚在争夺之中，中央银行被宋子文控制，想乘机通过倒宋更多地染指财政金融。孔祥熙一系主张倒宋，是因为从1945年宋子文把孔祥熙的财政大权夺去后一直不能进入财政金融决策中枢，此时若能扳倒宋子文，就增加了一丝卷土重来的希望。以于右任为首的检察院，一贯以超然自居，自命不介入一切派系争斗，但此次也力主查办宋子文且挺身而出承担查办职责，出于两点考虑：一是出被宋子文冷落的怨气；二是借机抬高检察院的威信。社会贤达则出于正义力主严查宋子文，因无政治得失，最为激进，冲锋在前的是著名学者傅斯年，他在《世纪评论》期刊连续发表《这个样子的宋子文非走开不可》和《宋子文的失败》两文，以极为尖刻的文辞痛责宋子文的经济政策，指责宋子文坐视民族工业破产，毫无信用，任用私人，只知以流畅的英国话交些个决不登大雅之堂的美国人，因此要挽救目前的危机，"第一件便是请走宋子文"，因为"国家吃不消他了，人民吃不消他了，他真该走了，不走一切垮了"。傅文一出轰动朝野，成为倒宋潮中的重磅炸弹。

2月13日，监察院院长于右任主持院会，决定派何汉文等四委员前往上海彻查。次日立法院会议则对宋子文发动猛烈攻击，认为"宋子文应辞职以谢国人"。2月16日晚，监察院何汉文、谷凤翔、万灿、张庆桢四监委作为上海黄金案彻查委员赴上海开始调查。据四监委的调查结果，1946年3月到1947年2月，中央银行买卖黄金根本就无章可循，多数情况是暗箱操作，黄金风潮在很大程度上是舞弊的结果。

在中央银行内部，宋子文是黄金买卖的最高决策者，央行总裁贝祖诒、业务局局长林凤苞和副局长杨安仁具体负责，每天的抛售数量由三人

---

① 李立侠：《回忆中央银行黄金案》，载《币祸》，中国文史出版社，2004，第327页。

决定，抛售价格则由林、杨二人与金业公会负责人詹莲生商定，每天商定黄金买卖情形，用英文向宋子文汇报，财政部长俞鸿钧无权过问，甚至蒋介石也不知底里。黄金买卖操控于几人之手，为投机舞弊大开方便之门。这从抛售黄金的市场代理人的选定上就可得到印证。央行从金业公会中选定同丰余、太康润、大丰恒三家金号，银楼业公会中选定方九霞昌记、杨庆和发记两家银楼为代理人，据后来监察院的调查，这五家资力其实非常薄弱。同丰余资本为1500万元，太康润为2400万元，大丰恒为1000万元，方九霞昌记为910万元，杨庆和发记为960万元，以当时法币价值论，它们的资力几乎等于零。①如此微小的资本根本就不具备承办以百万计的黄金买卖业务，那它们凭什么承做央行的黄金买卖业务呢？太康润、大丰恒、方九霞、杨庆和实际上都受控于同丰余经理詹莲生，詹莲生之所以能揽到黄金买卖业务，与贝祖诒直接相关。詹莲生是苏州人，与贝祖诒既是同乡又是亲戚，而且还做过贝祖诒兄长、颜料大王贝润荪的颜料生意经纪人，贝祖诒在担任中国银行上海分行经理时，詹莲生便在上海金业交易所暗地与贝祖诒勾结，利用中国银行的资本做投机生意，牟取暴利，在贝祖诒的支持下，詹莲生控制了上海金业并当选为上海金业公会主席，贝祖诒就任央行总裁后，立即明定詹莲生为黄金买卖代理人。贝祖诒是宋子文的亲信，贝祖诒的提名宋子文完全允准，詹莲生就这样成为宋、贝在上海黄金市场的代理人。林凤苞、杨安仁由于是贝祖诒的亲信，这样，贝、林、杨、詹完全控制了黄金买卖，舞弊之门洞开。监察院在调阅同丰余账目时发现，同丰余居然没有黄金买卖的出进明细账，在同丰余董事会名单中，有几个假名查不出下落，据说便是贝、林、杨等的化名。据何汉文的估计，詹莲生在央行买卖黄金的一年间，其销售利润约为13.5万两，加上火耗收入、成色掠取，总共超过20万两，但这笔巨额黄金不是詹莲生一人独吞，何汉文审讯詹莲生时问及黄金去向，詹莲生答："赚项也大，应酬也大，并没有得到多少金子"，20万两黄金居然被詹莲生"应酬"掉了，官员与商人朋比为奸一目了然。②

那么，蒋介石、宋子文在黄金风潮中扮演了什么角色？应该负什么责任？1946年3月开放黄金市场，经过了国防最高委员会和行政院的核准，

---

① 何汉文：《记上海黄金风潮案》，载《币祸》，中国文史出版社，2004，第309页。
② 何汉文：《记上海黄金风潮案》，载《币祸》，中国文史出版社，2004，第313页。

但1947年2月8日停止暗售黄金,及15日停止一切黄金抛售,这些重大决定却从未经国防最高委员会和行政院讨论通过。国防最高委员会和行政院既无决定,究竟是谁下的停售命令?监察委员就此事询问贝祖诒,贝答复是奉宋子文电话指示,没有文字手令。再问宋子文,宋答复是奉蒋介石口头指示,他不过是奉命行事。监察院四监委于2月19日致电蒋介石:"此次中央银行停售黄金,事出突兀,致引起风潮,摇动金融经济。据宋院长称,停售系奉钧座指示,确否祈赐电示";蒋介石的批示是:"并无其事。事到如今,有何办法!"①既然并无其事,为何不追究责任?由此看来,黄金风潮的形成,上至蒋、宋,下至贝、林、杨、詹,都负有责任。至于各自分赃多少,迄今是历史谜团。

监察院四委员根据调查所得事实,对贝祖诒、林凤苞、杨安仁在黄金风潮中的行为定性为违法失职:其一,泄露国家机密。中央银行存金底数,属于国家机密,而央行"总裁贝祖诒等,竟以全部出售金块交由同丰余金号一家负责,分配与大丰恒等七家熔化金条而不交中央造币厂熔化",致使央行全部售金的熔化数量被同丰余洞悉;央行所指定的售金行号,均须同丰余经理詹莲生一人盖章方能领取,致使央行所售出的黄金总数全被詹莲生洞悉,以致詹莲生"伺机与黄金政策,作投机决斗,以获取巨利",因而"贝祖诒等实有有意泄露此项机密之嫌疑"。其二,官商勾结。央行每日出售黄金的价格,由同丰余等五家行号与央行以对讲电话报告为准,"而五家行号之指定,系由贝祖诒、林凤苞、杨安仁三人任意决定,漫无标准",五家行号均受詹莲生控制,"显然放任詹莲生保持操纵,谓为官商勾结,实非过分"。其三,擅作主张。暗售黄金的方略,"非政府决定,当为贝、林、杨三人擅定之办法"。其四,纵容部下。管理黄金库存的央行襄理王松涛等央行职员,利用职权从事黄金买卖,而贝祖诒不加以约束,"实有纵使部属染指黄金投机买卖之嫌疑"。其五,隐瞒信息。1947年1月起,金价暴涨,黄金政策已难以为继,但贝祖诒却不据实呈报,2月10日,突然停止暗售,事后未向上峰呈报。②监察院将调查结果公布后,上海地方法院判处了林凤苞、杨安仁、詹莲生等一线舞弊人员。③贝祖诒被免去

---

① 何汉文:《记上海黄金风潮案》,载《币祸》,中国文史出版社,2004,第316~317页。
② 《中央银行史料》下,第1114页。
③ 此为何汉文的回忆,另据沈日新回忆,杨安仁被判七年,詹莲生被判四年,但林凤苞并未被判刑。

中央银行总裁职务,由张公权接任。宋子文是黄金案的关键人物,国民党内部的倒宋派希望严厉惩治宋子文,1947年3月4日,由监察院四监委打头阵,提出并向社会公布弹劾宋子文案,认为宋子文自"接任行政院长以来,其误国失职多端,尤以此次黄金风潮,使社会骚动,影响国计民生至深且巨",应"依法提出弹劾,即请提出惩戒,以正纲纪"。①尽管蒋介石对宋子文也颇有不满,但蒋宋之间打断骨头连着筋,一损俱损,关键时刻不会弃宋。于是,蒋介石授意监察院长于右任,不要对宋落井下石,最后,监察院对宋子文所应负之责任界定为:"本案所举弹劾宋子文之事实,均属政策运用问题,尚未举出有何犯罪情事。"既然如此,宋子文就不必负刑事责任,蒋介石以免去宋子文行政院长职务向社会交代,但几乎同时又任命宋为广东省主席,由京官变为地方官。

在黄金案中最大的受益者是政学系,宋子文垮台后,张群继任行政院长,贝祖诒被免职后,张公权上台。最失望的是CC系,几乎没有捞到好处。于是,他们主张进一步彻查宋子文在黄金案中的贪污行为,在3月23日的国民党五届三中全会上,CC中央委员黄宇人等100余人提出《惩治金钞风潮负责大员及彻查官办商行账目没收贪官污吏之财产以肃官方而平民愤案》,请求政府惩治宋子文、贝祖诒及其部属。但蒋介石一力为宋子文辩护,谓"宋子文在行政院长任内,并不贪污,如谓余见贪污而不知,则由余负责",② 在蒋的高压下,查办宋的声浪就此停息。

三

黄金风潮,在经济上几乎掏空了国民政府的家底,在政治上使国民党内部党争更趋显性化和尖锐化,因而它给国民党的打击是致命的。从博弈论的角度看,黄金风潮的结局是负和博弈。研究历史不仅要通过描述还原历史真相,还应该从描述中提炼历史启迪。

国民政府时期的一切经济问题,实际上都与国民党内部利益集团息息相关,黄金风潮中的经济投机和政治博弈,利益集团的影响则更加明显。

---

① 《监察院对宋子文黄金舞弊案的弹劾书及审查报告》,宁档,全宗八,卷号1362。
② 中国第二历史档案馆编《中华民国史史料长编》第70册,南京大学出版社,1993,第63~64页。

以研究利益集团理论著称的美国经济学家奥尔森认为利益集团的实质在于最大限度地追逐特殊利益。对集团来说，有两种增进其成员利益的途径：一种是通过努力增加全社会的总体利益，从而使自己在总利益中的份额随之增加；另一种是努力争取自己成员在社会总利益中得到更多的份额。而利益集团均倾向于后一种方式为自己的成员牟利。其原因在于任何一个利益集团要想使全社会的效率提高，就必须为此付出高昂的代价，负担促成这一目标的全部费用。而每个组织的成员人数同全社会的总人口相比又是微不足道的，他们获得的仅是其中极小部分的利益，而那些对此未做出任何贡献的其他社会成员也能获得同样的份额。因此集团为其成员谋取利益的唯一途径，只能是尽量在社会总利益中争取较大份额。在国民党内部，存在蒋介石系、孔祥熙系、宋子文系、政学系、CC系等多个利益集团，这些利益集团之间长期互相倾轧，互相拆台，谁坐在台上，其他派别就在台下拆柱，因而谁也搞不清楚自己能在台上坐多久，一旦上台就加紧为本集团牟取利益，把社会利益置于第二位。宋子文系在黄金风潮中损公肥私，就是例证。之前孔祥熙当政期间的两次黄金风潮，孔祥熙系也利用职权之便中饱私囊。

奥尔森进一步把不关心社会总收益下降的利益集团称为"分利集团"。在奥尔森看来，由于利益集团的目的在于重新分配国民收入而不是创造更多的社会财富，因而分利行为把人们的目光集中在再分配问题上，这种重视再分配的现象使社会政治生活中相对增加了分配问题的重要性，同时减少了对更广泛的公共利益的关心。分利行为的零和特征使一些人的收益增加，但同时意味着另一些人收益的减少，可能导致分配不公，从而引起成员间的利益冲突。黄金风潮中，权贵投机者赚得盆满钵满，下层民众却饱受因黄金涨价而引发的物价暴涨之苦。在黄金风潮过后的治理过程中，权贵总能逃脱监管而一般群众却又一次面临合法的掠夺，如经济监察团，以查处投机为名，从一般商民手中没收黄金20多万两，有权贵背景的公司投机黄金可以逍遥法外，没有背景的公司如正泰橡胶厂、大中华造纸厂却因以生产贷款买黄金而吃官司。国民党利益集团的分利行为最终造成社会中的政治冲突加剧，黄金风潮两个月之后便爆发了大规模的群众运动，使国民党的统治进一步失控。

综述与述评

深入与拓展：2011 年中国近代经济史研究[*]

赵晓阳[**]

摘要：2011 年中国近代经济史研究共发表论文近 400 篇，本文从财政金融成为重点、"三农"问题继续深入、全球史观引起关注、GDP 研究受到重视、区域经济研究持续活跃、研究领域进一步拓展、经济史理论探讨继续深入七个方面，对 2011 年中国近代经济史研究进行回顾和总结，认为经济史和社会史的融合继续加深，全球史观进一步深入，研究领域更趋广泛。

关键词：近代经济史　社会史　全球史观

2011 年，中国近代经济史研究继续呈现蓬勃发展的态势，全年共发表论文近 400 篇。[①] 如按研究领域划分，首先，有关财政金融的论文多达 68 篇，约占全部论文的 17%，是研究的重头。其次，"三农"问题继续得到关注，有关论文达到 38 篇，接近全部论文的 10%。此外，如按总体研究和区域研究划分，则区域研究约有 70 余篇，约占全部论文的 17.5%。如按研究时期划分，则有关近代经济的论文达 90 余篇，有关晚清经济的达 80 余篇，有关国民政府时期经济的近 200 篇，可谓厚今而不薄古；而有关北洋政府时期经济的论文仅有 10 余篇，可见，对北洋政府时期的经济研究尚为薄弱。

从理论和方法来看，经济史和社会史的融合继续加深，新制度经济学和新经济社会学开始成为经济史的前沿理论。全球史观进一步得到运用，计量经济史学更加受到重视，在 GDP 研究上逐渐崭露头角。研究领域更趋

---

[*]　本文系中国社会科学院近代史研究所重点课题"传教士与近代三农"的阶段性成果。
[**]　赵晓阳，中国社会科学院近代史研究所研究员，研究方向为中国近代社会经济史。
[①]　根据 2011 年全国各种期刊所发表的中国近代经济史相关论文统计。

广泛，理论探讨受到关注。

一 财政金融成为重点

在国家权力和经济发展的关系上，马克思主义和新制度经济学都肯定了国家权力对经济发展的巨大作用。新制度经济学认为，在国家提供的制度基础和经济绩效之间存在着明显的相关性。而国家对经济的作用主要是通过经济法规来实现的。赵留彦等著文研究1931年国民政府"裁厘改税"政策对于国内粮食市场整合的效应，采用门阀误差修正模型估计米粮的跨区贸易成本，认为裁厘改税之后，上海和芜湖两地之间的贸易成本相对于以前下降了约40%。这一改革使得原来厘金制度下商品流通环节的苛捐杂税大部分被取消，市场整合程度大大提高，因此，该政策解除了原有厘金制度对商品流通的限制，有利于商品跨区贸易和国内工商业的发展。[1]

金融问题同样是政府、社会和大众之间的博弈。李金铮、冯剑撰文论述了近代天津当息利率的升降史，指出在民间金融关系史中，利率不仅是一个金融现象，也是政治现象和社会现象，是在多种因素的相互制约下形成的。近代天津典当业利率的演变表明，借贷关系不仅是借和贷两方面的关系，政府、社会与当铺之间的博弈以及当铺自身的竞争都影响了当息标准的制定。在博弈中，各方面都使用了适合自己或传统或现代的武器，包括传统习俗、国家法律、民间团体、报纸媒体等，体现了近代中国社会转型的色彩。[2]

企业、政府、银行之间的利益博弈事关企业的存亡。20世纪30年代中期，荣氏集团申新七厂被拍卖案是中国近代经济史上一桩轰动全国、影响巨大的社会事件。徐锋华撰文认为，申新七厂拍卖事件的一个巨大影响，是政府与银行之间的关系发生了微妙而深刻的变化。在"申七事件"冲击下，国民政府开始在金融领域实施统制经济政策。[3]

---

[1] 赵留彦、赵岩、窦志强：《"裁厘改税"对国内粮食市场整合的效应》，《经济研究》2011年第8期。

[2] 李金铮、冯剑：《在国家、社会与当铺之间：近代天津当息的博弈史》，《中国经济史研究》2011年第2期。

[3] 徐锋华：《企业、政府、银行之间的利益纠葛——以1935年荣氏申新七厂被拍卖事件为中心》，《历史研究》2011年第6期。

陈昭、刘巍的论文针对中国近代金融数据的缺失，提出一种新的估算方法。他们在文中构建了近代中国市场的两个假设条件：商品经济取代自给自足的自然经济并占一定地位；商品化程度变化缓慢，即经济的货币化程度提升的节奏比较稳定。在此基础上建立了供求决定价格的模型，利用该模型估算了中国近代的狭义货币供应量，并对结果进行了验证，效果良好，表明估算结果有较高的可信度。①

近年来，针对蒋介石的研究，成为大陆学者的某种"热门"，吴景平对 1935 年法币改革前后蒋介石的有关言论进行了探讨，认为蒋介石"对于政府中主持财政金融行政事务的主官基本上是信任并且支持的。蒋介石对于法币政策的及时颁行和取得成功，起到了不可或缺的决定性作用"。②

商业银行实行"走出去"战略，已经成为目前我国金融机构践行的重点。杨志勇对我国近代历史上第一个在海外设立金融分支机构的山西合盛元票号"走出去"的过程进行了探讨，分析了中日贸易和中国学生留学日本两方面因素，促使合盛元在日本设庄，而自身实力不足最终导致其撤庄的过程。③

1866 年，上海经受了开埠后的第一次金融风潮。宋佩玉对风潮发生的原因进行了分析，认为其导源于美国内战所引起的棉花投机和太平天国运动所造成的上海经济的繁荣，形成于两次战争结束所造成的棉花投机和房地产投机的失败，最终由伦敦市场上的金融动荡引爆，导致上海多家外商银行、洋行股票惨跌而破产。④

财政史的研究，依然得到学者的关注。由于清代会计制度的混乱和奏报档册不完整，清代厘金历年全国总收入，始终是一个难以解决的问题。周育民在罗玉东研究的基础上，根据作者整理的新数据、新材料，对晚清厘金历年全国总收入进行了再估计。认为光绪五年（1879 年）以后，清代厘金岁入已常年在 2000 万两以上，光绪二十九年（1903 年）以后突破 3000 万两。⑤ 汪柏树、⑥

---

① 陈昭、刘巍：《对 1887~1909 年中国狭义货币供应量 M1 的估计》，《中国经济史研究》2011 年第 4 期。
② 吴景平：《蒋介石与 1935 年法币政策的决策与实施》，《江海学刊》2011 年第 2 期。
③ 杨志勇：《合盛元票号日本设庄、撤庄原因探析》，《忻州师范学院学报》2011 年第 5 期。
④ 宋佩玉：《近代上海的第一次金融风潮研究》，《史林》2011 年第 1 期。
⑤ 周育民：《晚清厘金历年全国总收入的再估计》，《清史研究》2011 年第 3 期。
⑥ 汪柏树：《民国徽州土地卖契的契税》，《中国经济史研究》2011 年第 1 期。

文志勇①和宋美云、王静②的三篇文章，分别讨论了民国时期安徽、新疆和天津的地方财政管理状况，展示了中央、地方政府与利益群体、民间组织和民众之间错综复杂的关系和利益矛盾点。王明前研究了中央革命根据地财政体系演变，其形成经历了闽西苏区的初期探索、中央财政体系的初建和中央财政体系逐步完善三个阶段。中央财政制度和财政体系的建设，首先从建立统一的预算决算制度入手；其次是建立完善划一的税收制度，以增加政府收入，调节经济建设。会计制度、国库及国家银行制度、关税制度和审计制度的先后建立，标志着中央苏区财政体系构建工作的基本完成。③

二　"三农"问题继续深入

"三农"问题所涉及的农村、农业、农民问题，不仅是当下中国最重要的经济问题，而且是极其重要的社会问题和政治问题。研究探讨近代史上的"三农"问题，无疑对于解决现实中的"三农"问题具有借鉴作用，因此，多年以来，"三农"问题一直得到经济史学界的高度重视。

当前最重要的"三农"问题，当属城乡的人口流动，即农民的离村问题。农民离村问题历来是近代经济史研究的重点，但对农民离村的原因却众说纷纭。周应堂、王思明探讨了近代史上农民离村的原因，认为对中国近代农民离村原因的分析，应从宏观经济和生产力发展的角度出发，而人口压力和自然灾害都不是农民离村的主要原因。文章以统计数据表明，农民离村的主要原因是经济压力和经济吸引。中国近代农民离村的原因应从中国近代经济发展中去寻找，特别是中国大机器工业出现以后，对劳动力市场发育起到了巨大的推动作用，工矿企业对劳动力的总需求不断扩大，现代工业的发展，使大量的农民进入城市成为城市工人。此外，文章还提出，城市高收入、低风险、舒适的生活、心理负担的减轻等因素是吸引农村人口向城市转移的主要因素。④

---

① 文志勇：《杨增新和杨缵绪对新疆财政问题的争论：兼谈新疆各民族的经济负担》，《中国边疆史地研究》2011年第3期。
② 宋美云、王静：《民国时期天津牙税向营业税的过渡：以油行为例》，《史林》2011年第6期。
③ 王明前：《中央革命根据地财政体系演变新探》，《中国经济史研究》2011年第2期。
④ 周应堂、王思明：《近代农民离村原因研究》，《中国经济史研究》2011年第1期。

众多农村人口涌入城市，而当时城市所能提供的就业机会却远不及实际需求，由此出现众多流动人口辗转于城乡之间、彷徨失所的局面。戴鞍钢指出，1894 年中日甲午战争爆发后，随着列强在华经济扩张的加速，同时受实业救国思潮和清政府鼓励工商业发展政策的推动，中国的民族工商业和近代城市经济都有了较为明显的发展。中国历史上的农民未能走出农村，或一度走出农村又折回，他们中的绝大多数人根本不可能有所谓"出于个体理性算计"的选择，只能迫于生计，或辗转于城乡之间挣扎求生，或困守贫瘠的土地勉强度日，他们不可能也不应该为所谓的"中国未能及时发生工业革命并迈入现代增长阶段"负责①。

张家炎以清代及民国时期江汉平原为背景，讨论了移民运动、环境变迁与物质交流的关系，认为江汉平原纳移民、输米粮、水灾频发既是当地次第发生的现象，也是两湖地区，特别是整个长江流域经济与环境次第变迁的一环。② 衣保中、张立伟分析了清代以来内蒙古地区的移民开垦及其对生态环境的影响，认为清朝以来，内地人民大规模迁入蒙地垦殖，其粗放的经营方式和无序的活动，对内蒙古地区的生态环境产生了严重的影响。③

经济史研究的目的是发现经济发展的规律，以历史的经验作为现实的借鉴。因此，总结近代史上解决"三农"问题的方式、方法，是经济史研究的任务。王仲的《民国时期商会对农业的扶持：以苏州商会为例（1927~1937）》，对于我们理顺工商业与农业的关系不无助益。他认为商会是近代以来各种社会团体中最有实力的民间组织，而民国时期苏州地区的农业生产，无论是农业生产资料的获取，还是农家剩余产品的出售，都要通过市场环节才能实现，农业越来越倚重市场，也就是说必须要经过商人之手才能实现农业的生产和再生产。苏州商会及其下属经营农资和农产品的同业公会在这两方面为农业提供了条件，并尽可能地少获利润而施惠于农民。④

---

① 戴鞍钢：《中国近代工业与城乡人口流动》，《云南大学学报》2011 年第 2 期。
② 张家炎：《移民运动、环境变迁与物质交流：清代及民国时期江汉平原与外地的关系》，《中国经济史研究》2011 年第 1 期。
③ 衣保中、张立伟：《清代以来内蒙古地区的移民开垦及其对生态环境的影响》，《史学集刊》2011 年第 5 期。
④ 王仲：《民国时期商会对农业扶持：以苏州商会为例（1927~1937）》，《中国农史》2011 年第 1 期。

近代国家与农民的关系是政治的重中之重,政府处理"三农"问题的方式及其经验教训同样值得我们吸取。杨国安《樊口闸坝之争:晚清水利工程中的利益纷争与地方秩序》为我们提供了一个范本。故事发生在光绪年间湖北武昌县樊口地区,"外江内湖"的水系特征、"内乡"与"外乡"的地域之见,使当时民众就是否该筑樊口闸坝,爆发了一场旷日持久的水利冲突,并进而引发了以湖广总督李瀚章和兵部侍郎彭玉麟为代表的反对派和支持派之争。樊口闸坝事件,体现了国家与农民对大型水利工程的不同考量,也体现了地方不同利益集团的利益冲突和博弈关系。[①] 张少筠、慈鸿飞首次利用福建四县的档案资料,探讨南京国民政府时期福建地区的永佃权纠纷及其解决方式。宗族组织和士绅阶层,基层治理机构或组织,以及司法机关等社会中的各方力量,在解决纠纷的三种方式中各自发挥着重要的作用。总的说来,民间调解是永佃权纠纷中一种不可或缺的解决方式。[②] 以上研究都表明,为了解决"三农"问题,培育社会组织和农村自治组织的重要性。

王大任对民国时期最接近农业近代化的东北地区,曾经出现过的农业机械化过程进行了研究,认为"近代东北地区农业机械化经营并未使该地区形成独具特色的近代化农业经营布局,而仅仅是昙花一现。其原因在于农用机械市场售价、原料价格和售后维护价格的高昂,以及部分农机不适应该地的地域性生产方式。'成本—收益比率'明显逊色于以纯劳动力要素进行生产,使得农民排斥新式机械似乎显得是一种明智之举。该现象提醒我们必须为农村引入先进的农业生产设备营造良好的条件以及实现技术的'本土化'创新"。[③]

柳平生、葛金芳对黄宗智"过密化"理论提出了修正,认为近代农业经济存在"过密化"现象的条件是小农劳动的边际收益小于边际成本($MR<MC$),而不是如黄宗智所说的"劳力边际产量开始递减之后";证明"过密化"现象在近代农村经济中普遍存在。而市场化条件下的工业化

---

① 杨国安:《樊口闸坝之争:晚清水利工程中的利益纷争和地方秩序》,《中国农史》2011年第3期。
② 张少筠、慈鸿飞:《南京国民政府时期福建的永佃纠纷及其解决》,《中国经济史研究》2011年第1期。
③ 王大任:《近代东北地区农业机械化经营的退却及其原因》,《中国社会经济史研究》2011年第2期。

和城市化是过密化进程得以延缓、中止并最终逆转的根本途径。①

三 全球史观引起关注

20世纪中叶兴起的全球史观,不仅给历史思维带来了新的视角,而且给经济史研究提供了新的方法。它把中国经济史研究纳入全球范围去考察,强调跨国界、跨地域范围的比较和借鉴、互动与关联,使中国经济史学科成为一门国际性的学科。它突破了"欧洲中心论"的研究模式,彻底摒弃了欧洲中心史观片面强调欧洲在世界经济发展中的作用,使欧洲以外的亚、非、拉国家历史被边缘化的做法,中国及其他后发国家一起登上了世界经济发展的舞台。

仲伟民的专著《茶叶与鸦片:十九世纪经济全球化中的中国》②是全球史研究的一部力作,也是对国际史学界关于全球史研究的一个呼应。通过中西间茶叶与鸦片的交换、传播,以描述全球共同的发展进程,作者提出了"被全球化"的概念,巧妙地选择茶叶与鸦片两种商品在中西间的传播、对全球经济关系的作用以及对中国的影响进行研究,揭示出两个国家截然相反的历史命运,丰富了我们对近代国家命运的认识。该著不仅是国内全球史研究的一个范例,也是对中国成为国际原料市场过程研究的经典范例。③

刘强持有和仲伟民类似的观点,如果将中国制瓷业放在全球经济发展的背景下,其兴衰过程及背后的原因将更加清晰,也更具启发性。他指出,欧洲的扩张一方面促成了全球规模的产品市场,对中国制瓷业形成了需求冲击,进而成就了中国制瓷业300年的"黄金时代";另一方面,欧洲国家还实行武装贸易和重商主义,给欧洲制瓷业的发展提供了市场、技术和政策支持,促使欧洲制瓷业迅速发展。也正是藉此,欧洲制瓷业在与中国制瓷业的竞争中逐渐取得优势,曾经为中国带来无数利润和荣耀的制

---

① 柳平生、葛金芳:《近代江南农村"过密化"问题的微观分析和统计验证》,《浙江学刊》2011年第5期。
② 仲伟民:《茶叶与鸦片:十九世纪经济全球化中的中国》,生活·读书·新知三联书店,2010。
③ 丁贤勇:《全球化视野中的中国近代经济与国家命运:评仲伟民:〈茶叶与鸦片:十九世纪经济全球化中的中国〉》,《首都师范大学学报》2011年第3期。

瓷业就此衰落。①

四 GDP 研究受到重视

随着中国经济的崛起，关于历史上中国经济及其在世界经济史上地位的研究，日益受到学术界的重视。这其中，尤以 GDP 研究引人注目。李伯重以 1823~1829 年华亭—娄县地区的 GDP 为对象，对 19 世纪初期中国的经济状况进行了个案研究，既从生产增加值的角度对 GDP 进行了估算，又通过收入法、支出法与之相印证，由此分析当时的农工商等各个部门及生产、分配与消费各个环节。最后，作者得出结论，比较而言，华娄的第二产业产值与就业的比例甚至超过了同期的荷兰。这与作者关于"斯密型成长"与"库兹涅茨型成长"的一贯认识是一致的：江南虽然没有发生"工业革命"，从而进入具有结构急剧变化和重工业发展等特征的"库兹涅茨型成长"，但在市场的推动下，分工不断细化，生产率也随之提高，这种不依赖于新技术，以轻工业为主的"斯密型成长"达到了很高的水平。②

评论者认为：无论是从生产、分配还是消费来考察华娄经济，本书都导向了对传统经济的反思，也与彭慕兰等研究相呼应，共同发展了多元视角的比较史学。但同时也指出，本书在评价华娄地区发展水平时，主要以 GDP 为标准，有时可能并不全面。③

李伯重的专著激起了新一轮的学术研究兴趣。《中国经济史研究》组织专栏笔谈，讨论 GDP 估算研究。史志宏认为，GDP 研究，即某一国家或地区一定时期内（通常为一年）的国内生产总值（增加值）核算，无论现实的还是历史的，都是西方学者首先做起来的。已有相当成熟的方法和整套的指标体系，是任何做此项研究的人都必须遵循的，除非你不去做这项研究。当然，由于中国传统经济有自己的特点，研究中国的历史 GDP，必然，也应当在某些具体的方法和指标上有所创新或者说突破，但根本性的

---

① 刘强：《18 世纪末~20 世纪初中国制瓷业的衰落：一个全球的视角》，《史学集刊》2011 年第 2 期。
② 李伯重：《中国的早期近代经济：1820 年代华亭—娄县地区 GDP 研究》，中华书局，2010。
③ 彭凯翔：《传统中国经济张力的立体透视——评〈中国的早期近代经济：1820 年代华亭—娄县地区 GDP 研究〉》，《经济研究》2011 年第 5 期。

创新或突破是不可能的。他提出,既然方法和指标不是重点,那么,需要做的另一项工作即历史数据的收集和整理,自然而然就应该是我们工作的重点。① 陈争平持与此相似的看法,他亦认为:一般来讲,历史越久远,进行 GDP 估算,收集经济统计资料的难度越大。因此,他建议立即开展"近代中国经济统计研究"项目工作。至于如何重建历史数据,他认为应当建立两套数据库,缺一不可。①首先需要广泛收集近代历届政府、科研人员及其他组织编制的各类经济统计,以及各类官书、方志、笔记等所记载的经济数据信息,进行适当分类,整理成一套近代中国经济统计数据 A 库。②在这一套数据 A 库基础上,对各类经济统计所用方法、资料来源等进行审慎考证,同时,学习、借鉴日本 COE 项目在统计资料甄别和整理方面的一些经验和方法。经过去伪存真,并用科学插值法进行补充和修正,整理编制成各部门系列新统计表。再将这些经过甄别、修正、插值、估值形成的新统计表,以及进一步的计量分析等,汇集成另一整套近代中国经济统计数据库 B 库。这是一项规模较大、多学科结合、填补学术空白的基础性研究工作,所建设的两套数据库及系列分析等将有较大创新意义,将为学术界在经济学、历史学、统计学等方面的后续系列研究提供坚实的基础。②

倪玉平则对 GDP 研究提出数据估计的三个原则:①重视对原始资料的收集和整理。在很多情况下,我们不得不进行数值推算和估计,一旦条件具备,就应该尽可能地搜集原始史料,争取做到竭泽而渔。②注意数值估计的合理性。经济史材料的定量,必须适度而行,不能知其不可而为之。定量时还必须兼顾文化与传统,做到合情合理。③要有历史感,历史感对于中国经济史的数据统计具有非常重要的意义。③ 刘巍就近代中国 GDP 估算的尝试进行了历史性的总结,指出在进行估算时,须在选择理论模型时注重前提假设的分析,外推数据时要注重对残差的分析,还需要用其他领域的数据做验证,这样才可能经得起学术的考验,才能成为一种较科学的方法。④ 管汉晖也对 GDP 数据在历史分析中的必要性进行了分析。⑤

---

① 史志宏、徐毅:《关于中国历史 GDP 研究的点滴思考》,《中国经济史研究》2011 年第 3 期。
② 陈争平:《近代中国货币、物价与 GDP 估算》,《中国经济史研究》2011 年第 3 期。
③ 倪玉平:《GDP 数值估计的三个原则》,《中国经济史研究》2011 年第 3 期。
④ 刘巍:《近代中国 GDP 估算:数量分析方法的尝试》,《中国经济史研究》2011 年第 3 期。
⑤ 管汉晖:《关于中国历史上 GDP 研究的一些浅见》,《中国经济史研究》2011 年第 3 期。

李敦瑞、朱华参照巫宝三等所使用的估算方法和部分相关数据，佐以当代出版的上海方志所提供的数据以及当代学者的最新研究成果，对1936年上海GDP进行了初步估算，并在此基础上对抗战前夕上海的经济水平和结构做必要的数据分析，认为抗战前夕，上海经济已相当发达，无论是自由程度还是开放程度都处于较高水平，且现代经济的特征也比较明显。①

杜恂诚、李晋对GDP研究中存在的问题提出了批评，指出学术界对中国古代、近代经济史上的GDP研究似有升温趋势，然而其中存在的问题却具有普遍性，有碍于更加真实地认识中国古代、近代社会和进行跨国家、跨社会的比较。主要的问题在于，认识和估算的思路进入了误区，偏离了GDP的规范定义。中国经济史GDP研究中的具体方法也有诸多不尽如人意之处。运用计量模型推导GDP，对于模型设计的合理性和基础性数据的积累是至关重要的。因此，不宜把GDP作为将中国古代传统社会或中国近代二元转型社会与西方资本主义国家做比较时的主要普世评价标准，尤其不宜用偏离定义或模型有缺陷的估计或计量方法得出的GDP数字来进行比较。他认为，社会转型的评价标准是多维的。在很多时候，GDP并不能成为主要的评价标准。②

五 区域经济研究持续活跃

区域经济是近年新兴且持续活跃的经济史研究新领域。"以中国之大，各地区经济发展很不平衡，区域史的研究实属必经之路。"③ 近年来，区域经济研究呈上升趋势。大家都逐渐认识到，中国幅员辽阔，各地的政治经济文化状态差异很大，经济也呈现出相当不同的发展基础和态势，必须将经济发展与当时、当地社会的各种层面和因素密切相关来进行考察。

郑忠以20世纪30年代上海与无锡为例，探讨了区域经济发展中的联动关系。文章运用区域经济"增长极"和"增长中心"理论，得出无锡是由于上海"增长极"的创新功能作用而成长起来的新"增长极"。④ 熊亚

---

① 李敦瑞、朱华：《抗战前夕上海GDP及结构探析：以1936年为例》，《史林》2011年第3期。
② 杜恂诚、李晋：《中国经济史GDP研究之误区》，《学术月刊》2011年第10期。
③ 吴承明：《经济史：历史观与方法论》，上海财经大学出版社，2006。
④ 郑忠：《近代中国区域城市的经济关系：基于对上海与无锡互动的考察》，《江海学刊》2011年第3期。

平、安宝讨论了近代天津城市兴起与区域经济发展中与周边集市（镇）的经济关系。作者对天津城市与周边集市（镇）之间的商品交流、工农业分工及人口迁移等初步考察，揭示了大城市兴起对区域市场整合及区域经济发展的影响。① 尚季芳以民国时期甘肃省的毒品经济成为当时财政的主要收入来源为对象，说明了与毒品相关的经济畸形繁荣，正常产业无法建立，致使甘肃这样的边远地区的农村经济日趋落后。② 张保见对民国时期西藏地区商业与城市发展格局进行了研究，认为西藏商业格局总体上具有较强的承继性；对英印的经济依赖性增强；城镇发展基本上与商业发展同步，具有较强的半殖民地色彩；城镇格局变化对于经济发展的带动力较弱。③

对台湾地区的经济研究，学术界还处于比较空白的状态。王键通过对台湾拓殖株式会社在1936~1945年的历史考察，证明它对广东、海南等地实施的一系列经济侵掠，是为日本侵华提供了经济保障，同时也摧毁了两地业已初步形成的经济结构和经济布局。④

六　研究领域进一步拓展

2011年经济史研究，除重点关注领域以外，涉及范围也越来越广泛，许多新研究点被学者所关注。

宗教与中国近代经济史的关系，以前不太为学者所关注，现逐渐开始有学者涉猎该领域。基督教与近代中国政治、社会、经济变化有着相当密切的关系，而有关这种关系的研究，体现在经济领域的还不多见。李传斌探讨了废除不平等条约后，国民政府的教会租地政策。在通商口岸和内地均拥有租买土地的权利，是基督教在华特权之一。李文认为，自1943年起，中国政府先后废除与英美等国签订的不平等条约，基督教在华租买土

---

① 熊亚平、安宝：《近代天津城市兴起与区域经济发展：以天津城市与周边集市（镇）经济关系为例（1860~1937）》，《天津社会科学》2011年第2期。
② 尚季芳：《论民国时期甘肃省的毒品经济与社会变迁》，《中国经济史研究》2011年第3期。
③ 张保见：《民国时期（1912~1949）西藏商业及城镇的发展与布局述论》，《中国社会经济史研究》2011年第3期。
④ 王键：《抗战时期台湾拓殖株式会社对广东、海南的经济侵掠》，《近代史研究》2011年第2期。

地失去了旧有的条约依据。中国政府在 1943~1945 年间，结合新旧条约的规定，采取一系列暂时应对之策。自 1946 年起，国民政府先后颁布文件，重新规范基督教在华租地权。这些政策在一定程度上起到了应有的作用，但是限于特殊的现实，它未能从根本上解决基督教在华租地的问题。①

陈才俊讨论了早期美国来华传教士与美国对华鸦片贸易政策之间的关系。一部分美国传教士认为，对华鸦片贸易有悖于基督教的伦理道德，会严重破坏福音在中国的传布，极力反对鸦片贸易。而早期美国对华事务以及制定对华政策，很大程度上依赖于这些通晓中国语言、谙熟中国文化的在华传教士。由此，美国政府当时曾禁令本国商人从事对华鸦片走私活动。② 康欣平讨论了由基督教会和传教士发起与管理的华洋义赈会在陕西泾惠渠修建过程中的作用，认为华洋义赈会在引泾水利工程测量，以及在泾惠渠修筑的经费、组织、技术等方面，均发挥了十分重要的作用。③

章毅以中国传统宗教信仰为研究对象，讨论了从清代至民国期间一直存在的浙南定光会在宗教活动以外的经济职能的变化及意义。认为该会具有重要的借贷功能，会众能得到利率比当地名义利率远为低廉的借款，满足了会众的经济需求。但有其局限性，一方面过低的利率使稳定的借贷关系不易维持；另一方面借贷关系的频繁发生也容易破坏会首的轮值制度。④

对北洋政府时期经济史研究，近年来一直不是热点，但是仍然有学者关注此领域。贾熟村对袁世凯晚期的经济史进行了分析，认为袁世凯赞赏张謇等人的"棉铁主义"和"实业救国"，出任总统以后，重用张謇、梁士诒、周学熙等实业家、银行家，颁布了一系列发展社会经济的法令、条例、细则，再加上欧洲各资本主义国家陷入战争，无暇在中国进行经济掠夺，国内、国际环境都对中国发展经济非常有利，于是，中国经济的各行

---

① 李传斌：《废除不平等条约后国民政府的教会租地政策》，《世界宗教研究》2011 年第 5 期。
② 陈才俊：《早期美国来华传教士与美国对华鸦片贸易政策》，《世界宗教研究》2011 年第 1 期。
③ 康欣平：《华洋义赈会与泾惠渠修建》，《中国社会经济史研究》2011 年第 3 期。
④ 章毅：《祀神与借贷：清代浙南定光会研究：以石仓〈定光古佛寿诞会簿〉为中心》，《史林》2011 年第 6 期。

各业都有了明显的进步,其成效应该说是空前的。①

现代酬薪和福利制度在中国的建立过程,也是学者关注的领域。张忠民依据上海市政府社会局的调查数据,对近代上海工人阶层的工资与生活状况进行了分析。认为近代上海工人的工资体系具有"自主性"和"多样性"两大显著特征;20世纪30年代前半叶的上海工人及其家庭,尽管其工资水平及生活程度是低水准的,但生活状况总体上还是基本稳定的;工人工资水平与社会经济及产业发展的阶段和程度具有十分密切的关系;熟练、稳定的产业工人队伍是上海工业以及上海社会经济发展的基础条件之一,而维持这一条件的基础因素之一则是工人以及工人家庭基本生活的保障。②

在外贸史研究方面,有关边疆地区的外贸研究值得关注。杨志玲认为,近代云南茶叶出口贸易是了解近代云南对外出口贸易的一个重要窗口。茶叶出口拉动了云南茶业经济产业链的发展。云南茶叶出口贸易与茶业经济形成了一种良性互动,使近代云南茶业经济繁盛一时,奠定了近代茶业经济在云南经济史上的地位。③ 朱卫依据英国印度事务部贸易档案,对1919~1929年拉达克与中国新疆和西藏的贸易情况做了简要介绍和分析,归纳出这一时期它们之间在贸易额、主要贸易品种和数量等方面呈现的特点,揭示了影响这一贸易的复杂的国际政治因素。文章指出,国内外学术界对于拉达克与中国新疆和西藏之间存在的这一贸易关系早有介绍和研究,但就20世纪上半叶的贸易往来情况的研究,由于可资利用的资料较少,至今仍是一个薄弱环节。④

有关中共党史上经济现象的研究也有新的进展。王建华对民主革命时期中国共产党党费收缴情况进行了考察,认为"在民主革命时期,由于组织生存环境险恶,党的职业革命家没有收入来源以及组织大发展带来的整体素质下降等原因,党员多不能按时缴纳党费。为走出党费收缴的困境,中国共产党进行了不懈探索,并逐步走出了形式主义的误区。总结党费收缴的经验教训,组织建设必须兼顾地区与个体的差异;透过

---

① 贾熟村:《袁世凯晚期的经济史》,《衡阳师范学院学报》2011年第5期。
② 张忠民:《近代上海工人阶层的工资与生活:以20世纪30年代调查为中心的分析》,《中国经济史研究》2011第2期。
③ 杨志玲:《近代云南茶叶出口与茶业经济的良性互动》,《思想战线》2011年第3期。
④ 朱卫:《1919~1929年拉达克与中国新疆、西藏的贸易》,《西域研究》2011年第4期。

党费收缴中的矛盾冲突可以看出,组织在改造个体的同时,个体也在塑造着组织"。①

在抗日战争和日本侵华历史方面,陈佳、曹敏华对抗日战争时期陕甘宁边区军粮供应状况,从军事物流系统构建角度进行了探讨。陕甘宁边区党委和政府经过初创、改进和完善三个阶段,逐步实现了军粮供应的有序规划和正常供应,并积累了诸多成功经验。这些经验对于今天在新的历史条件下加强军粮供应系统的建设和做好军队后勤保障工作,具有重要的借鉴意义。②

王希亮《伪满洲国时期经济开发与产业冒进剖析》一文,认为伪满洲国时期产业指数的提升不是工业化的体现,而是产业"冒进";从殖民主义的两重性考虑,殖民主义者在中国东北进行的一系列经济活动,破坏或改变了东北社会的资本构成、生产结构、产业理念以及管理方式等。毋庸讳言,当时日本的工业化管理手段带来了部分新的生产要素,至少东北产业工人的增加,西方管理方式的渗透,部分领域科技手段的使用等,应该说是日本对东北殖民统治的副遗产,也是殖民统治者始料不及的客观结果。③

严鹏以上海市政府成立十周年纪念工业展览会为研究对象,运用"'展览综合体'的概念,论述此次工业展览的筹办过程,以及它是如何多角度地宣传其目标的。作为战前上海工业成就的最后一次展示,该次工业展显示了上海工业化的实力,以及城市综合竞争力的进步"。④

七 经济史理论探讨继续深入

本年度涉及经济史研究理论和新方法、新资料运用方面的论文,数量不是很多,但是有一定的学术代表性和理论意义。李伯重的《中国经济史学的话语体系》一文,针对有学者提出的"规范认识危机"问题的

---

① 王建华:《民主革命时期中国共产党党费收缴情况的历史考察》,《中共党史研究》2011年第9期。
② 陈佳、曹敏华:《抗日战争时期陕甘宁边区军粮供应述论:基于军事物流系统构建视角的探讨》,《中共党史研究》2011年第12期。
③ 王希亮:《伪满洲国时期经济开发与产业冒进剖析》,《抗日战争研究》2011年第4期。
④ 严鹏:《战前上海工业化的最后展示:上海市政府成立十周年纪念工业展览会研究》,《中国社会经济史研究》2011年第2期。

根源是长期借用源自西方经验的模式,而解决危机的唯一方法是建立中国自己的规范认识的观点,提出自己的看法。他认为"话语体系"是我国学界近年来讨论的一个热门话题。作为一门社会科学学科,中国经济史学从出现伊始,就是国际经济史学的一个部分,它的话语体系也与国际经济史学一致。中国经济史学在发展的过程中,逐渐形成了1949年以前居于主流地位的实证主义史学、1949年以后确立的马克思主义史学和1978年以后形成的以唯物史观为基础的多元史学,从而具有丰富的话语体系。我们如果充分利用国际学术提供的资源和我们自己的学术传统,在改进和发展中国经济史学的工作中取得重大进步,那么将能对国际主流学术的改进和发展做出更大的贡献,从而在国际主流学术中获得更大的话语权。中国经济史学要在国际学坛上取得更大的话语权,唯一的途径是充分利用国内外已有的学术资源,把中国经济史研究推向最前沿。[1]

开展对近代中国经济学学术史的研究,也是中国近代经济史研究的一部分。陈争平、常旭对梁方仲先生在中国经济史统计工作中的贡献做出高度评价,他在经济史统计中所采取的基本原则,即重视定量的实证研究,重视对数据的校勘求真,重视对数据产生机制的考察,应该为经济史工作者所遵循。同时,陈文以梁方仲的研究为例,认为在经济史研究中,历史学和经济学两种研究路径的分歧并不在于是否使用计量方法,而是在于具体使用何种计量方法。要准确了解社会经济状况,需要利用统计学方法对数据准确性进行详细探究;如果对数据的准确性缺乏细致的了解,而急于祭出"计量经济学方法",则是不足取的。经济史研究必须建立在对社会经济状况有准确的定量认识的基础上。[2]

2011年是辛亥革命100周年,学者从各个角度解读"革命"对近代中国的影响。朱英的论文在其中提供了一个新的判别视角,认为工商界有关辛亥革命的初始记忆并不是一种良好的记忆,而是充满着金融停滞、商业萧条等动荡不安的感受。但从直观感受获得的初始"辛亥"记忆,向后来重新建构与传承的社会记忆过渡时,工商业者的"辛亥"记忆不

---

[1] 李伯重:《中国经济史学的话语体系》,《南京大学学报》2011年第2期。
[2] 陈争平、常旭:《梁方仲对经济史统计工作的贡献:兼评经济史研究中的统计方法与计量经济学方法》,《清华大学学报》2011年第2期。

仅逐渐有所改变，而且在整个社会重构"辛亥"记忆的过程中发挥了独特的作用与影响。"辛亥"记忆的不断重构，在政治与经济两方面为工商界的商业言说与经济诉求提供了一种特殊的时空背景，使工商业者得以借助政治话语和政治符号宣传商业信息，既在某种程度上迎合了增强国家和民族认同的需要，又有利于商品促销，由此实现商业与政治的双赢。①

---

① 朱英：《近代工商界的"辛亥"记忆与政治经济诉求》，《学术月刊》2011年第8期。

新中国成立以来近代中国农业合作事业研究综述[*]

康金莉[**]

摘要：近年来，随着中国农业合作化改革的深入，学界对民国时期农业合作运动的研究日趋升温。基于此，本文对新中国成立以来在此领域的研究成果做一全面梳理。首先对农业合作研究成果总体状况做综合概括，并对农业合作事业发展的整体与局部研究成果进行综述；然后按照金融专题、合作制度、合作教育与合作法规三个专题，对相关研究成果分别述评。

关键词：农业合作 近代经济史

近代中国的农业合作实践始自20世纪20年代华洋义赈救灾总会在河北试办的农村信用合作事业，终于1949年国民党政府退出大陆，历时二十多年，其在合作组织、合作业务、合作金融等多方面均有可资借鉴的经验教训。正因如此，新中国成立以来，学界始终保持对民国时期农业合作事业的关注，尤其20世纪末期以来，随着中国农业合作化改革的启动，形成了对近代农业合作研究的热潮。此前，虽有学者对农业合作研究成果做过梳理，但不论从成果数量还是成果形式的搜集方面，均有待进一步深入。且近两年来新近发表的大量成果，也急需梳理。[①] 本文拟对新中国成立以来，至2012年初，有关中国农业合作事业的研究情况做一全面考察，以为此领域研究的进一步深入提供参考，所搜集资料范围以中国大陆为主，兼

---

[*] 本文为2010年教育部人文社会科学一般项目（项目编号：10YJC790118）的研究成果。
[**] 康金莉，石家庄铁道大学副教授，研究方向为中国金融史。
[①] 魏本权：《1980年代以来民国合作运动研究述评》，《东方论坛》2010年第6期，对文献整理情况未做涉及，另由于时间限制，对2010年以后合作研究高潮中的最新成果未能反映，且缺乏对研究成果的系统统计与梳理。

及中国台湾部分研究成果。

一 研究概况

（一）史料的整理及出版

新中国成立初期，因意识形态的差异，学界对此问题的关注范围主要集中于新中国成立前共产党领导的农业合作运动。史敬棠等编《中国农业合作化运动史料》（上册）（生活·读书·新知三联书店，1957年版），系统收录了从第一次国内革命战争，历经第二次国内革命战争、抗日战争、第三次国内革命战争各个时期边区、解放区的合作运动资料，包括合作文件、合作法规、合作组织及合作业务等方面，是研究新中国成立前革命区域农业合作事业不可或缺的史料文献。另章有义编《中国近代农业史资料》第3辑（生活·读书·新知三联书店，1957年版）收集了部分南京国民政府时期的农业合作资料。20世纪80年代以后，随着社会科学研究工作的恢复，史料整理工作亦出现较大进展，关注内容向全面化发展。中国社会科学院经济所现代史组编纂《革命根据地经济史料选编》（江西人民出版社，1986年版）收录了陕甘宁边区、华中解放区等各根据地农业合作政策及合作组织方面的史料。陈翰笙、薛暮桥、冯林法主编的《解放前的中国农村》（中国展望出版社，1987年版），分3册出版，其中编录了多篇新中国成立前有关中国农村合作事业的文章与调查报告，是一部可资借鉴的资料性著作。① 南京第二历史档案馆编《中华民国史档案资料汇编》（第5辑第1~3编 财政经济）收录有丰富的南京政府农业合作政策规章资料。与大陆同步，1980年以后，台湾学者也加强了对民国时期合作运动的整理工作。由台湾学者秦孝仪主编的大型史料丛书《革命文献》的第84~87辑为合作专辑，全方位收录了抗战以前国民政府农业合作事业的各类档案及报刊文献以及统计资料，其中包括合作事业发展、合作金融、合作思想以及合作行政、合作教育等各类资料。另在其他专辑（如第97、98、99、101辑等），收录了抗战期间中国农业合作事业的部分档案文献资料。② 沈云龙（台）主编《全

---

① 主要包括骆耕漠：《信用合作事业与中国农村金融》（1935年8月）、《中国农产运销底新趋势》（1934年10月）；陈翰笙：《合作运动与农村机构》（1940年11月）等。
② 秦孝仪主编《革命文献》第84辑，中央文物供应社，1980；《革命文献》第85辑，中央文物供应社，1980；《革命文献》第86辑，中央文物供应社，1981；《革命文献》第87辑，中央文物供应社，1981；《革命文献》第97辑，中央文物供应社，1983；《革命文献》第100辑，中央文物供应社，1984 等。

国合作事业讨论会汇编》（文海出版社，1987年版）收录了1935年召开全国合作事业讨论会的所有规程议案等资料，其中包括关于合作事业法规修订、业务办理等方面的提议、讨论等内容。

其他各类金融机构的史料整理中，亦有大量关于农业合作贷款方面的档案资料。比较集中的如中国人民银行金融研究所编《中国农民银行》，收录了中国农民银行自1933年以后农村救济贷款业务及机构设置方面资料；《金城银行史料》、《上海商业银行史料》和《中国银行行史资料汇编》分别收录了金城银行、上海商业储蓄银行以及中国银行的农业合作贷款史料。《北京金融史料 银行篇》第一、第四、第六等多部史料著作均收录了各商业银行在北京地区的农业合作贷款的部分资料。部分省市的地方志也有关于各省农业合作金融发展情况的记载，如《安徽省志 金融志》简要介绍了20世纪30年代国民政府时期安徽省信用合作社、农民借贷所和农业仓库等合作金融机构的设置与经营情况。《邹平县志 乡村建设运动》（山东省邹平县地方史志编纂委员会办公室编写，1990年版）介绍了山东乡村建设运动中美棉运销合作社、蚕业产销合作社、林业生产合作社以及信用、购买等各类合作社的组建和运行概况。

（二）著作出版

新中国成立后很长时间，关于经济史的研究非常薄弱，未出现对近代农业合作事业的专题研究著作，仅在少量经济及金融类著作中有所提及。较早的有张郁兰作《中国银行业发展史》，简要介绍了20世纪30年代前期现代金融机构的合作贷款概况。[①] 至1983年，方有台湾学者陈岩松作《中华合作事业发展史》（台湾商务印书馆，1983年版）出版，填补了此领域研究的空白。继之，另一位台湾学者赖建诚于1990年出版《近代中国的合作经济运动：社会经济史的分析》（正中书局，1990年版），为分析性研究的开篇之作。

相比之下，大陆关于此问题的深入研究是在中国农业合作化改革启动之后。至1998年，方有郭铁民、林善浪合著《中国合作经济发展史》（当代中国出版社）问世，是大陆学者关于此问题的第一部整体性研究成果，晚于台湾15年时间。之后，随着中国农村改革的发展，陆续有相关著作问

---

① 张郁兰：《中国银行业发展史》，上海人民出版社，1957。

世，有关此问题的专门性著作主要有：赵泉民作《政府·合作社·乡村社会》（2007年版）等。更多研究是以兼论性成果出现，以此问题为主要或重要内容的著作有：李金铮作《借贷关系与乡村变动：二十世纪二三十年代华北地区乡村借贷之研究》（河北大学出版社，2000年版）、《民国乡村借贷关系研究——以长江中下游为中心》（2003年版）；薛毅、章鼎作《章元善与华洋义赈会》（中国文史出版社，2002年版）；于永作《20世纪30年代中国农村金融救济之考察》（内蒙古人民出版社，2002年版）；徐畅作《二十世纪二三十年代华中地区农村金融研究》（齐鲁书社，2005年版）等。

专门研究之外，其他有关民国经济史的通论或专论性著作中，多数对近代农业合作事业均有涉及，较早的如侯大乾、岳琛作《中国近代农业经济史》（中国人民大学出版社，1980年版）；桑润生作《中国近代农业经济史》（农业出版社，1984年版）；郑庆平、岳琛作《中国近代农业经济史概论》（中国人民大学出版社，1987年版）。21世纪以来如郑大华：《民国乡村建设运动》（社会科学文献出版社，2000年版）；赵德馨主编，王方中著《中国经济通史》第9卷（湖南人民出版社，2002年版）；刘克祥、吴太昌主编《中国近代经济史（1927～1937）》上（人民出版社，2010年版）；等等。由于此类成果甚丰，且多为介绍性质，方式无太大差别，此处不再一一列举。

（三）论文成果概况

新中国成立初期，在"左"的思想支配之下，很长一段时间内，社会经济史的研究无论在史学界还是经济学界，都未引起足够的重视。华洋义赈会等社会团体举办的农业合作运动因其"改良"性质，未能触动旧中国土地制度，被予以否认。对国民政府推行的合作事业，亦被单纯视为加强反动统治的工具。仅对新中国成立前共产党领导的边区根据地合作事业稍有关注。"文革"10年，对此问题的研究完全中断。笔者所检索到的已发论文中，1950～1979年，仅有2篇关于近代农业合作事业的专题研究论文，研究范围亦仅限于革命根据地合作事业。[①]

---

① 分别为张水良：《抗日战争时期陕甘宁边区的农业互助合作》，《历史教学》1959年第9期；朱玉湘：《我国民主革命时期的农业互助合作运动》，《文史哲》1957年第5期。

1980年以后，随着商品经济体制的建立，对民国时期农业合作运动的关注度逐渐提高，研究性论文数量逐渐增多，至1999年，发表的相关学术论文约40篇，尚未形成高潮。20世纪末期，尤其是进入21世纪以来，"三农"问题日益突出，农业产业化发展加速，学界掀起了对近代农业合作研究的热潮。21世纪初10多年时间里，学界发表近代中国农业合作事业各类相关论文184篇，约占新中国成立60余年来所发表论文总数的81.4%（见表1）。

表1　新中国成立以来近代农业合作研究论文数量分段统计

单位：篇

时间	1950~1979年	1980~1999年	2000年~2012年3月	合计
论文数量	2	40	184	226
百分比	0.9	17.7	81.4	100

如细观之，则2000年以后，农业合作研究呈迅速升温之势，兹对2000年以后此问题相关论文发表做逐年分析。在2006年以前，各年发表论文数量在15篇以下，2007年以后，年发表论文数量基本保持在20篇以上，2008年与2011年分别达25篇与24篇，2012年前3个月，发表论文已有6篇（见表2），可知对此问题的研究热潮方兴未艾。出现这种状况的原因，在于2006年中共中央将农业合作化作为农业改革的主要方向，引发了学术界对农业合作问题的研究热潮。

表2　21世纪初期近代中国农业合作研究状况统计（2000~2012.3）

年份	2000	2001	2002	2003	2004	2005	2006	2007	2008	2009	2010	2011	2012	合计
总计	12	3	6	14	12	12	10	21	25	17	22	24	6	184

二　关于农业合作事业发展研究综述

（一）通论性研究

民国农业合作事业历经近30年，至今已有数部著作成果对其发展历程做整体考察，主要有：台湾学者陈岩松所著《中华合作事业发展史》，介绍了中国早期合作思潮的主要代表人物孙中山、薛仙舟等人的合作思想与主张，系统回顾了中国各省的合作运动发展状况；① 20世纪末期，大陆学者郭铁民、林善浪合著《中国合作经济发展史》，② 以举办主体为划分标准，分别介绍了华洋义赈会、国民政府、乡村建设派创办的农业合作事业。以上两部著作对了解近代农业合作的整体发展历程有重要意义。大陆学者赵泉民从政府与乡村社会的视角对近代中国农业合作事业做了深入思考。其《政府·合作社·乡村社会》一书，以近代乡村社会变迁为背景，从社会与历史角度全面论述了国民政府强制性制度安排下农业合作事业的缘起、制度模式、发展演变及对近代乡村社会的影响。③

许多学者以论文形式对近代农业合作整体发展做了梳理，比较系统的成果有：潘劲分别对华洋义赈会、乡村建设派、国民政府所推行的三类合作事业的发展过程及特点做了较为系统的论述，并予以比较评价。④ 李莉将国民政府主导之合作运动分为酝酿与开展阶段（1927～1930年）、广泛推广阶段（1930～1937年）、全面发展阶段（1937～1945年）、继续与结束时期（1945年以后）四个阶段，分阶段论述农业合作在不同时期发展的特点，梳理了中国农业合作在三四十年代的整体发展脉络。⑤ 与国统区合作经济同步，共产党在革命根据地的新民主主义合作事业取得成功发展，学者对此亦有关注。王文举对1927～1949年我国革命根据地与解放区的农业合作社的发展脉络概括做了简要梳理，并总结了新中国成立前共产党领导的合作事业的经验教训。⑥ 近代中国农业合作事业的通论性成果还有：傅宏简要梳理了民国时期20年代至抗战结束中国农村合作运动的发展演变历程。⑦ 林善浪简要介绍了近代中国农村合作思潮传播及合作事业发展的主要历程。⑧ 葛文光对近代各类主体主导下农业合作组织的设立及发展特点分别做了阐述。⑨ 刘纪荣介绍了民国合作界知名人士寿勉成主要的合作

---

① 陈岩松：《中华合作事业发展史》，台湾商务印书馆，1983。
② 郭铁民、林善浪：《中国合作经济发展史》，当代中国出版社，1998。
③ 赵泉民：《政府·合作社·乡村社会》，上海社会科学院出版社，2007。
④ 潘劲：《民国时期农村合作社的发展与评价》，《中国农村观察》2002年第2期。
⑤ 李莉：《论南京国民政府时期的农村合作运动》，《徐州师范大学学报》（哲学社会科学版）2003年第3期。
⑥ 王文举：《我国革命根据地和解放区的农民专业合作社》，《合作经济与科技》2008年第1期。
⑦ 傅宏：《民国时期农村合作运动述评》，《徐州师范大学学报》2006年第4期。
⑧ 林善浪：《中国近代农村合作运动》，《福建师范大学学报》（哲学社会科学版）1996年第2期。
⑨ 葛文光：《解放前中国农村合作组织建设及其启示》，《电子科技大学学报》（社会科学版）2008年第4期。

活动，肯定了其对近代农业合作事业的贡献。[①] 薛毅对华洋义赈会的农业合作试验做了综合研究。[②]

(二) 局部研究

由于长时期未形成统一的合作行政体系，至抗战中期以前，中国合作事业处于各省市分散发展局面，不同地区合作事业存在较大差别。而且由于政治与社会形势变迁，不同阶段之农业合作发展也有极大差别。鉴于此，学界对近代农业合作事业以局部研究为主，多数学者选取某一阶段、某一地区或某一模式的农业合作事业，做个案研究。成果形式以论文为主，兼有少量专著成果。

1. 抗战之前的农业合作发展研究

20世纪20年代至抗战之前，中国农业合作事业处于多元主体主导阶段，关于此时期合作事业的综合性研究成果有：张士杰对1918~1937年间，中国知识分子及国民政府合作人士农业合作思想的主要内容与观点进行了介绍，回顾了国民政府的农业合作实践历程，指出农村经济的破产为国民政府推行农业合作根本原因，而薛仙舟、戴季陶、陈果夫等人将西方合作思想与三民主义结合，使得合作思想中国化，为国民政府推行农业合作的提供了理论依据。[③] 张书廷综述了20世纪30年代初期国民政府通过江南水灾救济、剿共"善后"政策，以及制定法律法规等措施，推进农业合作运动的过程。[④] 刘椿对抗战以前国民政府推行农业合作事业的经济政治背景、制度准备以及人才培养，合作组织推行过程做了通论性研究。作者还通过实证研究，反证了其合作政策失败的必然性。[⑤] 徐畅探讨了20世纪30年代中国棉花产销合作兴起的经济及金融背景，并考察了各省棉花产销合作发展概况，对各省产销合作的组织及业务特点做了比较分析。[⑥] 此外，又集中对河北与陕西棉花产销合作事业的发展演变历

---

① 刘纪荣：《寿勉成与近代中国合作运动》，《中国合作经济》2009年第3期。
② 薛毅：《华洋义赈会述论》，《中国经济史研究》2005年第3期。
③ 张士杰：《近代农业合作经济的理论与实践研究（1918~1937）》，南京农业大学博士论文，2008。
④ 张书廷：《南京国民政府对战前中国农村合作运动的推动》，《安庆师范学院学报》（社会科学版）2007年第2期。
⑤ 刘椿：《抗战前国民政府的农村合作政策》，《社会科学辑刊》2005年第4期。
⑥ 徐畅：《抗战前中国棉花产销合作述论》，《中国社会经济史研究》2004年第3期。

程做了专题研究，肯定了棉花产销合作在促进当地棉花生产中的积极作用。①

华洋义赈会为中国农业合作事业的最早倡导者与实践者，多名学者从不同角度考察了华洋义赈会创办河北农村合作事业的历史。蔡勤禹以华洋义赈会为研究对象，按时间顺序阐述了其在河北指导信用合作的历程，其创立的河北信用合作组织系统、合作贷款等情况，并简要介绍了20世纪30年代以后华洋义赈会在皖赣湘鄂农赈概况以及在川陕协助农业合作的活动。② 张士杰、董树荣介绍了华洋义赈会倡导发动农业合作运动的背景及初期活动。③ 薛毅简介了华洋义赈会举办农村合作事业的整体历程。④ 蔡勤禹、陈昌富分省论述了华洋义赈会在河北、皖赣、陕西等地指导创办农村合作事业的活动，对其成绩与不足做了客观评析。⑤ 郑利民对华洋义赈会湖南分会以组织合作社方式救济湖南水灾的历程做了个案研究。⑥

至20世纪40年代初期，中国农业合作事业处于分散发展状态，不同省份，不同区域差异明显，导致抗战之前农业合作事业考察以区域性成果为主。蔡勤禹与侯德彤、康金莉等对华洋义赈会早期指导河北农村信用合作事业活动，以及河北农村信用合作组织发展概况、合作贷款等做了系统论述。⑦ 汪效驷考察了江苏无锡县农业合作组织发展概况，并对各类合作社的设立及业务状况做了详细介绍。⑧ 姚兆余通过江苏省农村合作运动中优良

---

① 徐畅：《抗战前河北棉花生产和运销改进述析》，《河北大学学报》（哲学社会科学版），2003年第4期；《抗战前陕西棉花产销合作》，《中国农史》2004年第3期。
② 蔡勤禹：《近代中国民间组织——民国华洋义赈会个案研究》，华东师范大学博士论文，2003。
③ 张士杰：《近代中国农村合作运动的兴起和发展》，《民国档案》1992年第4期；董树荣：《华洋义赈会与旧中国的合作社》，《文史精华》1998年第2期。
④ 薛毅：《华洋义赈会述论》，《中国经济史研究》2005年第3期。
⑤ 蔡勤禹、陈昌富：《华洋义赈会农村合作事业述论》，《中国海洋大学学报》（社会科学版）2005年第1期。
⑥ 郑利民：《谈民国湖南合作救灾——以中国华洋义赈救灾总会湖南分会为个案》，《衡水学院学报》2011年第2期。
⑦ 蔡勤禹、侯德彤：《华洋义赈会的农村合作试验》，《青岛大学师范学院学报》2004年第3期；蔡勤禹、侯德彤：《二三十年代华洋义赈会的信用合作试验》，《中国农史》2005年第1期；康金莉：《华洋义赈会与早期河北信用合作事业》，《石家庄铁道学院学报》2010年第1期。
⑧ 汪效驷：《合作运动与乡村经济的近代转型：以江苏省无锡县为中心的考察》，《古今农业》2009年第4期。

品种引进、生产技术植入等情况的考察，对合作运动做了肯定性评价。① 另有张红安回顾了 1928～1937 年间江苏农业合作的发展历程及特点。② 余涛对 20 世纪 30 年代浙江农村的副业合作做了专论。③ 薛毅、张水根对民国时期河南农业合作运动的发展历程做了整体性研究，分别介绍了华洋义赈会、国民政府及乡村建设三种力量在河南组织合作社的不同情况。④

汪效驷对 20 世纪三四十年代安徽农业合作的经济发展背景、组织设立概况以及业务开展等状况做了系统论述。⑤ 丁德超对 20 世纪三四十年代河南省农业合作事业分阶段进行探析，并对各个阶段合作成效做了量化考察。⑥ 20 世纪 30 年代初期，乡村建设派人士亦以合作社方式改进农业生产及农村金融，进行合作试验。虞和平通过考察梁漱溟为首的乡村建设派在山东组建各类合作社及业务开展情况，认为农业合作社是乡村建设运动对农村进行企业化与市场化改造的主要途径。⑦

2. 抗战期间农业合作发展研究

抗战爆发以后，原合作事业发达地区相继沦陷，农业合作中心转移至西南西北大后方，学界对农业合作的研究重心亦转以川、桂、陕等省为主。抗战期间农业合作发展研究成果较少，亦缺乏系统性。秦宏毅阐述了抗战期间广西农业合作组织及社员数量历年增长情况，对广西农业合作事业效果基本持肯定态度。⑧ 戴斌武、肖良武对抗战期间贵州农业合作社及合作金库的设立及合作业务开展情况做了详细考察。⑨ 丁平对抗战时期绥西农耕合作运动的历史做了专题研究，为关于此选题的仅见成果。⑩ 黄昊

---

① 姚兆余：《农村合作运动与农业技术的植入——以民国时期江苏省为例（1927～1937）》，《中国农史》2008 年第 4 期。
② 张红安：《论 1928～1937 年的江苏农村合作运动》，《淮阴师范学院学报》（哲学社会科学版）2000 年第 4 期。
③ 余涛：《略论 20 世纪 30 年代浙江农村的副业合作——以蚕、棉、桐为例》，《历史教学》2011 年 12 期。
④ 薛毅、张水根：《民国时期河南合作事业发展略论》，《商丘师范学院学报》2010 年第 4 期。
⑤ 汪效驷：《民国时期安徽农村合作运动》，《安徽师范大学学报》（人文社会科学版）2005 年第 9 期。
⑥ 丁德超：《20 世纪三四十年代河南农村合作事业探析》，《历史教学》2012 年第 2 期。
⑦ 虞和平：《民国时期乡村建设运动的农村改造模式》，《近代史研究》2006 年第 4 期。
⑧ 秦宏毅：《抗战时期的广西农村合作事业》，《广西社会科学》2003 年第 4 期。
⑨ 戴斌武、肖良武：《抗战时期的贵州农村合作事业》，《贵阳金筑大学学报》2004 年第 2 期。
⑩ 丁平：《抗战时期绥西农耕合作运动历史探讨》，《内蒙古社会科学》（汉文版）2008 年第 4 期。

简论了抗战时期安徽农业合作事业在政府行政指导下的重建情况，肯定了其在支持抗日战争方面的积极作用。①

抗战期间，新民主主义合作事业亦达到高潮，对此时段的研究集中于陕甘宁边区与晋察冀边区。马冀②、王晋林③、张水良④等学者从不同侧面对1942~1945年陕甘宁边区劳动互助合作组织状况做了系统论述，肯定了当时组织劳动互助对提高农业劳动生产率、保障供给的重大意义。王本伟对1941年以前官办机制下消费合作的僵化局面与抗战后期民办消费合作的蓬勃发展做了对比研究，并以此得出结论：合作商业绝不能由官方包办，只有保持其集体经济的性质，走"真正群众化"的民办道路，合作商业才有活力。⑤王晓荣、李斌从社会治理角度审视了陕甘宁边区的农业互助合作事业，从巩固社会基础以保障抗战胜利、扩大公共参与以提供民主政治平台、开展农村社区建设和培育社会资本、产生群众精英以形成新型权威秩序四个方面，阐述互助合作运动对于乡村社会治理的巨大促进作用。⑥李丽芳全面介绍了抗战期间晋察冀边区合作社数量、种类、社员及股金情况，并考察了合作社的区域分布。⑦

日本侵华期间，在东北、华北等沦陷区组织农业合作社。到目前为止，学界对日伪政权举办的农业合作事业关注较少，主要有马玉兰论述了1940年以后兴农合作社通过经营交易市场，实施"集团出荷"与"共同出荷"等农产品的搜荷政策，掠夺东北粮食的罪恶行径。⑧孙玉玲对日本的农业合作政策及法规的制定情况做了兼论。⑨王士花论述了华北地区伪临时政府时期，汉奸组织新民会、华北棉产改进会、华北交通公司以及之

---

① 黄昊：《抗战时期安徽农村合作事业述论》，《青岛农业大学学报》2011年第2期。
② 马冀：《抗战时期陕甘宁边区的农业互助合作运动》，《河南理工大学学报》（社会科学版）2008年第2期。
③ 王晋林：《"抗战胜利的必由之路"——论陕甘宁边区农业生产的互助合作》，《甘肃理论学刊》2004年第2期。
④ 张水良：《抗战时期陕甘宁边区的农业互助合作》，《教学参考》1959年第9期。
⑤ 王本伟：《抗战时期陕甘宁边区合作商业由官办到民办的改革》，《商业经济与管理》1985年第3期。
⑥ 王晓荣、李斌：《陕甘宁边区互助合作运动的社会治理功能论析》，《宁夏大学学报》（哲学社会科学版）2011年第3期。
⑦ 李丽芳：《抗战时期晋察冀边区合作经济的发展》，《沧桑》2011年第3期。
⑧ 马玉兰：《论伪满兴农合作社之交易场业务》，《科教导刊》中旬刊2010年11月。
⑨ 孙玉玲：《东北沦陷时期日伪的农业资源掠夺政策》，《社会科学辑刊》1998年第4期。

后由上述机构联合组织的华北合作事业研究委员会等机构在华北沦陷区设立农村合作社的概况，对该时期河北、山东、山西、河南、苏北、北京、青岛等地合作社及县联社、社员数、股金规模等情况做了系统整理，并深入剖析了该时期沦陷区合作体系结构及业务运营情况。①

三 专题研究

近代农业合作事业发展涉及组织、金融、教育、制度以及法规建设等多个领域。各领域制度建设及发展状况，从不同侧面影响合作事业的整体发展，由此行形成各专业领域的专题研究。专题研究成果主要围绕合作金融、合作制度等问题展开，另在合作教育与合作法规等领域，亦有少量关注。

（一）合作金融专题

由于中国农村金融问题的严重性，以及合作事业本身对资金支持的巨大需求，合作金融始终是近代农业合作事业中最为发达的业务之一，合作金融亦成为学界最为关注的专题研究领域。

合作金融组织的设立与合作贷款问题是合作金融的中心议题。康金莉对早期河北农村信用合作贷款机制做了实证研究，考察了20世纪二三十年代河北省乡村合作社的内部资金积累与外部贷款情况，另对20世纪30年代河北棉花产销合作贷款做了探析性研究。② 李琛较为系统地论述了华洋义赈会的合作贷款活动、贷款机制，并考察了其合作贷款的经济效益。③ 窦祥铭集中考察了中国农民银行在安徽的农业合作贷款活动及贷款机制，对之做了肯定性评价。④ 姚顺东对20世纪三四十年代湖南合作贷款的发展

---

① 王士花：《日伪统治时期的华北农村合作社》，《中国社会科学院研究生院学报》2001年第1期。
② 康金莉：《早期河北乡村合作社农贷机制实证研究》，《中国社会经济史研究》2010年第2期；《民国时期河北乡村合作事业资金支持研究（1923~1935）》，《河北师范大学学报》（哲学社会科学版）2010年第3期；《20世纪30年代河北棉花产销合作贷款探析》，《河北师范大学学报》2012年第2期。
③ 李琛：《20世纪20~30年代华洋义赈会农村信贷问题研究》，北京工商大学硕士学位论文，2007。
④ 窦祥铭：《民国时期中国农民银行在安徽的农贷研究》，安徽大学硕士论文，2010。

与变迁做了专题研究,认为湖南农贷事业虽然取得了一定的绩效,但由于缺乏经费、组织、人才支持,同时缺乏制度移植的经济社会基础等原因,导致其收效甚微,远未达到预期目标。① 张彬系统研究了抗战时期四川农业合作贷款事业兴起的背景,合作体系建立以及农贷业务的具体运作,并肯定了其在支持抗战、缓解农村金融危机等方面取得的成效。② 谷秀青与彭雷霆从借贷对象、借贷手续、借贷用途、借贷期限、借贷利率等方面对合作贷款机制做了探析。③ 韩德章、詹玉荣对民国时期农民银行、农业仓库及农本局的合作贷款业务做了简要述论。④ 张百霞对早期农村信用合作社兴起背景、设置过程以及信用合作业务开展情况做了详细介绍。⑤

20世纪30年代前期,中国形成第一次商资归农高潮,该时期农业合作金融发展成为学者关注的焦点。于永对20世纪30年代前期外部金融机构的农业金融救济做了系统考察,作者以大量历史资料为基础,探讨了各种社会团体的农村金融救济活动,各个商业银行介入农村放贷的"资金归农"运动和各级政府专门金融机构的创设和农贷情况。在此基础上,将各种农村金融活动加以综合归纳,从金融救济量的估计、救济效果质的考察、具体受益阶层,以及农业金融制度的完善程度等几个方面,分别进行了集中具体的阐述分析和评价。⑥ 忻平、赵泉民在介绍20世纪30年代前期江苏农业合作组织设立情况的基础上,着重对此时期信用合作社的突出发展,以及商资归农,合作贷款制度、规模等做了详细陈述,并通过合作贷款用途、规模等方面透视当时江苏农业合作运动的成效。⑦ 许永峰分析了20世纪30年代前期商资归农形成的多重原因,认为该时期商资归农的形成,是城市游资充斥、农村传统金融机构衰落、社会政治形势影响等多方因素所致。⑧ 邹晓昇综论了20世纪30年代前期商业

---

① 姚顺东:《近代湖南农贷事业发展研究》,《求索》2011年第11期。
② 张彬:《抗战时期四川农业贷款探析》,四川师范大学硕士论文,2011。
③ 谷秀青、彭雷霆:《南京国民政府时期农村信用社借贷双方关系探析》,《石河子大学学报》(哲学社会科学版)2006年第2期。
④ 韩德章、詹玉荣:《民国时期的新式农业金融》,《中国农史》1989年第2期。
⑤ 张百霞:《20世纪二三十年代中国农村信用合作社研究》,《兰台世界》2011年第5期。
⑥ 于永:《20世纪30年代中国农村金融救济之考察》,内蒙古人民出版社,2002。
⑦ 忻平、赵泉民:《20世纪20~30年代江苏农村合作运动论略》,《江苏社会科学》2003年第1期。
⑧ 许永峰:《20世纪30年代中国"商资归农"现象发生的多重原因》,《中北大学学报》(社会科学版)2011年第4期。

银行合作贷款由兴起、高潮到迅速结束的短暂历程,并对其做肯定性评价,认为商业银行退出农贷领域,主要是抗战爆发以及国民政府排挤的结果,并非商业银行的主动退缩。① 刘纪荣以华北地区为中心,论述了20世纪30年代商资归农的背景及进行情况,对商资归农的利弊做客观分析,但总体持肯定态度。② 薛念文对上海商业储蓄银行的合作贷款动机、贷款活动做了专题论述,并对其给予肯定性评价。③ 徐畅对江苏省农民银行的合作贷款活动做了专论。④ 邹晓昇、黄静对中国农民银行的农贷机制做了全面阐述。⑤ 刘椿在考察抗战之前国民政府推行农村信用合作运动的动机及主要措施之后,对其基本持否定态度,认为国民政府选择合作方式解决农村问题,治标不治本,不能根本挽救农村经济。⑥ 游本华系统论述了 1934~1937 年间江西、福建两省在政府推动下,组建信用合作社或预备社等组织,采用政府拨款、介绍金融机构等方式,发放合作贷款,实现"金融下乡"的历史过程,对政府的主动指导活动予以肯定评价,指出"正是由于政府的'主动'指导,才使得农村合作在'战后救灾'这一特殊环境中,能够充分发挥其金融下乡与资本扶助功能,从而启动与刺激了赣闽边区农村经济的复苏进程"。⑦ 薛念文对中华农业合作贷款银团的成立及贷款历程做了简要追述。⑧ 张书廷集中探讨了抗战前中国合作金融的自集资金状况与外来资金渠道。⑨

抗战期间,中国农业合作金融转为在政府垄断指导下,以合作金库为中心的发展阶段。周春英简论了抗战时期西部地区以合作社与合作金库为中心的农业金融网的铺设及贷款概况。⑩ 裴庚辛兼论了抗战期间甘肃省农业合作

---

① 邹晓昇:《20 世纪 30 年代前半期商业银行农贷活动》,《江海学刊》2001 年第 2 期。
② 刘纪荣:《论近代合作运动进程中的"商资归农"——以 20 世纪 30 年代华北农村为中心》,《中国农史》2007 年第 2 期。
③ 薛念文:《1927~1937 年上海商业储蓄银行的农贷活动》,《民国档案》2003 年第 1 期。
④ 徐畅:《抗战前江苏省农民银行述论》,《中国农史》2003 年第 3 期。
⑤ 邹晓昇、黄静:《论中国农民银行的农贷运行机制》,《河北大学学报》(哲学社会科学版) 2003 年第 4 期。
⑥ 刘椿:《抗战前国民政府的农村信用合作运动》,《南京社会科学》2005 年第 6 期。
⑦ 游本华:《农村合作与金融"下乡"——1934~1937 年赣闽边区农村经济复苏考察》,《近代史研究》2008 年第 1 期。
⑧ 薛念文:《中华农业合作贷款银团追记》,《上海金融》2001 年第 7 期。
⑨ 张书廷:《关于抗战前中国农村合作金融的几个问题》,《福建师范大学学报》(哲学社会科学版) 2006 年第 2 期。
⑩ 周春英:《抗战时期西部农村金融业发展述评》,《中南财经政法大学学报》2006 年第 1 期。

贷款的形式及特点。① 成功伟以档案资料为基础，考察了抗战期间四川农业合作贷款的逾期比率，并深入剖析了该省贷款逾期率高的成因，认为农民还贷能力低，贷款缺乏监督，诱致部分合作社职员乘机挪用贷款或私握还款，是贷款逾期率高的主要原因。② 潘标对浙江省合作金库县库辅导、存款、放款等活动进行了专题研究。③ 民革天津市委员会金融研究组对抗战结束后中央合作金库在天津设置河北省分库的情况做了介绍。④ 共产党领导的边区合作金融事业在此时期亦形成规模化发展。王双进论述了晋冀鲁豫边区开展信用合作社的农村金融背景，认为农村信用合作社在农村贷款业务方面能够随借随还，覆盖面宽，且能实现农村资金的自我服务，较之银行更加灵活，因此在农村发展信用合作业务具有经营与制度等方面的优势。⑤ 李金铮对华北革命根据地及解放区农村合作借贷活动、借贷利率及政府合作金融政策等，做了全面考察。⑥

合作金融体制结构及变迁，始终中农业合作金融发展的主线。范崇山、周为号综述了20世纪二三十年代农村信用合作社的畸形发展历程，对信用合作社的金融效益基本持否定态度。⑦ 李顺毅剖析了抗战以前农业合作金融体系的组织结构，并考察了资金归农的渠道和方式，认为农村信用合作社等合作金融组织，在资金归农中起到了桥梁作用。⑧ 康金莉认为20世纪30年代前期中国农业合作金融体系为三层结构，即由信用合作社等合作组织构成核心层次，合作指导机构为中间层次，外部金融机构构成合作

---

① 裴庚辛：《抗战时期甘肃农贷及对河西农业的扶持》，《中南民族大学学报》（人文社会科学版）2008年第4期。
② 成功伟：《民国时期四川农村合作社逾期贷款问题探析》，《四川大学学报》（哲学社会科学版）2012年第2期。
③ 潘标：《奋进与困境：抗战时期浙江省合作金库研究》，《浙江学刊》2012年第1期。
④ 民革天津市委员会金融研究组：《旧中国的合作金库和中央合作金库在天津设置河北省分库概况》，《天津金融研究》1985年第12期。
⑤ 王双进：《略论晋冀鲁豫边区开展信用合作的时代背景和政府政策》，《开发研究》2009年第6期。
⑥ 李金铮：《论华北抗日根据地、解放区农民借贷的停滞和缓解措施》，划时代的历史转折——"1949年的中国"国际学术讨论会论文集，1999年12月1日；《论1938~1949年华北抗日根据地、解放区的农贷》，《近代史研究》2007年第4期；《私人互助借贷的新方式——华北抗日根据地、解放区"互借"运动初探》2000年第3期。
⑦ 范崇山、周为号：《抗战前我国农村信用合作社之考察》，《学海》1992年第2期。
⑧ 李顺毅：《抗战前新式农村金融体系的构建与资金深入农村》，《宁夏社会科学》2010年第3期。

体系的外围。其中合作指导机构承担内外两层结构的桥梁,起到外引内联作用。① 蔡勤禹、孙翰通过考察华洋义赈会在资金归农中的桥梁作用,分析了资金归农体系中银行－华洋义赈会－合作社－社员的四层链接。② 曾耀荣、张玉龙对江西省农村合作金融体系演变历程、农业贷款状况做了整体阐述,并总结了江西农村合作金融的特点及存在的问题,得出在合作金融发展中,要约束政府行为、保持合作组织自立、发挥农民主导作用等重要启示。③ 杜恂诚以档案资料为依据,以江苏省农民银行合作贷款为中心,综论了合作金融体系中合作社的地位确定、风险防范以及合作金融的成本收益等问题,指出近代农村合作社金融把信用合作社作为农村信用共同体和农村信用基础来建设,而不是作为一种金融机构来建设,值得关注。而农业合作制度的改进,需要社会的安定、政治的稳定作为保障。④ 农本局是国民政府为控制合作金融而建立的专门机构,姚顺东对农本局的筹设过程及其业务活动做了综合论述,肯定了农本局在规范中国农业合作金融事业方面的成就,但随着时局发展,农本局无法承担时代赋予的使命,职能渐趋萎缩,最终被撤销。⑤ 傅亮、池子华系统论述了1937年以后农本局辅设信用合作社、合作金库及农业仓库,且通过上述机构开展农业贷款的活动,并给予客观评价。⑥

(二) 合作制度专题

由于中国正在建立新型农业合作制度,学者产生对民国时期农业合作制度及发展路径的关注增加。此外,制度经济学理论工具在经济学及史学研究的引入,也促使学者从制度及制度变迁视角审视近代中国农业合作制度结构及变迁。

刘纪荣从国家与社会视角,考察了20世纪二三十年代华北农业合作事业所经历的民间社会合作实验、社会团体与地方政府联合实验、

---

① 康金莉:《南京政府前期中国农业合作金融的三层结构》,《石家庄经济学院学报》2012年第1期。
② 蔡勤禹、孙翰:《中介组织与资金归农——以华洋义赈会为例》,《历史教学》(高校版) 2010年第16期。
③ 曾耀荣、张玉龙:《民国时期江西农村合作金融问题研究 (1927～1949)》,《赣南师范学院学报》2009年第2期。
④ 杜恂诚:《20世纪20～30年代的中国农村新式金融》,《社会科学》2010年第6期。
⑤ 姚顺东:《南京国民政府农本局述论》,《江汉论坛》2008年第8期。
⑥ 傅亮、池子华:《国民政府时期农本局与现代农业金融》,《中国农史》2010年第1期。

国家权力规范发展的渐变历程。指出近代华北农业合作的发展历程,完整地反映了中国近代农业合作运动中社会力量逐渐退出,国家政权渐居支配地位的"国家化"历程,而历史证明这种转变最终不利于农业合作事业的健康发展。农村合作运动的理想发展模式,应建立在国家与社会力量的互动基础之上。① 杨亚梅、杨雅茹、申鹏从经济基础、政府行为、乡绅操纵等方面分析了国民政府时期农业合作制度供给失灵的原因。② 刘纪荣、魏本权将近代中国农业合作金融制度变迁分为信用合作、农业贷款及合作金库三个阶段,分别论述了各个时期农业合作金融制度构建及演变轨迹。③ 吴春梅认为,20世纪30年代初期合作运动被作为当时解决"三农"问题的理想方案,拥有一套完整的制度设计,而不仅仅是一种经济组织。基于此,作者详细考察了安徽省农业合作委员会对合作社的制度设计,并通过安徽农业合作贷款业务的实证研究,考证了安徽农业合作制度的绩效,指出近代安徽农业合作事业无论是在制度上的创新,还是在实践中的运用,都具有重要的借鉴意义。④

对近代农业合作事业强制性制度变迁的性质与效率,多位学者从不同侧面做了分析思考。赵泉民、刘巧胜首先肯定了20世纪三四十年代,尤其是抗战期间"强制性变迁模式"下合作事业对农业生产在农业生产资金方面的积极作用,认为与传统借贷相比,合作社放款更能够使流动资金脱离商业领域而进入生产领域,因而对农作物产量的提高有促进作用。但同时指出,这种政府主导、仰仗于行政力量"自上而下"推进的"强制性制度变迁"的制度安排,遇到了国家与社会关系上的"经纪"体制的掣肘,形成了"国家政权内卷化",最终使合作事业为地主劣绅等旧式精英所控制,导致了合作金融的异化。⑤ 赵泉民从多个侧面思考了近代合作制度问题,

---

① 刘纪荣:《国家与社会视野下的近代农村合作运动——以二十世纪二三十年代华北农村为中心的历史考察》,《中国农村观察》2008年第2期。
② 杨亚梅、杨雅茹、申鹏:《国民政府时期农村合作经济组织制度供给失灵原因探析》,《中国农学通报》2007年第8期。
③ 刘纪荣、魏本权:《近代中国农村合作金融制度论略》,《聊城大学学报》(社会科学版)2009年第1期。
④ 吴春梅:《从分散到合作——民国时期安徽解决"三农"问题的制度变迁》,《中国经济史研究》2010年第2期。
⑤ 赵泉民、刘巧胜:《绩效与不足:合作运动对中国农业生产影响分析》,《东方论坛》2007年第2期。

认为农村经济危机,三民主义中以民生为基础的合作理念,以及蒋介石政权巩固统治的政治需求,共同促成了以国家力量促进合作发展的强制性制度供给。而国民党政府以行政力量推进农业合作的过程,本身又是一个不断改变、扩大乃至扭曲其功能的过程,并最终导致源自西方的合作事业"淮橘为枳",完全变异。① 在另一篇论文中,赵泉民进一步论述了在20世纪30～40年代合作社发展历程中,国民政府对合作事业由鼓励而至规范,进而完全控制,将合作运动行政化、统制化与国家化的过程,认为合作运动的发展过程,实际又是国家权力扩张的历程。而国家权力在合作运动中的无限扩张,最终损害了合作事业,造成合作事业"有头无干"的窘境,②这背离了合作社在西方兴起时所具有的社会自觉选择、自治性质与经济的"功能范畴"。③ 基于此,赵泉民、忻平强调必须保持合作社的自主性,收缩政府力量,方能实现合作事业的良性发展,改善农村经济。④ 赵泉民还从社会经济史的角度,分析了政府的合作制度供给,认为合作事业后期发展受到政府财政金融体制制约,主要根源在于政府有效制度供给能力不足及制度建设协调性缺失;同时强调制度供给要与政府的"社会动员"相结合,以形成政府力量与乡村民众之间的"共振"。⑤ 赵泉民进一步剖析了合作社与中国乡村社会奠基于血缘之上的家族、公家等传统内生性组织的关系,并以此来解释中国农业合作运动异化的社会原因。⑥ 魏本权在综述江西农业合作发展过程的基础上,主要对该省农村合作运动做了评论,认为江西合作运动的推进,具有以经济自治达到地方政治自治的理想主义色

---

① 赵泉民:《困境中的选择——对国民党乡村合作运动政策确立过程的论析》,《社会科学研究》2003年第6期。
② 赵泉民:《合作运动与国家力量的扩张——以20世纪三四十年代乡村合作运动中政府行为为中心》,《河北大学学报》2003年第4期;赵泉民:《政府意志:20世纪三四十年代中国乡村合作运动价值取向论》,《中国社会经济史研究》2006年第1期。
③ 赵泉民:《政府意志:20世纪三四十年代中国乡村合作运动价值取向论》,《中国社会经济史研究》2006年第1期。
④ 赵泉民、忻平:《乡村社会整合中的"异趣"——以20世纪30年代江浙两省乡村合作运动为中心》,《华东师范大学学报》(哲学社会科学版)2003年第1期;赵泉民:《合作运动与国家力量的扩张——以20世纪三四十年代乡村合作运动中国政府行为为中心》,《河北大学学报》2003年第4期。
⑤ 赵泉民:《政府制度供给与乡村合作运动——基于20世纪前半期中国乡村社会经济史视阈分析》,《财经研究》2008年第11期。
⑥ 赵泉民:《20世纪前半期中国乡村社会"内生性组织"与合作社关系剖析》,《河南大学学报》(社会科学版)2009年第7期。

彩，这种不切实际的幻想，也决定了其合作运动不可能成功。而资金严重匮乏的现状，也造成了社会各阶层对合作事业敷衍塞责的情绪，从而导致农业合作质量低下。① 通过观察江西农村合作规模迅速扩张及对乡村社会的广泛渗透等现象，魏本权指出，江西的农村合作运动已经具有"合作化"特征。而这种合作化的本质，是主权政府籍以控制基层社会的有效途径。②

关于合作制度及制度变迁的研究成果还有：梅德平考察了国民党政府时期合作社组织变迁的历史过程，认为民国时期的合作运动，属于政府推动的强制性制度安排，单一考虑国家利益而忽视农民利益要求，虽然在促进农业生产、缓解农村金融方面有一定的促进作用，但最终使合作组织落入地主商人之手，而丧失公平原则，成为其难以克服的制度缺陷。③ 李玉梅、栾雪飞认为国民政府力图在政府主导下将西方的合作经济制度移植到民国乡村社会。但在实践中，此种强制性的制度变迁绩效明显不足，最终导致农业合作事业的失败。④ 肖冬华、姚会元对民国时期中国农村信用合作运动发端、发展、规范与衰微的变迁历程做了整体考察，指出近代信用合作制度变迁具有强制性与渐进性特点。⑤

（三）合作教育与合作法规专题

合作教育与合作法规虽然本身不是合作事业体系的组成部分，但却为合作事业成功发展不可缺少的制度保障。

近代经济学家张德粹曾将合作教育比作人之思想与智能，同合作组织、合作金融并列为农业合作事业必不可少的构成要素。近代各类合作指导机构，均非常重视合作教育，举办各种形式的合作培训。但可惜的是，

---

① 魏本权：《民国江西农村合作运动评述》，《江西教育学院学报》（社会科学版）2002年第4期。
② 魏本权：《20世纪上半叶的农村合作化——以民国江西农村合作运动为中心的考察》，《中国农史》2005年第1期。
③ 梅德平：《国民党政府时期农村合作社组织变迁的制度分析》，《民国档案》2004年第2期。
④ 李玉梅、栾雪飞：《国民政府乡村合作社运动的路径与绩效》，《兰州学刊》2010年第9期。
⑤ 肖冬华、姚会元：《近代农村信用合作社演变的制度分析》，《河南金融管理干部学院学报》2009年第1期。

合作教育研究至今尚未引起学界重视，研究成果偏少。关于此问题的研究仅有：秦亚欧论述了华洋义赈会创办合作书库的详细情况，包括巡回书库书籍来源及构成、社员借阅图书情况等，高度评价了巡回书库在推进农村合作教育方面的积极作用。[1] 魏本权系统论述了民国时期合作教育的兴起以及合作教育体系的构建，并对民国时期合作教育成就做了总结，认为民国时期合作教育在增强民众合作意识、培养合作人才等方面取得了较高成就。[2] 王丽娜介绍了20世纪初期社会团体通过书籍刊物、口头宣传及文艺作品等各种方式宣传合作知识的活动，[3] 同时论述并评价了20世纪30年代前期中国高级合作教育情况。当时高级合作教育包括由国民政府党部机关设立的合作人才训练班、高校合作教育和由社会团体设立的高级合作人才训练班三种。指出当时中国高等合作教育尚处于初步发展阶段，培养人才数量远不能满足合作事业发展的需要，且教育质量低下。[4] 刘椿在回顾抗战前国民政府推行农业合作的通论性研究中，简要述及国民政府合作教育的分层制度。

有关合作法规的研究，目前也非常欠缺。陈婉玲在考察20世纪二三十年代中国经济政治形势，以及合作运动发展轨迹的基础上，探讨了《合作社法》的孕育及制定过程，解析了《合作社法》的条款内容，对《合作社法》的实施情况及其对中国农业合作事业的深远影响，做了深入剖析，最终得出否定性结论，即民国《合作社法》是一部低效率的立法，混乱的外在性施法环境和复杂的内生性弊端共同交织，使得民国《合作社法》的理想与现实发生激烈冲突，留下绩效不足的问题。[5] 之后陈婉玲进一步研究了国民政府积极筹建农民银行，并通过立法强化农村金融国家化，为农业合作金融提供法律保障的法治进程，认为其以法律保障农业合作社的金融供给的做法，值得借鉴。[6] 蒋慕东、张芳考察了民国时期《合作社法》的

---

[1] 秦亚欧：《民国时期中国华洋义赈救灾总会巡回书库实践活动研究》，《图书馆学研究》2011年第5期。
[2] 魏本权：《民国时期合作教育的历史考察》，《东方论坛》2009年第5期。
[3] 王丽娜：《20世纪初中国农村社会合作教育探析》，《山东省农业管理干部学院学报》2008年第4期。
[4] 王丽娜：《20世纪30年代中国高级合作教育述评》，《古今农业》2008年第3期。
[5] 陈婉玲：《民国〈合作社法〉的孕育与影响》，华东政法大学博士论文，2008。
[6] 陈婉玲：《民国农村金融国家化之立法保障——农民银行对合作社运动的支撑》，《广东社会科学》2011年第5期。

制定与修订历程,指出在中国经济法史上具有里程碑意义,其制定及修订完善的历程,顺应了民国合作运动开展的需求,值得肯定。①

四 近代农业合作的分析与思考

在对近代农业合作发展进行基础研究,还原历史事实的基础上,学界对该时期农业合作事业兴起及变迁的政治经济背景、合作效益以及制度变迁路径等问题,做了深入的分析。

(一)农业合作事业兴起及失败原因思考

对于国民政府以行政力量推动农业合作事业的动机,多数认为主要基于其政治统治需要,即政治目的重于经济目的。以行政力量强制推行农业合作,本身就偏离了合作真义,虽然能够在短期内促成合作运动高潮,但最终必然导致合作事业的变异。② 部分学者则认为20世纪30年代孙中山及大批社会人士所追求的介于共产主义与资本主义道路中间的"第三条路",成为民国时期社会人士与国民政府共同倡导合作运动的理论基础,30代初期严重的农村经济危机则是政府及社会各界推行农业合作运动最主要的经济原因。③ 许多学者基于对农业合作的区域研究,分析了各地方政府推行农业合作的动机。成功伟、王小华分析了四川农村合作运动的政治经济原因,认为四川农村合作运动是20世纪二三十年代中国社会思想、经济以及政治等因素共同作用的结果,是在西方合作主义与中国乡村社会结合的条件下,南京国民政府实施合作政策的产物,也是"防区制"瓦解后,振兴农村经济的现实需要。④ 王科总结了20世纪30年代江宁政府引

---

① 蒋慕东、张芳:《民国合作社法之演进》,《南京农业大学学报》(社会科学版)2005年第2期。

② 周为号:《试论抗战前国统区农村合作运动的兴起和发展》,《江苏社会科学》1993年第5期;傅宏:《论1927~1936年南京国民政府的农村合作运动》,《西南师范大学学报》(人文社会科学版)2001年第1期;刘椿:《抗战前国民政府的农村合作政策》,《社会科学辑刊》2005年第4期;高璐:《析国民党农村合作运动》,《安徽史学》1999年第3期;郗玉松:《三十年代国民政府农村合作运动兴起的原因探析》,《张家口职业技术学院学报》2005年第2期。

③ 卜国群:《中国三十年代的合作运动及乡村改良潮》,《中国经济史研究》1994年第4期。

④ 成功伟、王小华:《民国时期四川农村合作运动的兴起成因浅析》,《重庆师范大学学报》(哲学社会科学版)2012年第1期。

入合作运动的动机,在于以合作社为中介,实行对基层乡村社会的有效控制。① 魏本权认为江西农村合作运动既是执行南京国民政府合作政策的结果,又是江西农村现实环境的必需选择,这使其在保持"地方色彩"的同时也具有一般性意义。②

(二) 近代农业合作事业经济社会效应的研究

农业合作事业对中国农村经济及整个乡村社会均有深远影响,学界普遍认为对农村经济与社会的近代化转型起了一定的促进作用,但未达到预期目标,未能完成其历史使命。③各项合作事业中,对社会影响最大者莫过于合作金融。因此,对近代合作效应的思考,也主要集中于对合作金融的观察。主流观点认为,近代农业合作金融在一定程度上促进了农村金融的近代化,缓解了农村金融的紧张状况,但力度有限,未能实现农村金融的整体现代化。④ 曾耀荣、许小苍从市场地位、贷款主体、利率、市场空间、贷款用途等方面,综合比较了民国时期合作金融与传统金融的关系,论证了中国农业金融的二元特征。⑤ 少数学者对合作金融持肯定态度,孙少柳、孙中民指出20世纪三四十年代兴起的农村合作社组织打破了传统高利贷一统乡村的局面,促使乡村社会传统借贷关系向近代转型;合作社组织的日常运作推进了传统农事生产的变迁,给传统的乡村农业生产注入了现代化因子;在加强乡村与外界联系等方面,农村合作社组织也起到了"开风气

---

① 王科:《经济复兴与政治控制的互动——论民国时期江宁实验县合作运动的引入动机》,《天府新论》2007年第4期。
② 魏本权:《20世纪上半叶的农村合作化——以民国江西农村合作运动为中心的考察》,《中国农史》2005年第1期。
③ 孙少柳:《经验与启示:民国时期农村合作运动反思》,《湖南师范大学社会科学学报》2008年第3期。
④ 姚会元:《国民党政府"改进农村金融"的措施与结局》,《江汉论坛》1987年第3期;李金铮:《借贷关系与乡村变动:二十世纪二三十年代华北地区乡村借贷之研究》,河北大学出版社,2000;李金铮、邓红:《二三十年代华北乡村合作社的借贷活动》,《史学月刊》2000年第2期;李金铮:《民国时期现代农村金融的运作方式——兼与传统高利贷比较》,《江海学刊》2002年第3期;李金铮:《民国乡村借贷关系研究——以长江中下游为中心》,人民出版社,2003;王颖:《近代西北农村金融现代化转型初论》,《史林》2007年第2期;刘椿:《中国近代农业现代化研究》,南京农业大学博士论文,2000;宾长初:《抗战时期广西的农贷政策及其实施成效》,《抗日战争研究》2009年第4期。
⑤ 曾耀荣、许小苍:《试论南京政府时期我国农村金融的二元结构性特征及其成因》,《南京社会科学》2007年第10期。

之先"的作用。①

另有部分学者考察了区域性农业合作对地区经济的作用。魏本权在对皖赣茶区茶叶产销合作社数量及业务进展进行个案考察的基础上,认为茶叶产销合作在促进个体茶农向合作社员社会角色的转变、变革以茶号为中心的传统茶叶生产格局、促进以合作社为中心的联合生产与共同运销、发展茶区乡村的合作金融等方面都曾进行了卓有成效的实践,从而成为茶区乡村社会变迁的动力之一。② 王科通过对江宁实验县农业合作体系的考察,着重评析了该地区农业合作运动的绩效与不足,认为该地区农业合作体系比较完备,取得了一定的社会经济效益,但由于客观环境所限,未引起乡村社会的结构性变动。③ 其另一篇论文又对江宁县农业合作运动中政府的主动地位与民众的消极被动性做了专门探讨,认为政府与民众在合作运动中地位的反差,是造成合作运动"有限性"的主要原因。④

五　本领域研究现状评析

综合以上研究成果,笔者认为,随着时间的推进,学者对近代农业合作的研究不论从广度还是深度,均有很大拓展。从研究范围看,涉及各种模式、各类合作业务、各个地区以及各个时段的研究。从研究视角看,已经由单纯对基本史实的陈述性研究拓展到以社会学、金融学以及经济学等其他多元化视角的分析思考。尽管如此,近代中国农业合作的研究仍然存在许多薄弱环节和不足之处。

第一,研究成果分布不均。

到目前为止,学界对此选题的研究仍存在严重的不均衡状况,表现在部分领域大量重复,同时部分空间尚处于空白状态。从合作模式看,

---

① 孙少柳、孙中民:《民国合作社组织与近代乡村社会转型》,《吉首大学学报》2007年第2期。
② 魏本权:《茶叶产销合作与茶区乡村变迁:以民国时期皖赣茶区为例》,《古今农业》2009年第4期。
③ 王科:《体系与效果的辩证——民国时期江宁实验县乡村合作运动运作效果考析》,《中国农史》2007年第2期。
④ 王科:《主动的政府与被动的民众——民国时期江宁实验县乡村合作运动"有限性"初探》,《历史教学》2008年第2期。

对国民政府主导的合作事业的研究占研究成果的绝大部分，其他如社会团体主办以及革命根据地主办的合作事业的研究则相对较少，不利于对近代中国农业合作模式进行全面观察与比较分析。

从地区看，合作事业比较发达的江苏、安徽、江西等地区，存在大量重复研究，其他地区则较少受到关注。河北省是中国农业合作事业的发源地，也是合作模式经历最多的省份，但该地区的区域研究成果却与其在合作史上的地位很不相称。20世纪30年代以后，除少数边远省份之外，大多数省份均有合作组织存在，但目前研究所及，总共不过10多个省份。一些地区如绥远、甘肃等，仅有少数介绍性文章，不少地区更处于空白状态。如广东、福建等地当时合作事业也比较发达，但学界至今几无涉及，研究广度有待进一步拓宽。从时段看，既有成果多集中于20世纪30年代前期的合作事业发展，对20世纪20年代或抗战以后的合作事业状况，研究成果相对较少。尤其在抗战结束以后，即1946～1949年间的农业合作情况，几乎没有成果出现。

从专题研究看，既有成果主要集中于合作组织发展与合作金融领域，迄今关于合作教育的论文仅有3篇，且过于粗浅。此外，民国时期在合作体系建设与合作法规修订方面，均取得较大成就，有成熟经验值得借鉴，相关研究亟待深入。

第二，分析性研究有待加强。

相比早期研究，学界已开始从制度变迁等视角观察与思考近代中国农业合作的发展演变历程，研究层次正在逐渐深化。但从目前成果看，仍以历史视角为主流，研究层次多限于史料的罗列与史实的陈述上，分析性研究成果缺乏系统性。笔者以为，近代中国农业合作事业本身是一种经济现象，有其自身的发展规律，应以经济学视角，运用相关经济工具进行规范研究与实证分析，希望以后能多有此类成果问世。

结　语

近代中国农业合作事业延续近三十年，历经数次变迁，对中国农村经济及整个乡村社会产生了深远的影响，也为当今中国农业合作化改革留下了丰富的经验教训。既有研究对还原近代合作历史原貌有着非常大的帮助，也为进一步的思考与分析奠定了基础。我们期望后来的学者能够在前人研究的基础上，更加深入全面地认识与思考近代中国农业合作的经验和教训，做全面系统分析，对此领域研究的薄弱之处多做弥补，而不单单是旧有模式的重复。

最后，限于学识及精力，笔者对研究成果的搜集难免有遗漏之处，所作评价也难免偏颇。有不当之处，还望各位专家批评指正。

国内外摊贩行业史研究综述

魏晓锴

摘要：摊贩行业史是近代经济史和区域社会史研究中的重要课题。国外学界关于摊贩行业的研究侧重从组织视角、法学视角或政策工具视角切入，较少论及中国摊贩问题。国内的近代摊贩研究成果地域以上海最为典型，主要聚焦1946年底发生的轰动全国的摊贩抗争事件；新中国成立初期我国摊贩整顿与改造的研究成果较为丰富；20世纪80年代以来，摊贩行业史研究成果更有显著发展，但也存在明显的不足。笔者认为，当务之急是要将战后中国摊贩问题从摊贩行业史研究中相对独立出来，以特殊背景下的摊贩同业组织为切入点，加强战后摊贩与政府、市民及民间团体互动研究。总之，近代中国摊贩行业史的研究还有较大空间。

关键词：摊贩 经济史 社会史

摊贩行业研究是近代中国经济史和社会史研究中的重要课题。"摊贩"作为一种古老而悠久的行业，其叫法甚多，如"小贩"、"商贩"、"贩子"、"贩夫"、"贩客"、"摊户"、"摊商"和"摊民"，等等。作为一种典型的零售商人群体，如果追溯它的源头的话，可以到千百年前的古代，摊贩在城市形成之初就已经产生，多表现为贩夫走卒、引车卖浆之流。现代意义上的摊贩一般指在城市或集镇的公共场所固定或流动设摊从事小规模商品经营或提供服务的劳动者。步入近代以来，随着城市化进程的加快，摊贩的治理俨然成为市政的重点。当今社会，摊贩问题更是热门话题

---

* 本文是中国博士后科学基金资助项目（2014M550970）和山西大学人文社会科学科研基金项目（010251801002）的成果。

** 魏晓锴，中国社会科学院经济研究所博士后，山西大学历史文化学院讲师，研究方向为"中华民国"社会经济史。

之一，尤其是流动摊贩与城管之间的关系，一度成为社会关注的焦点。为了有助于这一领域的深入研究，兹将国内外有关摊贩行业史的重要研究成果做一回顾。

从国外的研究看，很多历史研究论著中都提到摊贩，对其经营种类、方式、场所有一些记载和论述。法国著名年鉴学派代表人物费尔南·布罗代尔（Fernand Braudel）的《15到18世纪的物质文明、经济和资本主义》就对15～18世纪欧洲工商业城市集市上的摊贩活动多有描述，从按数字编号的摊位到私下兜售的小贩，从街头和广场乱摆摊的屠户到女商贩，认为商贩是社会经济发展到一定阶段的产物。① 德国学者里夏德·范迪尔门（van Dülmen, Richard）阐述了近代欧洲村庄和城市的生活世界，形象生动地描述了农民和商人、手工业者和他们的同业公会、庆典、习俗、公众的生活和国家的权力，指出摊贩经济力量虽弱小，但也是城市商人的重要组成部分。② 随着现代商品经济的发展，越来越多的学者开始关注摊贩问题。美国著名人类学家克利福德·吉尔兹（Geertz Clifford）是较早研究城市流动摊贩的学者，他把摊贩的经营活动划归为"集市经济"，认为它有碍商业流通的完整性，是落后、低效率的经济形态，建议只有将其淘汰并建立健全的现代商业体制，才能使地区的经济获得发展。③ 加拿大学者T. G. 麦基（McGee T. G.）是研究现代城市流动摊贩的集大成者。他通过对东南亚雅加达、万隆、马尼拉、碧瑶、吉隆坡、马六甲六个城市中摊贩的调查，得出了城市流动摊贩的经济活动实际促进了地区经济增长的结论，并利用价值分析揭示了其在降低低收入人群的生活成本、缓解就业压力以及锻炼个人的经商能力等方面的优势，同时也承认摊贩经营活动存在一定的负外部性，譬如与合法经营者的不正当竞争、妨碍交通和破坏公共卫生等。④ 此外，麦基还致力于研究香港城市流动摊贩的生存状况。他从概念、文化和法律的角度重新定义了"摊贩"：概念上，摊贩的经营活动

---

① 〔法〕布罗代尔：《15到18世纪的物质文明、经济和资本主义》第二卷，顾良译，生活·读书·新知三联书店，2002。
② 〔德〕里夏德·范迪尔门：《欧洲近代生活：村庄与城市》，王亚平译，东方出版社，2004。
③ Geertz Clifford, *Peddlers and Princes: Social Change and Economic Modernization in Two Indonesian Towns* (Chicago: The University of Chicago Press, 1963).
④ McGee T. G. and Yeung Y. M., Hawkers in Southeast Asian Cities: Planning for the Bazaar Economy, International Development Research Centre (Ottawa), 1977.

应列入城市经济结构的框架内,专属于零售业领域;文化上,不同的语境赋予"摊贩"更多新内涵;法律上,摊贩的生存处境与政府的行政和立法手段直接相关。① 进入21世纪,随着摊贩从业数量增长和人员构成多元化,学界研究也呈现多元化趋势,从组织视角、法学视角或政策工具视角对摊贩治理进行了考察。但是,目前国外关于摊贩的研究很少涉及中国的摊贩问题,直接论述近代摊贩问题的研究则更少。②

国内的论著中也有不少关于摊贩群体的记载和论述。贩夫走卒、引车卖浆之流在我国古已有之,它是近代意义上摊贩的雏形。早在周代,商贩设摊于市已成为城市生活的一部分。《周礼·地官·司市》中就有"大市,日昃而市,百族为主;朝市,朝时而市,商贾为主;夕市,夕时而市,贩夫贩妇为主"的记载。③ 南宋时,都城临安城内"还有数不清的各种类型的小贩,挑着担子沿街叫卖,或者在街头或市场摆摊"。④ 学者研究指出,到明代,摊贩已成相当规模。他们"有的靠肩挑或推车沿街叫卖,走街串巷流动经营……有的则靠支棚摆摊,进行半流动经营……到处都是各色摊贩集中的场所"。⑤ 民国时期,已出现了一些关于摊贩业的专业性调查。如中华贫民教育促进会李景汉在河北定县做的社会调查就涉及当地摊贩数量、种类情况等。⑥ 关于中国历史上的商贩,学者孔经纬曾有专文做过梳理。他认为,新中国成立前的一般商贩势力主要反映中小商人的商业活动,受到大地主大官僚大商人及外资商贩组成的特殊商贩势力的排挤,是一种比较微弱的势力。⑦ 近年来,学界对近代摊贩的组织、功能及治理与整顿展开研究。乔兆红对20世纪20年代的商民协会与商民运动做了考察,

---

① McGee T. G., Hawkers in Hong Kong: A Study of Planning and Policy in a Third World City, Hong Kong: Centre of Asian Studies, University of Hong Kong, 1973.
② 相关研究只有日本学者金子肇曾对20世纪20年代上海摊贩的生活和组织状况进行过考察,分析了摊贩与"商民协会"的关系,但限于资料,研究并不深入。详见〔日〕金子肇:《上海"摊贩阶层"和商民协会》,载林克主编《上海研究论丛》第9辑,上海社会科学院出版社,1993。
③ 〔清〕孙诒让:《周礼正义》第4册,中华书局,王文锦、陈玉霞点校,1987,第1059~1060页。
④ 〔法〕谢和耐:《蒙元入侵前夜的中国日常生活》,刘东译,江苏人民出版社,1998,第67页。
⑤ 韩大成:《明代城市研究》,人民出版社,1991,第317页。
⑥ 李景汉:《定县社会概况调查》,上海人民出版社,2005。
⑦ 孔经纬:《关于中国历史上的商贩》,《经济纵横》1986年第1期。

指出摊贩是商民协会的主要参加者之一,和其他的中小商人一起是商民运动的重要力量,而摊贩总会与商人总会、店员总会共同组成了各县市基层商民协会组织。① 胡俊修、索宇认为在近代中国城市社会,市民日常生活所需为摊贩提供了广阔的生存空间,摊贩则成为城市流动的风景,装点了城市之声、城市之味和城市之乐,成为市民日常生活与城市大众文化不可分割的一部分。② 贾全全的《浅析摊贩及其近代治理与整顿》一文着重分析了摊贩对近代经济发展的利弊,考察了近代摊贩的治理与整顿问题,但没有从整体上对摊贩在近代社会中的作用及近代摊贩治理的成效做出应有的估量。③

上海作为全国最大的近代化城市,对这一地区摊贩的研究亦比较典型。学界对近代上海摊贩的研究主要集中于1946年底发生的轰动全国的上海摊贩抗争事件。对于这一事件,唐振常主编的《上海史》、熊月之主编的《上海通史》、中共上海党志编委会主编的《中共上海党志》、易庆瑶主编的《金都血案——旧上海警察系统中共地下斗争纪实》等著作均有论述。相关论文有项立岭等《一九四六年上海全市性的反蒋群众运动》(《学术月刊》1960年第11期)、桑木的《震惊上海的摊贩事件》(《上海档案》1985年第5期)、苗雁群的《上海摊贩斗争纪实》(《党史资料》1984年第1辑)、李三星的《发生在60年前的上海摊贩事件》(《上海党史与党建》2007年第2期)及姚胜祥撰写的《1946年上海摊贩抗争运动始末》(《党史文苑》2007年第11期)和《震惊中外的上海摊贩抗争运动》(《党史纵横》2008年第1期)等文章都对1946年在上海发生的摊贩抗争运动的起因、经过及结果进行了介绍。这些著述多是在党史研究框架和范围内展开,将摊贩事件作为解放战争时期国统区民众反蒋反国民党统治的斗争进行叙述。近年来,对该事件的研究逐渐摆脱党史框架的束缚而渐趋学理性。蒋渊、张金库的《略论1946年上海摊贩请愿事件的几个问题》一文围绕战后初期上海的经济和社会状况、国民党和上海市政府的应对、摊贩事件结果的评估三个问题进行了考察,指出摊贩作为弱势群体,既无力量抗衡暴力执法,又被限制使用暴力以自卫。事件后集团意识开始增强,逐

---

① 乔兆红:《大革命初期的商民协会和商民运动》,《文史哲》2005年第6期。
② 胡俊修、索宇:《流动摊贩与中国近代城市大众文化》,《甘肃社会科学》2012年第6期。
③ 贾全全:《浅析摊贩及其近代治理与整顿》,《华中师范大学研究生学报》2006年第2期。

步建立起一些维权性的组织以便和治理者取得联系。① 胡俊修、田春丽的《城市治理视域下的一九四六年上海摊贩风潮探析》在梳理摊贩风潮演进过程的基础上考察了市政当局、摊贩、警察、下层民众和报刊舆论的作为。指出市政当局背离民生的执政理念及对摊贩居高临下的失衡姿态,警察与摊贩之间敌对的错位关系,使得下层民众成为激愤性社会冲突的参与者,报刊舆论成为冲突发展的催化者,该事件成为中共动员城市底层民众的历史契机。②

研究专著方面,一些地方史志的某些章节涉及近代上海的摊贩问题,这些著作主要是围绕政府管理摊贩所采取的政策和措施展开,如熊月之主编的《上海通史》(第十三卷当代社会)、上海百货公司等编的《上海近代百货商业史》、《上海工商行政管理志》编撰委员会编的《上海工商行政管理志》,等等。关于近代上海摊贩,比较有学术价值的是上海师范大学李黎明博士撰写的学位论文《现代化进程中的上海摊贩群体研究(1843~1949)》。该文首先对上海摊贩业的形成和发展、上海摊贩的分类和分布及上海摊贩的一般状况和群体特征进行了全方位的阐述,然后对上海的摊贩组织做一概述,最后还生动地分析了上海摊贩在城市近代化中的双重角色。③ 此外,李黎明的《浅析近代上海摊贩存在和发展的历史条件》一文还对摊贩在上海存在和发展的历史条件做了细致的考察,指出上海城市化和近代化的特点为摊贩的生存和活跃提供了土壤和条件,摊贩是开埠以来上海城市化和近代化的伴生物和副产品。④ 对近代摊贩组织的研究也是摊贩研究中的一个重要环节。褚晓琦在对近代上海的菜场摊贩进行考察的基础上,指出近代上海菜场除受工部局和公董局管理外,菜场摊贩往往有自己的联合组织——菜场摊贩联合会,维护自己的合法权益。⑤ 胡俊修、姚伟钧以上海为中心对游动摊贩的生存技艺与生活境遇,与市民日常生活、市政当局的关系进行了梳理,认为尽管大多数小贩面对国家公权暴力执法

---

① 蒋渊、张金库:《略论1946年上海摊贩请愿事件的几个问题》,《华中师范大学研究生学报》2011年第3期。
② 胡俊修、田春丽:《城市治理视域下的一九四六年上海摊贩风潮探析》,《中共党史研究》2012年第11期。
③ 李黎明:《现代化进程中的上海摊贩群体研究(1843~1949)》,上海师范大学博士学位论文,2010。
④ 李黎明:《浅析近代上海摊贩存在和发展的历史条件》,《齐鲁学刊》2008年第5期。
⑤ 褚晓琦:《近代上海菜场研究》,《史林》2005年第5期。

无力应对而选择忍受避让，但当生存受到威胁时，他们也会联合起来采取激烈的抗拒行为，迫使市政当局回到体恤民生的政策与轨道上来，以维持地方社会的秩序和安宁。①

上海之外，对全国各地摊贩的研究主要集中在北京、天津、武汉、成都等大型城市。李明伟在《清末民初中国城市社会阶层研究（1897～1927）》中论述清末民初城市中下层市民群体时援引近代文献资料，专门列举了北京、上海、天津、汉口等城市小摊贩的种类和经营状况。② 孔伟从摊贩存在的问题、摊贩的管理、摊贩管理与市容改善的关系三个方面对民国时期宁波地区的摊贩管理进行考察，认为尽管受到战争、经济等因素的影响，摊贩治理还是取得了一定的成效，路面卫生和交通状况得到改进，市容也得到了相应的改善。③ 王静的《民初天津摊贩生存空间的转换与控制》一文则是通过对民国初年天津街头摊贩废立事件的考察来探究官方、商会、商号以及摊贩各利益主体围绕旧传统与新规章所展开的利益博弈。她认为博弈体现的是民间对政府的制衡，实质上是一种建立在利益之上的控制与反控制关系。④ 胡俊修对1908年发生在汉口的摊户风潮进行了探析，认为它是底层民生与市政冲突的结果，虽然摊民在斗争中没有取得根本性胜利，却迫使市政当局从忽视小贩、整顿打压到政策实践逐步向体恤民生方面靠拢，以获得地方社会的平静与安宁。⑤

新中国成立之初，摊贩业发展与政府的治理面临新的问题。工商业社会主义改造期间，小商小贩一度成为被改造的对象。关于新中国新立初期摊贩治理与改造摊贩，档案部门整理并刊出不少文章。如张辰的《解放初期上海摊贩的管理》(《档案与史学》2003 年第 1 期)、《中共北平市委关于整理摊贩工作的总结》(《北京党史》2004 年第 2 期)，张世飞的《北京解放初期的整理摊贩工作》(《北京党史》2004 年第 2 期)，王建军的《解

---

① 胡俊修、姚伟钧：《二十世纪初的游动摊贩与中国城市社会生活——以武汉、上海为中心的考察》，《学术月刊》2008 年第 11 期。
② 李明伟：《清末民初中国城市社会阶层研究（1897～1927）》，社会科学文献出版社，2005。
③ 孔伟：《民国时期宁波摊贩管理与市容改善研究——以 20 世纪 30 年代前期为例》，《黑龙江史志》2008 年第 11 期。
④ 王静：《民初天津摊贩生存空间的转换与控制》，《历史教学》2010 年第 20 期。
⑤ 胡俊修：《近代中国城市的底层民生与市政冲突——1908 年汉口摊户风潮探析》，《湖北社会科学》2011 年第 1 期。

放初期北平市对摊贩问题的处理》(《北京档案》2009年第4期)、《上海小商小贩社会主义改造史料》(《档案与史学》2004年第6期),史济蕙的《一张解放初期的摊贩许可证》(《档案春秋》2009年第6期),等等。这些文章主要是对上海、北京两地档案馆中相关摊贩档案的发掘与整理,严格意义上讲并非专题性研究。围绕摊贩的社会主义改造,当时政府和学界也做过一些调查和分析。相关著述有辛克的《小商小贩社会主义改造的道路》(广东人民出版社,1956年版)、商业资料编辑委员会编的《小商小贩历史上是怎样进货的》(财政经济出版社,1957年版),萧林的《小商小贩的社会主义道路》(上海人民出版社,1958年版),林青的《关于我国小商小贩社会主义改造的几个问题的研究》(《经济研究》1958年第3期),詹君仲、郭金荣的《城市小商贩社会主义改造的新形式》(《北京师范大学学报》1958年第5期)等。这些著述对我国摊贩的经济地位、特点和性质做了调查和总结,围绕小商小贩社会主义改造的情况和问题,摊贩个人、集体和国家的关系,领导小商贩的体制问题等层面进行了深入论述。

近年来,学界对新中国成立初期摊贩问题的研究渐趋深入,尤其对北京、上海、武汉等大型城市的研究更趋成熟。杨丽萍在对上海摊贩概况、摊贩问题由来及摊贩组织生态再造进行考察的基础上,认为新中国成立初期摊贩社会群体表现出明显的反组织取向,国家通过社会调控体系再造了摊贩的组织生态,从而顺利地实现了对摊贩的再组织,并最终成功地实现了对摊贩的整顿。① 丁留宝的《新中国成立初期上海摊贩管理的路径选择》一文则以上海摊贩为考察对象,探讨新中国成立初期中国共产党在城市管理中的路径,指出在对"非单位"群体管理过程中,中共延续群众路线来进行摊贩的管理工作,较好地处理了政府、积极分子以及民选代表三者之间的关系,取得了明显成效。② 王强、贾全全对1949~1952年武汉市摊贩治理工作做了细致考察,认为当时成立不久的武汉市政府既认识到摊贩存在的诸多问题,也认识到摊贩在社会上所起的积极作用,采取登记发证、税收等措施对摊贩进行了治理,从而为以后摊贩的社会主义改造做了准

---

① 杨丽萍:《再造组织生态:新中国成立之初的上海摊贩整顿》,《华东师范大学学报》2010年第6期。
② 丁留宝:《新中国成立初期上海摊贩管理的路径选择》,《中共党史研究》2013年第1期。

备。① 对这一时期摊贩组织的研究也是一个重要层面。崔跃峰对 1949~1952 年北京市摊商联合会筹备委员会的建立、组织机构及其运作、受控制的方式以及作用进行了探讨。他认为该会的建立完善了政府对摊商的控制机制，开通了两者之间的信息渠道，使得摊商的各种行为逐渐纳入政府的规范。② 朱海城、贾全全的《1952~1955 年武汉市摊联会筹委会研究》一文则认为摊联会筹委会是一个具有过渡性质的基层组织，有一套自上而下的管理机制，并指出该会是时代的产物，适应了工商业社会主义改造的需要，但也在管理体制、人事制度和会费管理等方面存在诸多问题。③

改革开放以来，随着多种所有制经济格局的形成，国内的摊贩业又恢复了往日的生机。近年来，学界对于当代摊贩问题的研究成果可谓异彩纷呈。④ 研究著作方面，比较有分量的是孙芝兴等主编的《摊贩经济研究》一书，从摊贩经济与非正规就业、城市形象与摊贩、摊贩经济和公共利益的冲突这几个方面对摊贩经济进行了研究，并对新中国成立后我国对摊贩的治理过程加以回顾。但该著对历史时期的摊贩治理过程只做了简要概述，并未深入展开，对这些治理措施的实施情况及效果也未做详细介绍。⑤ 吕来明等《城市流动摊贩权利保护与治理机制研究》建立在对北京市流动摊贩问卷调查的基础上，从流动摊贩法律调整的制度运行机制、使用城市公共空间产生的权利冲突及协调机制和治理机制三个方面探讨了城市公共空间使用视角下流动商贩的法律地位与利益协调问题。⑥论文方面，具有代表性的是复旦大学李瑾博士的《国内外摊贩经济管理研究综述》，从摊贩的经济意义、发展历史以及治理模式等方面梳理了学界和政府对摊贩从排斥、驱逐到认同、疏导的过程。在对比发达国家和欠发达国家治理摊贩经验的基础上，建议从城市空间规划、发动社区管理和公众参与、建立摊贩

---

① 王强、贾全全《1949~1952 年武汉市摊贩治理简论》，《宜宾学院学报》2007 年第 9 期。
② 崔跃峰：《1949~1952 年北京市摊商联合会筹备委员会初探》，《史学月刊》2005 年第 4 期。
③ 朱海城、贾全全：《1952~1955 年武汉市摊联会筹委会研究》，《江汉大学学报》（人文科学版）2008 年第 4 期。
④ 据笔者从国家图书馆系统检索，关于当代摊贩问题的研究专著有 39 种；从中国知网、万方等数据库检索，关于当代摊贩问题的研究论文达 250 余篇。
⑤ 孙芝兴、李子韦、戴星翼主编《摊贩经济研究》，上海人民出版社，2009。
⑥ 吕来明、董彪、赵颖：《城市流动摊贩权利保护与治理机制研究》，法律出版社，2013。

组织等方面来进一步加强摊贩治理。① 此外，制度经济学视角下摊贩治理问题研究成为一大亮点。魏文科结合我国城管机构与摊贩的历史变迁，从制度层面上以产权经济学的视角来分析他们之间的矛盾并提出相应的解决措施，进而提出了对摊贩和城管进行分区域划分的解决办法来化解摊贩与城管之间的矛盾。② 赵琳的《基于制度经济学视角下的城市摊贩治理问题》一文在对城市摊贩经营现状进行分析的基础上，运用产权视角进行制度分析，指出要想解决城市摊贩治理这一难题，不应该只靠政府的力量来规制，而应该从制度层面上解决好摊贩经济所产生的外部性。③ 刘佩的《城市摊贩治理问题——基于新制度经济学视角下的探讨》通过对我国城市摊贩现状进行分析，在制度经济学的视角下来分析他们之间的矛盾并提出相应的解决措施。④

通过以上回顾，我们可以看出，学界目前研究摊贩问题的成果已经很多，不仅在资料集、行业及地方志中有所体现，而且有不少专书和专论。研究既涉及摊贩经济的形成与发展，又有摊贩种类与分布，还有摊贩个体、团体及其与政府的关系等，从经济史、社会史及经济学、管理学、政治学等角度对中国摊贩业的缘起、发展以及政府的治理和整顿做了比较详尽的论述。但总体而言，目前对我国摊贩行业史的研究仍有许多薄弱与不足之处。

首先，研究时段上不平衡。上海是中国近代摊贩业的发源地，也是整个民国时期摊贩业最主要的聚集地。关于近代摊贩业的研究成果虽已有很多，但就上海而言，与其历史重要性、内容丰富性和复杂性仍不匹配。无论是中国还是外国学者，对上海摊贩业的研究主要集中在 20 世纪初至 30 年代，对战后（1945~1949 年）摊贩业研究又集中于 1946 年底的摊贩抗争事件，对事件以外的研究显然十分薄弱。有关战后上海的摊贩，除抗争事件外，笔者比较系统地查阅了有关目录、索引，尚未发现一篇（部）撰于 1949 年以后的专门性研究论文或著作，相关的文史资料虽提到一些，但远不足训。尽管若干研究当时恶性通货膨胀和工商凋敝的论著对摊贩业有

---

① 李瑾：《国内外摊贩经济管理研究综述》上、下，《上海市容》2007 年第 1~2 期。
② 魏文科：《城管与摊贩博弈的制度经济学分析》，《现代商贸工业》2011 年第 13 期。
③ 赵琳：《基于制度经济学视角下的城市摊贩治理问题》，《现代经济信息》2012 年第 3 期。
④ 刘佩：《城市摊贩治理问题——基于新制度经济学视角下的探讨》，《知识经济》2012 年第 22 期。

一定的学理性反映，但不过是间接的、支离的，不足以作为直接性的成果看待。相关专著仅有李黎明的《近代上海摊贩群体研究（1843~1949）》有所涉及，然而战后部分在全书中只占很小篇幅，属史料汇编性质。事实上，无论是全国整体还是各个区域的摊贩业发展，关于战后部分的研究成果都非常少。抗战胜利后不久又爆发内战，历史发展进入一个新的特殊时期，中国政治、经济和社会环境都发生了剧烈变化，上海作为全国的经济和金融中心，政局的波诡云谲使该地摊贩问题更具复杂性，值得我们进一步探索。

其次，研究内容有待进一步完善。近代摊贩问题的研究是近代行业史及政府史研究的重要组成部分。目前学界对近代上海摊贩问题的研究，多以政府为切入点，集中于摊贩的治理与整顿，其中又以摊贩与警察的关系为主。事实上，摊贩问题的复杂性还体现在监管部门的多元性上，除警察局以外，社会局、卫生局、公用局、教育局等部门都与摊贩业密切相关，还有重要的民意机构上海市参议会，它与上海摊贩业关系如何，都是值得我们进一步探讨的问题。除政府外，近代各行业的同业组织为我们研究行业史与市场史提供了很好的切入点，民间团体在行业的市场规则、市场秩序及行业自治等方面体现出较为明显的集体经济理性。从研究成果来看，对于近代上海摊贩业同业组织的研究还很薄弱，尤其是战后上海摊贩同业组织——摊贩同仁会（联谊会）的研究亟待加强，如摊贩组织与商会、同业公会的互动以及政治、经济和社会活动之间的关联，均值得我们进一步考察分析。

最后，多学科方法运用比较明显，但历史的分析有待加强。目前，学界对于摊贩问题的研究以经济学、管理学角度为多，对摊贩产生原因的分析、对政府监管策略的探讨比较详细。社会学方法也有所体现，主要针对摊贩群体的调查、分析，侧重对摊贩存在问题的揭示，如某地摊贩从业人数、摊贩自身情况、某些摊贩的不法投机行为等。从已有成果看，历史的分析略显不足，研究缺乏由点到面的深入，除对摊贩的外部环境、数量、种类、分布的研究外，对摊贩在当时社会中的作用以及如何实施摊贩治理措施，以及在治理过程中存在问题的微观分析，如摊贩与政府纠纷的特殊案例、摊贩与其他民间团体互动具体情况的研究比较欠缺。在档案资料的挖掘、对新近开放档案文献资料运用方面，也存在着不足，这不能不影响研究者对摊贩问题复杂性及对各个时期政府治理摊贩政策成败得失的认识。

　　综上所述，就笔者愚见，要摆脱目前的研究困境，当务之急是要进一步开阔研究视野，将战后中国的摊贩问题从摊贩行业史研究中相对独立出来。其中的关键则是要加强对战后全国各地摊贩治理方面史料的发掘与整理，较为全面地掌握摊贩的数量、种类、分布、组织形态以及摊贩个体、群体与政府、市民及其他民间团体互动的内容，然后以此为依据，利用多学科的视角分析摊贩治理的地域性特征，透视转型时代社会经济的发展变迁，构建出一个比较符合当时实际状况的近代摊贩问题研究体系。如此才能既突出摊贩行业史研究的区域经济特色，又更好地融入区域社会史以及近代经济史中。总之，近代中国摊贩行业史的研究还有较长的道路要走。

征稿启事

经中国经济史学会研究，为了支持经济史学界同人研究成果的出版，学会特设立中国经济史研究文库，文库包括两个系列，其一为中国经济史研究资料；其二为中国经济史研究专著，欢迎有出版意向者踊跃投稿。

《中国经济史论丛》编辑部

图书在版编目（CIP）数据

中国经济史论丛.2014年.第1期/刘兰兮,陈锋主编.
—北京：社会科学文献出版社,2014.12
 ISBN 978-7-5097-6881-5

Ⅰ.①中… Ⅱ.①刘…②陈… Ⅲ.①中国经济史-文集
Ⅳ.①F129-53

中国版本图书馆 CIP 数据核字（2014）第289546号

中国经济史论丛（2014年第1期）

主　　编 / 刘兰兮　陈　锋

出 版 人 / 谢寿光
项目统筹 / 周　丽
责任编辑 / 陈凤玲　于　飞

出　　版 / 社会科学文献出版社·经济与管理出版分社（010）59367226
　　　　　　地址：北京市北三环中路甲29号院华龙大厦　邮编：100029
　　　　　　网址：www.ssap.com.cn
发　　行 / 市场营销中心（010）59367081　59367090
　　　　　　读者服务中心（010）59367028
印　　装 / 三河市尚艺印装有限公司
规　　格 / 开　本：787mm×1092mm　1/16
　　　　　　印　张：18.5　字　数：295千字
版　　次 / 2014年12月第1版　2014年12月第1次印刷
书　　号 / ISBN 978-7-5097-6881-5
定　　价 / 68.00元

本书如有破损、缺页、装订错误，请与本社读者服务中心联系更换

△ 版权所有 翻印必究